KB147840

아시아의 기억을 걷다

아시아의 기억을 걷다

발행일 초판1쇄 2007년 7월 25일 초판5쇄 2019년 11월 25일
지은이 유재현
펴낸이 유재건 | **펴낸곳** (주)그린비출판사 | **주소** 서울시 마포구 와우산로 180, 4층
전화 02-702-2717 | **팩스** 02-703-0272 | **이메일** editor@greenbee.co.kr | **신고번호** 제2017-000094호

ISBN 978-89-7682-501-8 03910

철학이 있는 삶 그린비출판사 www.greenbee.co.kr

아시아의 기억을 걷다

유재현 지음

걷다

유재현의 아시아 역사문화 리포트

프놈펜에서 도쿄까지

그린비

| 일러두기 |

1 인명이나 지명, 그리고 작품명은 〈국립국어원〉에서 2002년에 펴낸 '외래어 표기법'에 근거하
  여 표기했다. 단, '대만'이나 '호치민'과 같이 관례적으로 널리 쓰이고 있는 표기는 관례를 그
  대로 따랐다.

2 '외래어 표기법'이 제정되지 않은 캄보디아어의 경우 현지음에 준하여 표기했다.

3 단행본·정기간행물·소책자·신문·오페라 등에는 겹낫표(『 』)를, 영화·단편소설·기사 등
  에는 낫표(「 」)를 사용했다.

한반도에서 아시아는 희미하게 보일 뿐이라지만 천만에, 그마저 환시(幻視)
이다. 경계의 피안을 가로막고 있는 장애물은 안개가 아니라 장벽이어서 우
리는 희미하게도 그 장벽 너머를 '볼' 수가 없다.

　네 해 전에 어느 글에선가 나는 이렇게 적었다. "눈을 들어 앞을 본다.
희부옇게 여명이 번지고 있는 지평선 아래 길이 있다. 나는 그 길을 따라
'서' 쪽으로 갈 것이다." 이 글을 적을 때 창문으로는 정말 희부옇게 여명이
번지고 있었는데, 그 방의 창문은 동편을 향해 놓여 있었다. 그러나 내겐 동
이 트고 있는 그 쪽이 서쪽이었고 아시아였다.

　서쪽으로 가는 길에는 장벽이 놓여 있었다. 오만과 무지, 편견 따위가
그것들이었다. 이 장벽을 허물지 않는 한 나는 아시아인이 될 수 없었다. 그
리고 내가 아시아인이 될 수 없다면 지금 이 시대에 나는 아무것도 될 수 없
었다.

　남한은 누구나 인정하듯이 고립된 섬이었다. 남한은 정신적으로 제3세
계의 일원이 된 적이 없으며, 그 과정을 생략하고 경제발전으로 OECD의

일원이 되었다. 오늘 남한은 그 머리와 심장을 천박하기 짝이 없는 하위제국주의의 울타리 안에 두고 있다.

민족주의가 숨기고 있는 인종주의는 전(全) 아시아인을 남한족의 하위에 두고 있다. 그 시선에는 북한족도 포함되어 있다. 동아시아의 허브라는 허황된 자의식은 일본의 파시스트들이 그렸던 대동아공영권의 제국주의 정신에서 얼마나 멀리 떨어져 있는 것인가? 그 모방의 꿈은 이미 일본이 완성시킨 경제적 대동아공영권이 떨군 나락을 구걸할 뿐임을 확인하는 순간에 파탄할 것이다.

남한은 뒤늦게나마 아시아에 손을 내밀기보다는, 하위제국주의의 칼을 들이밀어 스스로의 미래를 포박하고 있다. 그러나 정점에 섬으로써 쇠퇴하고 있는 제국주의의 시대에 미래는 미국과 일본에 있는 것이 아니라, 남한이 뒤늦게 발 아래 두고자 하는 아시아에 있을 것이다. 더 나은 세계와 미래를 건설할 힘은 아시아에 있다. 남한의 미래는 신자유주의와 세계화가 주도하는 자본과 시장의 아시아가 아니라, 핍박받는 아시아 민중의 신음 소리에 담겨 있을 것이다. 이게 남한이 아시아에, 아시아를 통해 세계를 향해 손을 내밀어야 하는 이유이다.

이 책에 실린 글들에서 나는 2차대전 종전 후 동아시아의 지형을 그리려고 노력했다. 유럽 제국주의와 일본 제국주의의 식민지였던 동아시아가, 미국의 패권 아래 전쟁의 포연과 독재와 수탈의 시련으로 달음질치던 그 시대가 의미하는 것은 태생의 동일함이다. 우린 모두 한 애비와 에미의 자식들이다. 나는 그런 아시아의 역사가 무엇보다 허위적 인종주의로부터 남한족을 해방시키는 데에 기여할 것이라고 믿는다.

자본의 진출과 저렴한 이주노동자 유입으로 급작스럽게 성장하고 있는 인종주의는 남한이 하위제국주의 국가로 발달하는 데에 필수적인 요소이다. 겉으로는 억제되고 있지만 사실은 적극적으로 배양되고 있는 남한의 인종주의는 억압받는 다수의 남한인들에게는 재앙이 될 것이다. 이 고전적인 제국주의 이데올로기는 억압받는 자들에게 더욱 불우한 자들이 존재하므로 그들 또한 지배계급의 일원이라는 환상을 부추기고 강제함으로써 그들을 무기력하게 만들 뿐이다. 국수주의는 인종주의와 턱없이 잘 결합하게 마련인데, 단일민족의 환상과 완벽한 일체화를 이룬다. 인종주의가 성장하는 만큼, 인종주의에 대항해야 할 필요성도 커지고 있다. 분쇄하지 않으면 인종주의의 어리석음과 사악함이 우리 스스로를 노예로 만들어 삼켜버릴 것이다.

아시아는 지리가 아니며 역사이고 이념이다. 아시아는 아프리카와 라틴아메리카라는 또 다른 이름으로 불린다. 우리는 아시아라는 길을 따라 세계로 걸어나가 그 손을 잡을 수 있을 것이다.

나는 다짐대로 그 길을 따라 '서'쪽으로 가고 있다. 긴 여행이 될 테지만 결국 떠난 지점으로 돌아올 것이다. 지구는 둥글다.

2007년 7월

유재현

| 차 례 |

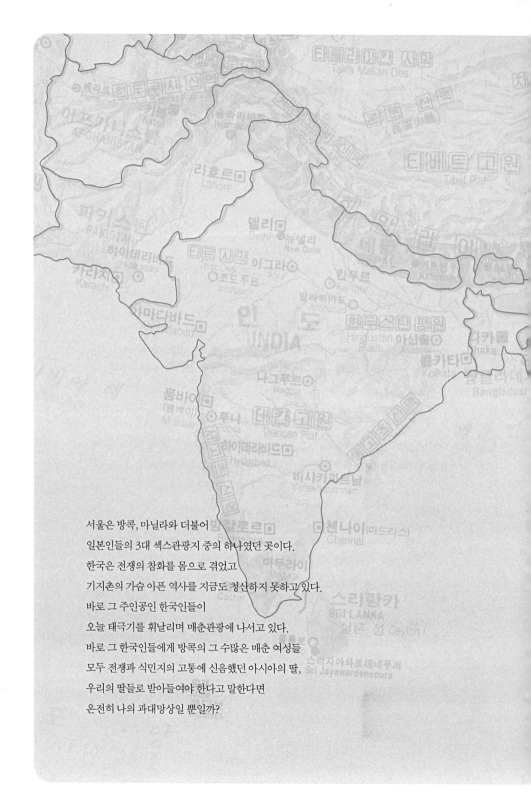

서울은 방콕, 마닐라와 더불어
일본인들의 3대 섹스관광지 중의 하나였던 곳이다.
한국은 전쟁의 참화를 몸으로 겪었고
기지촌의 가슴 아픈 역사를 지금도 청산하지 못하고 있다.
바로 그 주인공인 한국인들이
오늘 태극기를 휘날리며 매춘관광에 나서고 있다.
바로 그 한국인들에게 방콕의 그 수많은 매춘 여성들
모두 전쟁과 식민지의 고통에 신음했던 아시아의 딸,
우리의 딸들로 받아들여야 한다고 말한다면
온전히 나의 과대망상일 뿐일까?

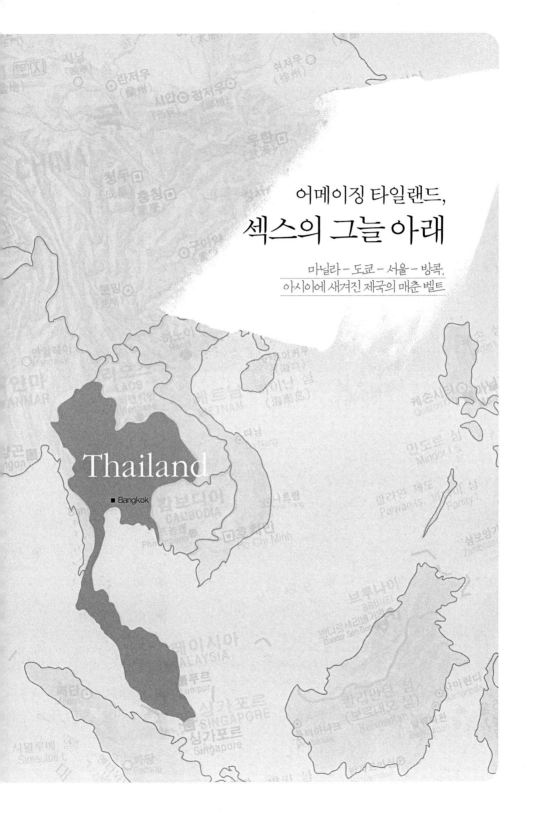

어메이징 타일랜드,
섹스의 그늘 아래

마닐라 – 도쿄 – 서울 – 방콕,
아시아에 새겨진 제국의 매춘 벨트

　제국의 벨트, 도쿄에서 방콕까지 매춘 벨트는 방콕과 프놈펜, 사이공과 하노이, 마닐라와 베이징 그리고 타시켄트에 이르기까지 존재한다. 우리는 기억해야 한다. 남한 역시 그 벨트의 한 마디였던 것을. 또 잊지 말아야 한다. 그 벨트의 마디를 잇는 것이 제국주의자들과 전쟁이었음을.

태국엔 '정조관념' 이 없다?

88올림픽 직후인 1989년 특단의 조치로 해외여행이 자유화된 지 20년 가까운 세월이 흘렀다. 2006년에는 해외여행자 수가 1천만 명을 돌파하여 약 1천1백61만 명의 한국인들이 해외로 나갔다. 물 밖으로 나선 우리 동포들은 어디로 갔을까? 행선지가 파악되던 2005년 통계를 기준으로 한다면 전체 출국자 수인 1천8만 명 중 80.4%인 8백10만 명이 아시아로 향했다. 단순히 관광을 목적으로 한 6백73만 명으로 대상을 좁힌다면 그 비중은 더욱 높아진다. 그 첫번째 이유(또는 마지막 이유도)는 비용의 저렴함 때문이다. 여하튼 지난 18년 동안 한국인들은 꽤도 부지런하게 아시아를 찾았다.

폭발적 증가세의 해외여행 붐은 예전의 일본과 닮은꼴이다. 일본은 1964년 도쿄올림픽을 계기로 해외여행을 자유화했고, 이후 일본 관광객들이 아시아 각지로 물밀듯이 쏟아져 나갔다. 고도 경제성장과 엔화의 위력을 앞세워 1970년대와 80년대 아시아 각지를 휩쓸었던 일본인들의 해외여행에서 두드러졌던 것은 '섹스관광' 이었고, 이를 계기로 일본인들은 '섹스 애니멀' 이라는 달갑지 않은 별칭을 국제적으로 얻어야 했다.

그런데 일본의 섹스관광처럼 크게, 그것도 국제적으로 불거진 적은 없지만, 한국인들도 일본인 못지않게 '열심' 인 것으로 보인다. 아니, 실제로 열심히 한다. 남녀 혼성의 일반 패키지 관광에서도 한국 남자들의 적잖은 수는 해가 지면 가이드를 앞장세워 퇴폐 마사지 업소나

이와 비슷한 곳을 찾아 나서게 마련이다. '아내가 슈트케이스 안에 자신도 몰래 콘돔을 넣어두었다'며 으스대는 방콕의 한국인 '불출남'의 작태는 이제 '꼴값' 축에도 끼지 못한다.

한국인들에게 가장 잘 알려진 아시아의 섹스관광지는 태국의 방콕이다. 태국은 연간 60여 만 명의 한국인들이 찾는 관광지로 일본과 중국에 이어 3위를 기록하고 있지만, 섹스관광으로는 1위의 명성을 얻고 있다. 방콕의 윤락가를 순회하는 한국 남자들이 죄책감을 더는 가장 좋은 방법은 이런 이야기에 귀를 기울이는 것이다.

"태국 여자들에게는 정조관념이 없다. 태국에서는 누구도 몸 파는 여자들을 비난하지 않는다. 그네들은 모두 매춘을 아무렇지도 않게 받아들인다. 이것은 전적으로 문화적인 차이일 뿐이다."

이런 이야기를 그것도 태국에서 몇 년씩 머물렀다는 한국인들에게 반복적으로 듣다보면 자의 반 타의 반 절로 동화되게 마련이다. 로마에 가면 로마법을 따르라고 하지 않았던가. 꺼림칙한 생각일랑 슬쩍 뒷주머니에 넣어두고 하체에 불끈 힘을 준 후 현지 가이드에게 호기롭게 소리친다.

"갑시다."

이제 남은 일은 밤하늘의 별처럼 많은 방콕의 '갈 곳'들을 향해 태극기를 휘날리며 진군하는 일이다. 이제 그는 그 모든 장소에서 매춘에 대해 별다른 감정의 변화가 없는 소녀와 여인들을 만나게 될 것이고, 1천~2천 바트의 매춘을 거듭할수록 이른바 '문화적 차이'에 대한 경험적 확신의 깊이를 더하게 될 것이다.

그러나 매매춘은 태국에서 단 한 번도 합법화된 적이 없다. 또 태국어에는 이런 단어도 있다. 프잉 마이디(나쁜 여자)와 프잉 하킨(구걸하는 여자). 둘 모두 몸 파는 여자들을 가리키는 말이다. 태국 여성들에게도 직업적으로 몸을 파는 일은 불유쾌한 일을 넘어서 고통스럽고 수치스러운 일이다. 그건 세계의 어느 곳을 가도 마찬가지이다. 매춘이라는 이 오래된 직업은 종사자들에게 늘 생물학적 고통을 강요함과 동시에 인간적 수치심과 열등감을 불러일으켜 왔다.

미군의 군화가 새긴 '아시아의 윤락가'

태국. 세계적인 관광대국의 반열에 올라 있는 나라이며 명실상부한 아시아의 관광허브이다. 2005년 태국을 찾은 외국인 관광객은 모두 1천 1백52만 명으로 한국의 2배에 가깝다. 관광객들은 평균 8.2일 동안 머물며 이들이 뿌린 돈은 3천6백70억 바트로 한화로는 1조 원이 넘는다. 그런데 태국의 관광지나 휴양지들이 이처럼 그득하게 관광객들을 담을 만큼 매력적이라고 인정하기는 쉽지 않다. 태국이 아니더라도 아시아엔 숨 막히도록 아름다운 자연과 절로 옷깃을 여미도록 하는 유적지들이 곳곳에 널려 있기 때문이다.

그렇다면 태국은 어떻게 관광대국이 되었을까? 해답은 태국이 3S의 나라로 불리는 것에서 단초를 찾을 수 있다. 바다(Sea)와 태양(Sun) 그리고 섹스(Sex)를 의미하는 3S는 현실적으로 태국의 3대 관광자원이다. 들큰거릴 수밖에 없는 것은 섹스인데, 1999년 이후 태국 정부가

당신의 천국과 그녀의 지옥 섹스의 천국에 오신 것을 환영합니다. 입술을 붉게 칠한 소녀들
은 한껏 고운 옷을 차려입고 당신의 선택을 위해 거리로 나섰습니다. 당신의 15달러짜리
천국을 위해 소녀들은 기꺼이 오늘밤 그녀들의 연옥이 될 당신의 모텔이나 호텔, 또는 20
촉짜리 전등을 희미하게 밝힌 음습한 뒷방을 찾을 것입니다. 축하합니다. 당신은 메피스
토에게 영혼을 내밀었고 메피스토는 당신에게 5분 또는 10분의 쾌락을 주었습니다. 그런
데 그건 메피스토가 파우스트에게 약속했던 대가의 억만 분의 일이로군요.

몸소 이미지 쇄신에 나서고 있기는 하지만, 태국은 여전히 '아시아의 창녀촌' (Brothel of Asia)이라는 오명을 벗지 못하고 있다. 한국과 일본은 물론 유럽과 북미 그리고 중동과 아시아에서 태국으로 몰려드는 관광객 중 적잖은 수는 섹스관광에 나선 남성들이다. 공식적인 통계는 없지만 태국을 방문하는 남자 관광객 중 절반 이상은 전적으로 또는 관광을 겸한 값싸고 부담 없는 섹스를 목적으로 한다.

전신 마사지와 더불어 매춘 서비스를 제공하는 대형 마사지숍, 기괴한 섹스 쇼와 더불어 언제라도 '2차'가 가능한 고고바, 1천~2천 바트에 몸을 살 수 있는 여자들이 즐비한 바와 커피숍, 중장기로 여자들을 살 수 있는 에스코트 서비스, 게이들을 위한 바에 이르기까지, 태국은 섹스의 천국이다. 더욱이 섹스를 위한 이 거대한 쇼케이스에 진열된 상품들은 대부분 10대 후반에서 20대 초반의 '상품' (上品)들이다.

그러나 태국이 처음부터 이런 섹스의 낙원이었다고는 생각하지 말기 바란다. 하물며 이 낙원은 전쟁이라는 지옥의 끝자락에서 태어나 병사들의 정액을 먹고 자란 낙원이었다.

1962년 이후 인도차이나에 대한 미국의 본격적인 군사적 개입은 1964년 조작된 통킹 만 사건을 빌미로 대규모 지상군이 파병되면서 전면전쟁으로 치닫게 된다. 이 전쟁에서 태국은 미군의 든든한 후방기지였다. 1950년대 이후 태국에 대한 군사적, 경제적 지원과 함께 건설된 미군의 공군기지는 1969년과 1970년 북베트남에 대한 폭격의 전초기지이기도 했다. 후방기지로서 태국은 또한 미군의 대규모 알앤알 (R&R, Rest and Relaxation/Recuperate; 휴식-오락-회복) 기지였다.

알앤알은 참전 미군에게 연차로 주어지는 일주일간의 공인된 휴가를 지칭한다. 병사들의 불만을 달래고 원기를 회복시킨 후 다시 전장에 투입하는 병사관리 정책의 하나인 것이다. 미군의 알앤알은 2차대전 당시 처음으로 선을 보인 후 지금에 이르기까지, 예컨대 이라크 참전 병사들을 대상으로 유지되고 있다. 미군에게 알앤알은 병사에게 주는 단순한 정기휴가의 의미를 넘어선다. 특히 사선을 넘나들어야 할 전쟁터로 보내진 병사들에게 알앤알은 특별한 의미를 가진다. 전쟁의 효율적 수행을 위해 총알받이인 병사들은 군사적으로뿐만 아니라 정치적, 심리학적, 생물학적 배려를 필요로 한다. 2차대전 후 지구의 곳곳에서 전쟁을 수행해왔던 미군에게 이런 종류의 정책적 배려는 전쟁의 승패와 관련된 군사적 요소였고, 일찍부터 발달해왔다.

알앤알은 2차대전 당시 서유럽 참전 미군을 대상으로 시작되었지만 한국전쟁에서 본격화되었다. 미국 본토에서 징집되어 한국전쟁에 투입된 미군 병사들은 1년의 복무기간을 마치면 전역할 수 있었고, 목숨을 부지하는 한 1회의 알앤알을 떠날 수 있었다. 한국전쟁에서 미군의 알앤알 기지로 사용된 나라는 일본이었고, 도쿄 또는 오키나와가 주 무대였다.

포연을 벗어나 1주일의 알앤알을 얻은 병사들의 육체적, 심리적 상태는 언제나 극단적이었다. 그들의 꿈은 도쿄로 떠날 때까지 살아 있는 것, 다시 전쟁터로 돌아와 나머지 복무기간을 마치고 무사히 살아 고향으로 돌아가는 것이었다. 그러나 미군 병사들에게 현실은 냉담했다. 전선에서 미군들은 개처럼 죽어가야 했으며 살아남은 자들도 동료들의 살점이 선혈과 함께 허공에 흩어지는 악몽은 피할 수 없었다. 도쿄로 떠날 수 있었던 병사들에게도 귀향은 꿈처럼 아득하게 느껴졌다. 아주 잠시 지옥에서 벗어나 도쿄에 도착한 미군들에게 알앤알은 휴식의 공간이 아니라 자포자기의 공간이었다. 어쨌든 그들은 다시 지옥으로 돌아가야 했으니까.

아시안 밀리터리 섹스머신의 탄생

2차대전 이후 아시아에서 미국이 벌인 첫번째 전면전인 한국전쟁에서 미군의 알앤알 기지는 당연히 미군 점령하의 도쿄였다. 필리핀이 후보지로 가능했지만, 마닐라는 한반도에서 너무 멀리 떨어져 있었다. 패전 후 빈곤과 기아에 허덕이던 도쿄에서는 1945년 미군정 초기부터 미군 상대의 창녀가 늘고 있었다. 한국전쟁은 이 증가 추세에 기름을 퍼부었다. 도쿄는 세계 역사상 유래를 찾아볼 수 없을 만큼 거대한, 외국군 상대의 창녀도시로 변모하고 있었다. 물론 그 원동력은 미군의 알앤알이었다. 필리핀 미군 기지촌의 창녀들에게 붙인 미군 병사들의 별칭인 LBSM(Little Brown Sex Machine; 귀여운 갈색 창녀)은 마침내 도쿄의 창녀들을 함께 일컫는 말이 되었다.

당시 도쿄의 이런 풍경은 말론 브랜도가 주연을 맡은 1957년의 영화 「사요나라」(Sayonara)에서 엿볼 수 있다. 한국전쟁에서 알앤알로 도쿄로 떠나게 된 미 공군 장교 브랜도가 게이샤에 반해 사랑에 빠진다는 『나비부인』 아류의 이 영화는 한국전쟁에서의 알앤알을 극도

빼앗긴 영혼 전쟁에 끌려나온 병사들에게 미군은 알앤알이란 진정제를 주었다. 알앤알은 농촌과 빈민의 딸들을 미군의 정액받이로 만들었다. 전쟁은 알앤알을 만들었고 북미의 병사들과 아시아의 딸들은 모두 영혼을 빼앗겨야 했다.

로 미화시키고 있지만, 결국 장교는 고급 창녀와, 사병은 저급 창녀와 '놀아났다'는 것을 여실히 보여주었다(1958년 미국 아카데미는 말론 브랜도의 필모그래피 중 최악으로 기록될 이 영화에 믿을 수 없게도 남우주연상을 비롯한 4개 부문의 상을 안겼다).

한편 한국전쟁에서 미군은 섹스의 가치에 주목함으로써 알앤알의 '아시아적 스탠더드'를 완성했다. 다시 사선으로 돌아가야 할 병사들에게 섹스는 미군 당국이 제공할 수 있는 가장 효과적인 알앤알이었다. 귀여운 섹스머신들은 모두 황인종이었고, 병사들이 전선으로 돌아가 싸워야 할 적들 역시 황인종인 국(Gook ; 황인종을 비하하는 미군의 속어. 한국전쟁 당시 국[國]에서 유래한 말)이었다. 인종적 경멸, 남성의 섹스가 가지는 공격성, 전쟁이 안겨준 극단적 긴장의 일시적 해소 등은 모두 전쟁의 원활한 수행을 원하는 미군이 진정 원하는 것이었다.

도쿄로 몰려간 미군 병사들은 아낌없이 군표와 달러(모두 미군의 국방예산이었다)를 거리의 창녀들에게 뿌려댔다. 전선으로 돌아가야 할 병사들에게는 휴지처럼 여겨지곤 했던 군표와 달러는 빈곤과 기아에 허덕이던 패전 일본인들에게는 수치스러울지언정 생존의 조건이었다. 특기할 만한 것은 미군은 유럽에서 결코 이따위 짓을 하지 않았다는 것이다. 패전국인 독일에서도 분명 미군을 상대하는 독일 창녀들이 존재했지만 소수였다. 미군은 정책적 차원에서 이를 지원하거나 고무하지도 않았다. 상황은 무대가 아시아로 바뀌자 돌변했던 것이다.

전쟁터인 한반도도 예외는 아니었다. 전선이 고착하면서 남한 후방의 도시 주변에서는 굶주림 끝에 미군을 상대로 하는 창녀들이 등장했고, 전쟁 후 상호방위조약의 체결에 따른 미군의 항구적 주둔은 기지 주변에 기지촌이라는 이름의 크고 작은 알앤알 촌들을 만들었다.

이렇게 미군의 알앤알은 수빅 만에서 오키나와, 마닐라에서 도쿄와 서울에 이르기까지 거대한 군사적 매춘 벨트를 완성시켰다. 10년 뒤 미국은 아시아에서 또 한 번의 전쟁을 일으켰고, 이 벨트의 다음 마디는 방콕이었다.

헬로우 방콕

2차 인도차이나전쟁(베트남전쟁) 초기 알앤알의 행선지는 여전히 도쿄이거나 홍콩, 시드니 혹은 다낭 인근의 차이나비치, 붕따우, 사이공 등 남베트남의 미군 휴양지였다. 전황이 초기부터 긴박하게 돌아갔으므로 병사들의 운송에 시간을 허비해야 할 일본과 필리핀은 적지가 아니었다. 알앤알은 주로 남베트남의 미군 휴양지에서 이루어졌다. 그러나 민족해방전선이 등장하면서 전쟁은 북위 17도 선 북쪽만이 아니라 남베트남 전역으로 확대되는 양상으로 치달았다. 차이나비치, 붕따우 등의 휴양지는 해방전선 게릴라들의 공격 목표에서 자유롭지 못했다. 알앤알이 소기의 성과를 달성하지 못하게 되고 남베트남의 미군 휴양지 곳곳에서 충분히 피를 본 후에, 미군은 지리적으로 인접했을 뿐 아니라 안전한 방콕으로 눈을 돌렸다. 물론 1950년대 이후 태국은 미국의 신식민지로 전락하고 있었다.

방콕의 윈저호텔에 미군의 알앤알 센터가 공식적으로 자리를 잡기도 전에, 미군은 방콕을 본격적으로 개발하기 시작했다. 알앤알 기지로서 방콕의 개발에는 민간 부문 또한 동원되었다. 예컨대 1970년대 미국의 체이스맨해튼 은행이 태국 정부에 제공한 4백만 달러 상당의 대여금은 대부분 방콕의 호텔과 바, 레스토랑을 건설하는 데에 사용된 알앤알 자금이었다. 방콕과 우타파오 미 공군기지 사이의 초라한 어촌에 불과했던 파타야 역시 이때부터 홍등가와 다름없는 미군의 알앤알 타운으로 급속하게 변모하기 시작한다. 그 결과 방콕은 1965년부터 1973년에 이르기까지 매년 70만 명의 남베트남 주둔 미군이 쏟아져 들어오는 거대한 알앤알 시티가 되었다.

전쟁이 끝날 무렵 방콕은 이미 마닐라를 제치고 아시아 1위의 섹스관광 인프라를 갖춘 도시로 탈바꿈해 있었다. 10여 년에 걸쳐 미군의 알앤알 기지로 복무한 대가였다. 그 기간 동안 공공연한 군사적 매춘을 위해 뿌려진 달러는 태국의 빈곤한 농촌 출신의 여성들을 진공청소기처럼 방콕으로 빨아들였다. 1960년 2백63만 명이던 방콕의 인구가 1970년에 1.28배 이상인 3백38만 명으로 급증한 것은, 태국이 여전히 농업국가로 본격적 산업화의 전 단계였던 것을 고려하면 그 의미를 헤아리기가 어렵지 않다. 놀라운 것은 1973년 미군이 철수하고 방콕의 매춘산업이 일시에 공황에 직면하게 된 직후였다. 방콕에 갖추어진 발달한 군사적 매춘 인프라는 민간을 위한 인프라로 급속하게 전환되었다. 그 주역은 다종다양한 서유럽인들이었다.

미군이 사라진 방콕 매춘가에는 유럽인들이 어슬렁거리기 시작했고, 곧 들끓기 시작했다. 유럽인들에게 방콕만큼 안전하고 편안하고

황제가 되다 다섯 명의 여자들에게 둘러싸여 있던 그가 그 중의 하나를 고를 것이란 예측은 얼마나 허황된 생각이었는지. 그는 다섯 명의 인간들 중에서 세 명의 인간을 골랐다. 그는 그날 밤 1인당 15달러로 너그럽고 변태스러운 후한 황제가 되어 세 명의 노예를 거느렸다.

값싸게 매춘을 즐길 수 있는 도시는 아시아에 존재하지 않았다. 더욱이 때를 맞추어 고도경제성장을 구가하던 일본인 관광객들이 엔을 앞세워 일장기를 휘날리며 방콕으로 몰려들기 시작했다. 유럽인들에게는 불쾌한 풍경이었다. 미군이 그랬듯이 그들에게도 아시아인인 일본인은 서비스를 제공할 뿐이지 향유할 수 있는 인종으로 여겨지지는 않았다. 뒤이어 난데없는 섹스관광 소동이 벌어졌다. 유럽인들은 공공연하게 깃발을 들고 방콕과 마닐라에서 섹스관광에 나선 일본인들을 맹렬하게 비난했다. 이런 비난에 대해 일본은 자국의 관광 전문가들을 동원해 항변했다. 방콕은 미군에 의해 이미 만들어진 섹스관광지라는 점과 영어를 못하는 일본 관광객들이 인솔자를 따라 단체로 움직이기 때문에 그만큼 눈에 잘 띈다는 이유를 들었다. 일리가 없는 것은 아니었지만 역부족이었다. 방콕과 마닐라 등지에서 현지의 여성단체들과 인권단체들이 반일 시위에 나서는 등 가세하자, 일본인들은 속수무책으로 '섹스 애니멀'이라는 낙인을 받아들일 수밖에 없었다. 그러나 사실을 말한다면 방콕에서 유럽과 일본의 차이는 단지 깃발 하나의 차이일 뿐이었다.

한편 태국의 친미 군부독재정권은 자신들의 수도가 거대한 창녀촌으로 변모하는 것에 대해 확고한 공범자였다. 미군의 공공연한 군사적 매춘이 참혹하고 비인간적인 전쟁범죄였음에도 불구하고 군부독재정권은 미군의 알앤알 정책을 옹호했고 또 적극적으로 지원했다. 그들은 자국의 빈곤층 여성들을 무제한적으로 외국군의 성적 노리개로 상납함으로써, 점령지가 아니고는 결코 가능하지 않은 일을 가능하게 만

든 장본인이었다. 정치군인들은 직접 매춘산업에 뛰어들어 막대한 달
러를 챙기는 일까지 서슴지 않았다. 방콕의 매춘산업의 배후에 태국
군부의 실력자들이 버티고 있다는 것은 공공연한 비밀에 불과했고, 그
전통은 지금까지 이어지고 있다.

방콕-마닐라-도쿄-서울 그리고 한국인

1999년 태국 정부는 대대적인 매춘 단속에 나섰고 이듬해인 2000년
막대한 예산을 들여 전세계를 겨냥한 '어메이징 타일랜드' 캠페인을
시작했다. 섹스관광의 이미지가 자국의 관광산업은 물론 경제성장에
도 바람직하지 못하다는 인식의 결과였다.

그러나 어메이징 타일랜드식의 전환이 성과를 거둘지는 여전히
미지수이다. 방콕의 새로운 고객으로 등장한 한국인 관광객들은 아랫
도리로 그러한 회의를 입증하고 있으며, 급격한 경제성장으로 주머니
가 두둑해진 중국도 한몫을 단단히 거들고 있는 형국이다.

태국이 '매춘 국가'라는 오명에 대해 전적으로 책임질 수 없다는
것은 역사적으로도 현실적으로도 명확하다. 그런 점에서 일본인들이
얻은 '섹스 애니멀'이라는 오명은 일면적이다. 확실히 1970년대 일본
인들에게 주어진 이 불명예가 온당한 것은 아니었다. 유럽과 미국의
여성단체들과 지식인들이 아시아 저개발국에서 만연한 일본인들의 섹
스관광을 비난하고자 했다면, 먼저 앞서 자신들의 모습을 거울에 비추
어보아야 했다. 그러나 자신들의 수도 도쿄가 미군의 정액단지로 헌납

된 역사를 가지고 있는 일본인들이 방콕과 마닐라를 비롯해 동남아시아 각국에서 벌였던 섹스관광은 결코 용서할 수 있는 짓이 아니었다.

서울 또한 마찬가지이다. 서울은 방콕, 마닐라와 더불어 일본인들의 3대 섹스관광지 중의 하나였던 곳이다. 한국은 전쟁의 참화를 몸으로 겪었고 기지촌의 가슴 아픈 역사를 지금도 청산하지 못하고 있다. 바로 그 주인공인 한국인들이 오늘 태극기를 휘날리며 매춘관광에 나서고 있다. 바로 그 한국인들에게 방콕의 그 수많은 매춘 여성들을 모두 전쟁과 식민지의 고통에 신음했던 아시아의 딸, 우리의 딸들로 받아들여야 한다고 말한다면 온전히 나의 과대망상일 뿐일까?

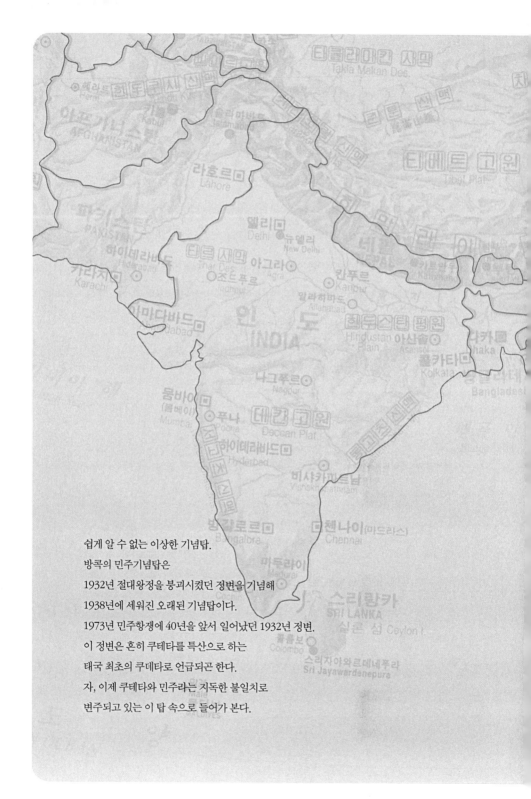

쉽게 알 수 없는 이상한 기념탑.
방콕의 민주기념탑은
1932년 절대왕정을 붕괴시켰던 정변을 기념해
1938년에 세워진 오래된 기념탑이다.
1973년 민주항쟁에 40년을 앞서 일어났던 1932년 정변.
이 정변은 흔히 쿠데타를 특산으로 하는
태국 최초의 쿠데타로 언급되곤 한다.
자, 이제 쿠데타와 민주라는 지독한 불일치로
변주되고 있는 이 탑 속으로 들어가 본다.

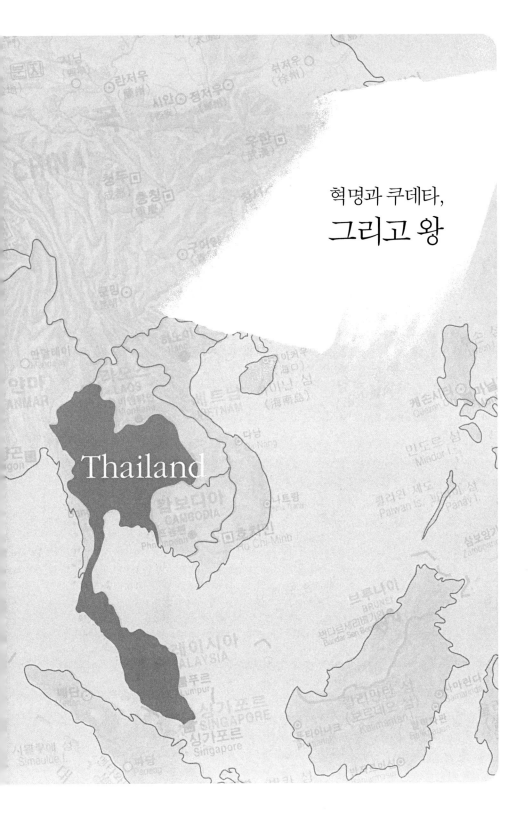

혁명과 쿠데타,
그리고 왕

태국의 민주기념탑 태국의 왕은 신이 되었다. 그는 군부쿠데타를 사주하고 그들에게 권력을 하사하시었다. 그의 얼굴이 새겨진 지폐를 구긴다면 당신은 법에 따라 감옥에 갇힐 것이다. 그러나 그 전에 당신은 성난 군중들에 의해 몰매를 맞게 될지도 모른다고 사람들은 말한다. 이게 군주제의 포로가 된 태국 민주주의의 현주소이다. 그러나 여러분, 잊어서는 안 된다. 1932년 태국인들은 군주제를 전복시키고 여기 두 개의 왕궁을 잇는 랏차담는클랑 대로에 그 기념탑을 세웠다.

이상한, 아주 이상한 기념탑

방콕의 카오산로드(Khaosan Road). 이즈음에는 명성이 퇴락하긴 했지만, 1970년대 이후 동남아 배낭여행의 게이트웨이로 발전해 이윽고 성지가 된 곳이다. 바로 그 카오산로드(방람푸)에서 멀지 않은 랏차담 는클랑 대로를 걸으면 곧 네거리를 만나게 되고, 그 중심에 원을 이루고 우뚝 서 있는 기념탑을 볼 수 있다. 높이 24미터의 제법 규모를 자랑하는 기념탑이지만, 보도에서는 기념탑으로 접근할 방법이 없어 탑은 마치 대양의 고도에 솟아 있는 등대처럼 보인다. 때문에 카오산 지역에 들끓는 외국인들은 물론 방콕 시민들에게도 이 기념탑은 그저 달력의 사진이거나 성지에 불과하다. 누구도 발을 디딘 적이 없는.

민주기념탑이라는 이름의 이 탑은 바로 그 이름 때문에 누군가의 호기심을 자극하지만 그 정체를 파악하기란 쉽지 않다. 대개의 여행 가이드북들도 설명을 생략해놓기 일쑤이다(갈 수 없는 곳에 대한 설명은 가이드북의 예의가 아니기는 하다). 그쯤에서 포기하지 않은 사람들은 더욱 기이한 처지에 빠져야 할 것이다. 이 탑에 대해 설명해줄 수 있는 방콕 시민을 만나려면 아마도 원래의 일정을 포기하고 며칠을 더 머무르며 방콕을 헤매야 할지도 모른다.

방콕 랏차담는클랑 대로의 민주기념탑(아누사와리 쁘라차티빠타이)은 그렇게 대부분의 사람들에게 정체불명의 신비한(?) 기념탑으로 남아 있다. 그러나 멀지 않은 곳에서 약간의 힌트를 얻을 수도 있다. 슬프게도 32년이 지난 2005년에야 문을 열고 방문객을 받기 시작한 기념관, 랏차담는클랑과 따나오 거리가 만나는 네거리의 모퉁이에 자리 잡은 1973년 10월 민주항쟁기념관에는 이 탑을 에워싼 수많은 군중들을 조감도의 앵글로 잡은 흐릿한 흑백사진 한 장이 확대되어 벽 하나를 가득 메우고 있다. 1973년 랏차담는클랑의 민주기념탑 주변에는 40~50만 명의 군중들이 모여 타놈 군부독재정권에 대항하는 시위를 벌였고, 마침내 타놈(Thanom Kittikachorn)을 축출할 수 있었다. 뭔가 다가오는 것처럼 느껴지지만 이내 이 사진이 민주기념탑의 정체를 말해주지 않는다는 것을 알게 된다. 이 사진은 오히려 한 가지 의문을 더 던져준다. 1973년 10월, 왜 군중들은 이 탑으로 모여든 것일까?

쉽게 알 수 없는 이상한 기념탑, 방콕의 민주기념탑은 1932년 절대왕정을 붕괴시켰던 정변을 기념해 1938년에 세워진 오래된 기념탑이다. 1973년 민주항쟁에 40년을 앞서 일어났던 1932년 정변. 이 정변은 흔히 쿠데타를 특산으로 하는 태국 최초의 쿠데타로 언급되곤 한다. 자, 이제 쿠데타와 민주라는 지독한 불일치로 변주되고 있는 이 탑 속으로 들어가 본다.

민주기념탑의 민주

방콕의 랏차담는클랑 대로에 민주기념탑을 세운 인물은 당시의 수상이었던 피분송크람(피분, Luang Phibun Songkhram)이다. 태국 현대사에 조금이라도 관심을 주는 사람이라면 누구에게도 낯설지 않은 피분이라는 이름은 태국 군부독재 시대를 개막한 인물로 알려져 있고 실제로도 그렇다. 그는 아시아의 현대사를 빛낸 저명(?)한 군부독재자 중의 하나이다. 민주기념탑의 뒤에 피분이 있다는 사실을 아는 순간, 이 기념탑은 세계의 독재자들이 일상적으로 행해왔던 자기기만과 정신분열, 그리고 후안무치를 기념하는 독재탑으로 전락해버리게 마련이다. 그러나 이 기념탑에는 그렇게 간단히 내던져버릴 수 없는 내밀한 이야기와 의미들이 숨어 있다.

이야기를 시작하기 전에 기념탑을 살펴보자. 설계자는 피분 정권의 요직을 맡고 있던 쿠앙 아파이웡(Khuang Abhaiwong)의 형제인 무 아파이웡(Mew Abhaiwong)이다. 탑들의 기단에는 부조를 새긴 패널들이 붙어 있어 예술적 외관을 형성하고 있다. 이 부조를 조각한 예술가는 이탈리아인으로 태국에 귀화했던 코라도 페로찌(Corrado Feroci)이다. 탑은 기본설계는 파리 샹젤리제(Champs-Èlysèes)거리의 서쪽 끝을 장식한 개선문(Arc de Triomphe)에서 영감을 빌려 왔다고 말하지만, 사실 건축학적으로나 디자인에 있어서 개선문과의 연관성을 발견한다는 것은 불가능하다. 샹젤리제와 개선문의 연관은 이 기념탑이 세워져 있는 랏차담는클랑 대로를 이해해야 첫 단추를 끼울 수 있게 된다.

랏차담는클랑은 1868년에 공사가 시작되어 1910년에야 모습을 드러낸, 당시로서는 방콕 최대의 도로였다. 또 왕의 길(Royal Passage)이란 의미를 갖고 있는 랏차담는클랑은 차크리 왕조의 본궁과 별궁인 두싯(Dusit) 궁을 연결하는 도로였고, 몽꿋과 함께 차크리 왕조의 번영을 상징하는 5대 왕인 출라롱꼰에 의해 건설된 도로이다. 1938년 민주기념탑은 상징적으로 이 도로를 가로막고 세워졌다. 마치 왕정의 숨통을 조인 것처럼(문이 아니라 탑인 까닭에 그 의미는 더욱 증폭된다).

개선문과의 직접적인 연관성은 '승리'에 있다. 나폴레옹이 프랑스군의 승리를 기념하기 위해 개선문을 세운 것처럼, 이 기념탑은 절대왕정을 붕괴시킨 주역들이 승리를 기념하기 위해 세운 것이다. 랏차담는클랑 대로는 당시 번화한 상권을 이루고 있었으므로, 샹젤리제와 개선문에서 영감을 얻었다고 해서 아파이웡을 탓할 일은 없을 것이다.

그런데 어떤 승리를 기념하는 것일까? 또 그건 민주와 무슨 관련이 있는 것일까? 랏차담는클랑의 이 기념탑을 이해하려면 방콕의 다른 기념탑, 예컨대 프랑스와의 전쟁에서 승리한 것을 기념하는 전승기념탑(아눗사와리 차이 사모라품)보다 더 많은 인내가 필요하다. 해답을 얻기 위해서는 끈기를 가지고 탑부터 살펴보아야 한다.

탑은 중앙탑을 두고 주변에 네 개의 탑을 배치한 전형적인 (남방불교에서는 낯설지 않은) 힌두 사원의 구성을 취하고 있다. 메루산(수미산)에 해당하는 중앙의 탑은 1932년 10월의 헌법을 상징한다. 탑의 꼭대기에는 금(金)사발 두 개가 얹힌 모습인데, 이 사발에는 최초의 입헌군주제 헌법이 담겨 있다. 중앙탑은 3미터 높이로 절대왕정을 붕괴시킨 1932년 6월을 의미한다(1932년 6월은 태국달력에서 세번째 달이었다). 중앙탑에 만들어져 있는 여섯 개의 문은 피분 정권이 내걸었던 여섯 개의 기치, 즉 독립, 평화, 평등, 자유, 경제 그리고 교육을 각각 의미하고 있다. 3미터의 중앙탑은 24미터에 달하는 네 개의 탑에 둘러싸여 있어 힌두 사원의 기본 골격을 무색하게 하고 있는데, 날개를 펼친 것처럼 하늘을 향해 솟은 네 개의 탑은 각각 육군, 해군, 공군 그리고 경찰을 상징한다.

　탑의 기단들을 둘러싸고 있는 열여섯 장의 패널들에는 페로찌의 부조들이 조각되어 있다. 패널 하나하나가 각각 저마다의 스토리들을 담고 있지만, 요약하자면 육군과 해군, 공군, 경찰을 상징하는 인물 또는 군상들의 영웅적이고 숭고한 이미지를 창작함과 동시에 그들에게 환호하고 감사하는 태국인들이 탑 하나마다 각각 네 장씩 표현되어 있다. 말하자면 페로찌의 부조가 표현하고자 했던 것은 이런 것이다. "1932년 혁명은 태국의 민주주의를 탄생시켰다. 이 혁명은 군인들의 위대하고 영웅적인 희생정신에 의해 수행되었으며 승리했다." 이 탑에 '민주' 라는 이름이 붙여진 사연이기도 하다.

　결국 이 기념탑은 1932년 절대왕정 붕괴의 주역이었던 군이 군주제의 숨통을 상징하는 랏차담는클랑 대로를 가로막고 나폴레옹의 개선문처럼 군의 승리를 기념하고자 세워진 탑이다. 이쯤에 이르면 대개는 이 탑이 숨긴 속내에 대해 마지막으로 고개를 흔들고 돌아설지도 모르겠다. "이런 군바리들의 기념탑이군."

　가혹했던 군부독재정권의 시대를 경험했던 우리들에게는 이 기념탑이 불쾌하게 다가오는 것도 무리는 아니다. 민주기념탑이라는 이름도 민주를 남발했던 박정희와 전두환, 노태우를 상기시킬 뿐이다. 그리고 기나긴 군부독재정권 시대를 관통해온, 지금도 자유롭지 못한 태국에게도 다를 리가 없다고 생각하게 된다. 그러나 잠깐만. 민주기념탑으로의 순례는 아직 끝나지 않았다.

1932년, 혁명인가 쿠데타인가

평범한(?) 국가로는 엄두조차 낼 수 없는 횟수(19번 또는 21번)의 쿠데타 기록을 보유하고 있는 태국에게 있어 쿠데타 역사의 시작은 1932년으로 이야기된다. 그러나 1932년의 태국에서 벌어진 정치적 변란은 손쉽게 쿠데타로 말할 수 있는 사건이 결코 아니었다.

1932년 일단의 지식인들과 군인들의 반란으로 야기된 정변은 '절대왕정의 폐지'를 목표로 했다. 절대왕정의 붕괴를 목적으로 한 정치적, 군사적 시도가 쿠데타로 취급되는 경우는 정신이 바른 세계사에는 존재하지 않는다. 군부가 주도한 경우에도 군사혁명으로 불릴 뿐 쿠데타로 취급하지는 않는 것이 정치적, 철학적 상식이며 예의이다. 이건 세계 역사상 최초의 쿠데타로 평가되는 쿠데타, 즉 1839년 스위스연방의 창설을 공표한 자유주의자들의 근거지인 취리히를 무장한 보수주의자들이 공격한 이래 변함없는 사실이다. 쿠데타의 전제조건 중 하나는 반동이다. 새로운 체제 또는 기존의 체제를 붕괴시키고 끌어내리고 역사를 후퇴시킨다. 그러나 혁명은 구체제를 무너뜨리고 진보적인 체제를 도입한다. 이 둘은 정변의 양극단에 위치한다. 혁명과 쿠데타를 바라보는 시각에는 늘 음모가 존재한다. 이드리스 왕정을 붕괴시킨 카다피의 혁명을 쿠데타로 매도하는 것은 미국과 유럽의 반혁명적 음모이다. 반면에 쿠데타는 명분과 정통성을 위해 혁명을 매도한다. 그래서 박정희는 자신의 군사쿠데타를 군사혁명으로 덧칠하기 위해 그토록 애를 썼다.

1932년 태국에서의 반란은 절대왕정의 붕괴를 목표로 했다는 점에서 쿠데타가 아닌 혁명의 성격을 띠고 있었다. 또한 군부가 동참했다는 점에서 군사혁명의 성격을 띠고는 있지만, 혁명을 준비한 것도, 주도한 것도 군인들은 아니었다. 절대왕정의 철폐와 헌정의 도입을 구상한 것은 지식인들이었고 또 일찍부터 혁명을 준비한 것도 그들이다. 군의 중간급 장교들을 포섭해 혁명에 동참시킨 것도 그들이다. 양보해서 말한다면 1932년 혁명은 인텔리겐치아와 군인들이 주도한 혁명으로 군사혁명과는 거리를 두고 있었다.

혁명의 전야는 이렇다. 절대왕정 폐지의 혁명적 분위기가 무르익고 있던 1920년대, 차크리 왕조는 1925년 7대 왕으로 즉위한 쁘라짜티뽁(Prajadhipok, 라마 7세)에 이르러 위기에 직면하고 있었다. 왕실 재정은 적자에 허덕였고, 1차대전 후 유럽에 몰아닥친 경제적 공황은 일찍 서구와 관계를 개선하고 교류를 늘여왔던 태국의 경제도 위기의 지경에 이르게 했다. 선대인 출라롱꼰(라마 5세)을 모방해 왕실 추밀원(樞密院)으로 정치의 중심을 옮긴 쁘라짜티뽁의 정치는 문제를 해결하기보다는 더욱 심화시켰다. 지식인들 사이에서는 군주제의 폐지를 주장하는 분위기가 무르익었고, 마침내 1932년 6월 4일 쁘라짜티뽁이 후아힌의 여름 궁전으로 피서를 떠난 때를 틈타 군주제 폐지를 주장하는 (인민당〔카나랏사돈〕을 자처했던) 일단의 세력들이 궁전을 점령하고 대부분이 왕자의 신분인 왕실 내각 각료들을 체포했다. 후아힌의 쁘라짜티뽁은 혁명을 주도한 세력과 타협했고, 입헌군주제를 받아들였다. 절대왕정은 폐지되었으며, 제헌헌법이 공포되고 의회제가 도입되었다. 절대왕정의 군주로 방콕을 떠난 쁘라짜티뽁은 입헌군주제의 군주가 되어 왕궁으로 돌아와야 했다.

1932년의 무혈혁명은 전형적인 엘리트혁명의 한계를 극복하지 못했다. 혁명 당일인 6월 24일 후아힌의 쁘라짜티뽁에게 전달된 임시헌장은 절대왕정의 폐지와 근대적 의회민주주의의 도입을 담고 있었지만, 한편으로는 행정부인 국민위원회와 입법부인 국민의회를 직접선거에 의한 선출제가 아닌 임명제로 구성하고 10년 뒤 인구의 절반이 초등교육을 마친 후에야 직접선거에 의한 선출제를 도입한다는 것을 명시하고 있었다. 또한 혁명을 주도한 인민당은 초기 왕실에 대해 타협적이거나 유화적이었다. 왕실 귀족들을 국민위원회와 국민의회에 참여시켰고 적잖은 권한을 부여했다. 초대 수상으로 임명된 마노빠꼰(Phraya Manopakorn)이 왕실과 혈연관계를 맺고 있는 인물인 것은 상징적이었다. 수상 뿐 아니라 외무장관으로 임명된 스리위산(Phraya Srivisan) 역시 완고한 왕정주의자였다.

그러나 대세는 인민당이 주도하고 있었다. 1932년 12월 10일 공포된 제헌헌법은 임시헌장보다 왕의 권한을 더욱 축소시키고 있었다. 국민의회의 임명제 또한 절반의 의원을 간접선거로나마 선출하는 것으로 바뀌었다. 1933년 8월에는 태국 최초의 의원 선출을 위한 대표를 뽑는 선거가 시작되었고 의원 후보 등록도 시작되었다.

1933년에는 반동의 기운도 함께 싹트고 있었다. 1932년 혁명의 이념적 지도자였던 쁘리디 파놈용(Pridi Phanomyong)이 대토지의 국유화 등을 내용으로 하는 급진적 신경제정책을 내놓으면서 태국 최대의 지주인 왕실의 분노를 샀고 왕정주의자들은 일제히 그를 공산주의자로 비난하고 나섰다. 1933년 10월 쁘라짜티뽁의 왕실 내각에서 국방장관을 역임했던 왕자 보요라뎃(Bovoradej, 몽꿋의 손자)이 반동 군사쿠데타(이것이 진정한 쿠데타이다)를 일으켰다. 1932년 무혈혁명이 뒤늦게 뿌린 피는 가혹했다. 보요라뎃은 공군기지가 있던 돈무앙을 점령했고 전투기까지 동원할 수 있었지만, 쿠데타는 실패했고 보요라뎃이 프랑스령 인도차이나로 도주하면서 막을 내렸다.

보요라뎃의 반동 쿠데타는 혁명 세력 내에서 군부의 입지를 강화시켰고 중심을 군부로 이동시켰다. 1933년에서 1937년의 기간 동안 군의 예산은 국가예산의 26%를 차지할 만큼 급증했다. 병력이 증가했음은 두말 할 나위가 없다. 반동 쿠데타의 여파로 성장 가도를 달리는 군부에서 두각을 나타낸 것은 대령으로 혁명에 참가한 군부의 피분송크람이었다. 혁명 1주년인 1933년 6월에 혁명 세력에서 군을 대표하는 장군 프라야 파혼(Phraya Phahol Pholphayuhasena)이 수상의 자리에 올라 있었지만, 왕실 재산의 불하(拂下)를 둘러싼 스캔들이 불거진 가운데 1938년 야전사령관 피분이 수상으로 전면에 등장했다. 피분은 수상의 직함 뿐 아니라 국방장관과 외교장관 그리고 군의 최고사령관을 겸직했다.

그럼에도 불구하고 피분 역시 혁명의 주역이었고, 그가 장악한 군은 여전히 혁명의 축이었다. 반동 쿠데타 후 군의 비중이 커지기는 했지만 집권 세력인 인민당에는 여전히 쁘리디로 상징되는 혁명적 민간 세력이 존재하고 있었다. 1932년 체제는 붕괴된 것이 아니었다. 1932

1957년 부정 선거 의혹에 항의하는 학생 시위에서의 피분(가운데)과 사릿(오른쪽 끝) 군주제와 야합한 태국의 군부독재는 남한의 정치군인들에게 꿈과 희망을 불어넣었다. 그들은 태국의 군부쿠데타를 교본으로 삼아 불철주야로 학습했고 마침내 그들의 꿈을 이루었다. 다행스럽게도 그들이 탱크를 앞세우고 한강을 넘을 때 군주제는 이미 존재하지 않았다. 대신 그들은 군주제보다는 좀더 근대적인 이념을 개발해야 했는데, 그게 새마을운동이라거나 조국 근대화라거나 개발지상주의라거나 하는 것들이다.

년 체제는 1947년 피분이 군사쿠데타를 일으킬 때까지 존속되었다. 그러나 피분이 권력을 장악하는 과정이 증명했던 것은 위로부터의 엘리트혁명이 극복할 수 없었던 한계를 드러내는 과정이었다. 혁명에는 민중이 참여하지 못했고 또한 혁명 후에도 혁명 세력들은 적극적으로 민중을 참여시키지 못했거나 안 했다. 군을 대표하는 파혼과 피분이 전면에 등장할 수밖에 없었던 과정도 민중적 기반이 부재한 가운데 불가피한 선택이었다.

1932년 체제의 종말

1933년 보요라뎃의 군사반란이 터졌을 때 송클라로 도망친 국왕 쁘라짜티뽁의 입지는 더욱 줄어들었다. 쁘라짜티뽁의 배후조종설이 나돌기도 했지만, 그와는 무관하게 쁘라짜티뽁은 중요한 역사적 순간에 현장을 도망친 비겁한 인물이었다. 인민당은 쁘라짜티뽁에 의심의 눈초리를 떼지 않았다.

1934년 의회가 형법을 개정했을 때 쁘라짜티뽁은 거세게 반발했다. 왕의 승인 절차를 거치지 않고 사형을 집행할 수 있도록 한 개정으로 전통적인 왕의 대사면권을 박탈한 조치였다. 의회는 쁘라짜티뽁의 반발을 무시했다. 거듭되는 갈등 끝에 신병 치료를 핑계로 영국으로 출국한 쁘라짜티뽁은 퇴위를 무기로 개정안 철폐와 왕의 사면권 등을 걸고 혁명정부와의 협상에 나섰다. 협상 끝에 쁘라짜티뽁의 요구는 받아들여졌지만, 한 걸음 더 나아가 쁘라짜티뽁은 신변보장과 함께 의회의 해산을 요구했다. 1934년 10월 쁘라짜티뽁은 자신의 요구가 받아들여지지 않는 한 퇴위할 것이라는 최후통첩을 보냈다. 1935년 3월 의회는 쁘라짜티뽁의 최후통첩을 받아들여 퇴위시키는 쪽을 선택했다. 왕위는 독일 하이델베르크에서 태어난 출라롱꼰의 손자인 아난다 마히돈(Ananda Mahidol)에게로 승계되었다. 아홉 살 소년인 마히돈은 여전히 스위스에 머물렀고, 이후 태국은 15년 동안 왕궁에 왕이 없는 입헌군주제 시대를 맞을 수 있었다.

그것으로 군주제는 태국에서 완전히 힘을 잃은 것처럼 보였다. 적어도 영국식 입헌군주제에서의 왕실 정도가 차크리 왕조가 나아갈 길이었다. 그러나 영국과 태국 사이에는 결코 건널 수 없는 간극이 존재하고 있었다. 그것은 근대적 국민이었다. 1689년 영국이 입헌군주제를 성사시켰을 때에는 부르주아의 등장, 시민민주주의의 경험 등 왕정을 넘어 근대로 발전하기 위한 모든 조건이 갖추어져 있었다. 그러나 태국에는 그 모든 것들이 마련되어 있지 않았다. 영화 「왕과 나」의 실제 주인공이었던 라마 4세 몽꿋(재위 기간 1851~1868)이 서구와의 관계를 개선하고 문물을 도입하는 등 근대화의 길을 개척했고 아들인 라마 5세 출라롱꼰(재위 기간 1868~1910)이 몽꿋이 다진 기틀을 발전시켰지만, 그것은 왕족을 위한 근대화였고 그 성과란 유럽 제국주의 열강의 틈에서 자신들의 영토를 보존하기 위한 외교술의 발전이었다.

1932년 왕조의 쇠퇴가 역력하게 드러난 가운데 절대왕정을 붕괴시키는 혁명이 성공을 거두었을 때에도 사정은 다르지 않았다. 한 줌의 왕족과 귀족, 상인계층에서 배태된 지식인들이 이념을 주도했고,

여기에 또 다른 엘리트인 군인이 동참한 혁명이었다. 민중적 기반과 실체가 부재한 가운데 승리를 거둔 이 혁명은 엘리트만의 혁명이었고 위로부터의 혁명이었다.

그럼에도 불구하고 1932년에 등장한 인민당의 혁명정부는 최초로 의무교육을 도입했다. 출신과 지위, 성별의 구분 없이 누구나 교육을 받을 수 있다는 의무교육은 절대왕정 시대에는 꿈도 꿀 수 없었던 혁명적인 사건이었다. 정치적 개혁과 경제적 개혁도 뒤따랐다. 그러나 위로부터 승리한 혁명은 빠르게 아래를 향하지 못했다. 인내와 시간이 필요한 일이었지만 혁명 세력인 인민당은 그런 끈기를 갖지 못했다.

1938년 파혼이 사임하면서 야전군사령관인 피분이 수상에 취임했을 때, 쁘리디는 재무장관직을 맡고 있었다. 1932년 혁명의 두 축은 여전히 공존하고 있었다. 인민당의 노선은 민족주의적 근대화였다. 1939년 국호를 시암(Siam)에서 무앙타이(Muang Thai)로 바꾼 피분 정권은 강력한 민족주의와 근대화를 주창하기 시작했다. "타이를 위한 타일랜드(태국인을 위한 태국)"를 기치로 내건 경제정책은 외국인 소유 기업에 무거운 세금을 물리기 시작했다. 피분의 민족주의는 쇼비니즘 성향을 띠었다. 태국 내 중국인, 즉 화교에 대한 다양한 탄압이 전개되었다. 1938년의 연설에서 피분은 태국 내의 중국인을 유럽의 유대인과 비교하기를 서슴지 않았다. 그 한편에서 군부는 산업화의 유일한 동력으로 스스로를 자리매김했다. 1941년 국방부가 섬유와 석유 부문에 공기업들을 설립한 것은 대표적인 사례였다. 군부가 이권에 직접적으로 개입하는 전통이 산업화라는 명분 아래 만들어지고 있었다.

또한 새로운 시대에 부응하는 사회적 분위기가 고무되었다. 서구식 복장이 권장되었고 공중도덕이 강조되었다. 민족주의는 대외정책에 있어서도 반영되었다. 근대화의 명목으로 서구화가 강조되었지만 반서구적 외교정책이 고수되었다. 대외적으로는 출라롱꼰이 프랑스에 양도했던 캄보디아와 라오스의 일부 영토에 대해 영유권을 주장했으며, 이는 프랑스와의 전쟁으로 발전했다. 1940년 1월 캄보디아와 라오스 국경을 침공한 태국군은 프랑스의 저항에 밀려 고전하기도 했고 태국 만에서 프랑스의 해군에 참패를 당하기도 했지만, 대등한 전쟁에 가까웠다. 일본이 협상 중재에 나섰고 도쿄에서 태국과 프랑스가 체결한 평화협정에는 출라롱꼰이 양도했던 영토의 반환이 명기되어 있었다. 인도차이나의 종주국인 프랑스와 싸워 영토까지 확장한 전쟁은 유럽 제국주의의 침입에 노심초사해온 태국으로서는 민족적 자긍심을 고취시켰고 피분의 민족주의는 폭넓은 지지를 받을 수 있었다. 일본이 협상을 중재할 수 있었던 것은 프랑스가 동맹국인 독일의 점령 치하였기 때문이었다. 일본은 이 협상에서 자신들의 위상을 높일 수 있었다.

1941년 태평양전쟁이 발발한 가운데 피분은 친일 노선을 선택했다. 일본군의 버마(현 미얀마)와 말레이시아 침공을 지지했으며, 버마로 가는 침략 루트를 일본에게 제공했고, 영국과 미국에게는 선전을 포고했다. 반면 쁘리디는 영국과 미국의 지원 아래 반일 지하운동인 '자유태국운동'(Seri Thai)을 지도했다. 1932년 혁명의 주도 세력을 상징적으로 대변하는 두 인물이 친일과 반일로 갈라짐으로써 1932년 시대는 막을 내리고 있었다.

1944년 반일 분위기가 고조되는 가운데 8월 피분은 수상직에서 사임했고, 자유주의적 성향의 변호사로 자유태국운동에 참여했던 쿠앙 아파이웡이 수상의 자리에 올랐다. 영국과 미국에 대한 선전포고는 무효화되었고 쿠앙은 태국이 전쟁 전의 상태로 돌아간다고 선언했다. 전후 피분은 전범으로 기소되었지만 재판이 취하되었고, 1946년 1월의 총선에서 민주당이 승리하고 쿠앙이 다시 수상의 자리에 올랐지만 45일 만에 사임하는 등 정치적 혼란이 지속되었다. 1947년 11월 피분은 휘하의 군대를 동원해 쿠데타를 일으켜 탐롱 정권을 붕괴시켰다. 쿠데타 직후 군부는 한때 수상이었던 쿠앙을 잠시 등장시켰지만 6개월이 채 되지 않아 사임시키고, 1948년 4월 피분 자신이 수상의 자리에 올랐다. 1957년 11월에야 끝이 난 피분 군부독재의 시작이었고 1932년 체제의 종말이었다.

돌아온 왕과 군부

태국의 쿠데타 역사는 1932년이 아닌 1947년에 시작되었다. 피분은 1932년이 거두었던 모든 성취들을 원점으로 되돌렸다. 직접선거는 실종되었으며 의회는 임명제 꼭두각시에 불과했다. 정권은 군부의 힘에 의해 유지되었으며 부정과 부패는 고착되고 구조화되었다. 한편 절대왕정을 붕괴시키고 들어섰던 입헌군주제는 무의미해졌던 군주에 다시 방점을 찍고 있었다. 그것은 1938년 랏차담는클랑에 세워졌던, 그나마 한계가 뚜렷했던 민주기념탑의 정신마저 후퇴시키는 것이었다.

1996년 즉위 50주년 기념 퍼레이드에서 사열을 받고 있는 푸미폰 인간은 누구나 죽어가고 때
가 되면 종장을 맞는다. 군주제의 불행은 가끔씩 탁월한 군주가 등장한다는 것이고, 불행
중 다행은 그도 인간이라는 것이다. 인간을 신격화하는 군주제는 스스로 죽음이라는 함
정을 파들어 간다. 푸미폰은 자신이 건설한 모든 것들과 함께 무덤 속으로 사라질 것이다.

1946년 6월 9일 차크리 왕조의 8대 왕인 라마 8세, 아난다 마히돈이 태국으로 돌아온 지 불과 반 년 만에 침실에서 머리에 총알이 박힌 시신으로 발견되었다. 왕위는 그의 동생인 푸미폰 아둔야뎃(Bhumibol Adulyadej)에게 계승되었다. 왕위를 물려받은 라마 9세 푸미폰은 임무를 섭정에게 돌리고 스위스로 되돌아간 후 과학이던 로잔대학에서의 전공을 법학으로 바꾸었다. 1948년 10월 제네바-로잔 고속도로에서 트럭의 뒤를 들이받아 허리와 얼굴을 다치고 오른쪽 눈을 잃은 푸미폰이 태국의 왕궁으로 돌아온 것은 1950년이 되어서였다. 성대한 대관식을 앞두고 결혼식부터 올렸고, 1950년 5월 5일 대관식을 열어 본격적으로 왕이 되었다. 사실상 1925년 쁘라짜티뽁이 태국을 떠난 후 16년 만에 돌아온 왕이었다. 그 16년 동안 태국은 입헌군주제 국가였지만 (마히돈의 6개월을 제외하곤) 왕궁에 왕이 있는 국가가 아니었다.

1957년까지 이어진 피분 독재정권 시대에 국왕 푸미폰은 절대왕정 시대와는 다른, 입헌군주제의 왕이었다. 그는 목에 카메라를 걸고 농촌을 돌아다녔고, 병원을 방문하거나 자선행사를 열었고, 때로는 병사들을 찾아 막사를 방문하기도 했다. 군주로서 백성들의 청원에 귀를 기울였고 왕실의 금고에서 푼돈을 꺼내 뿌렸다. 형인 마히돈과 달리 푸미폰은 왕이 된 것을 즐기고 적극적으로 나서는 인물이었다. 둘 모두 유럽과 미국이라는 서양에서 태어났고 젊은 시절을 온전히 유럽에서 보내 태국과는 쉽게 어울릴 수 없는 인물이었지만, 그 점에서 둘은 달랐다. 마히돈은 6개월이라는 짧은 시간 동안이었지만 왕 노릇을 해야 하는 것에 가끔씩 짜증을 부리는 인물이었다. 푸미폰은 달랐다.

1950년대가 저물고 있었을 때 푸미폰은 기묘한 위치를 점하고 있었다. 부정과 부패, 독재로 시간이 지날수록 민심을 잃어가고 있던 피분에 반해, 푸미폰은 정반대로 인기를 높여가고 있었다. 한편으로는 군부독재정치에 대한 반작용이었고, 다른 한편으로는 기댈 곳이 없던 태국의 민중들이 가졌던 허상으로서였다. 푸미폰은 항상 민중들의 시선에 좋은 일만 하고 돌아다니는 인물이었다. 군부독재에 대한 염증, 근대적 교육의 부재, 높은 문맹률 등 모든 조건이 군주제에 대한 향수를 조장하고 있었다. 그는 희망이 엿보이지 않고 질식되어 가고 있던 태국 사회의 스타가 되어가고 있었다.

반면 1957년 피분 군부독재는 종장을 향한 초침 소리를 헤아리고 있었다. 군부 내의 알력은 심해졌고, 피분은 너무도 오랫동안 권력을 장악하고 있었다. 예전의 피분과 마찬가지로 야전사령관직을 손에 쥐고 있던 사릿 타나랏(Sarit Thanarat)이 선두주자의 자리에 올라 있었다. 1957년 9월 그는 피분을 축출하고 계엄령을 선포했다. 다음은 너무도 전형적인 군사쿠데타의 길이었지만 사릿에게는 단 한 가지 피분과 다른 점이 있었다. 1932년 혁명에 참여했던 피분과 달리 철저하게 정통성을 상실한 이 순도 100퍼센트의 탐욕으로만 뭉친 야전사령관에게는 단 2퍼센트라도 정통성이 필요했다. 사릿은 2퍼센트의 정통성을 얻을 수 있는 길을 알고 있었다. 국왕 푸미폰이었다. 1957년의 정치적 불안 속에서 피분 역시 그것을 깨닫고 있었다. 10년의 군부독재 통치는 피분에게도 얼마 남지 않은 권력의 정통성을 깨끗하게 소진하기에 충분히 긴 세월이었다. 마지막 날인 1957년 9월 16일 피분은 푸미폰의 왕궁을 찾아가 허리를 숙였다. 이때 해야 할 말을 푸미폰은 준비해 두고 있었다. "쿠데타를 피하려면 스스로 사임하시오."

그날 저녁 사릿의 쿠데타가 실행에 옮겨졌다. 푸미폰은 입헌군주로서 계엄을 왕명으로 선포했고, 권력을 장악한 야전사령관 사릿에게 서명하도록 했다. 포고령에서 푸미폰은 사릿을 "수도의 방위자"로 명명했다. 사릿 또한 "국가, 종교, 국왕"을 모토로 화답했다. 푸미폰이 피분을 냉랭하게, 그리고 사릿을 따뜻하게 대했던 이유가 없었던 것은 아니다. 피분이 추진했던 토지 집중을 제한하는 법안은 자신의 이익을 심각하게 침범하는 것이었다. 여하튼 일본으로 망명을 떠나야 했던 피분을 제외하고는 모두 행복했다. 그리고 즐거운 자가 하나 더 있었다. 미국이었다.

1950년대에 푸미폰의 등장 이래 그는 미국에게 점차 중요한 인물이 되어갔다. 미국은 국왕이라는 존재가 통치에 미치는 영향력에 주목했다. 한국전쟁의 발발 이래 태국은 미국의 막대한 군사원조가 퍼부어지는 나라였고, 그것은 태국의 전략적 가치가 그만큼 높았다는 것을 의미했다. 더욱이 인도차이나에서 프랑스가 패퇴하고 미국이 직접 개입하면서 태국의 가치는 더욱 높아졌다. 미국의 목표는 동남아에서 태국이 친미 반공의 군사적·정치적 전략기지 역할을 하는 것이었으므로, 강력한 친미 반공정권을 열망했다. 미국의 요구에 부응할 수 있는 정권은 당연히 군부독재정권이었지만, 동시에 미국은 체제의 안정도 희구했으므로, 군부독재정권이 피할 수 없는 정치적 불안정을 해소하거나 제거할 수 있는 장치 또한 필요했다. 그리고 그것은 멀리 있는 것

2003년 민주항쟁 기념식 민주항쟁은 남한에만 있었던 것이 아니다. 1973년과 2003년의 태국 민주항쟁은 미국과 군주, 군부라는 트리오에게 심대한 타격을 입혔다. 두 번의 민주항쟁에서 태국 민중은 군부독재를 붕괴시킬 수 있었지만 민주주의를 손에 넣지는 못했다. 2006년 국왕 푸미폰은 군부쿠데타를 모의하고 실행함으로써 2003년의 민주항쟁을 무위로 돌렸다. 태국 민중은 괴물을 보고 있는데, 그 괴물은 자신들이 키운 것이다.

이 아니라 바로 코앞, 방콕의 왕궁 안에 있었다.

미국은 푸미폰의 초상화를 대량으로 찍어 태국 전역에 배포하는 사소한 일에서부터 아이들이 학교에서 군주의 인자로움과 은혜를 일깨울 수 있도록 하는 것에 이르기까지를 배려했으며, 왕실에 대해서는 경제적 지원을 아끼지 않았다. 사릿의 쿠데타에서 미국은 푸미폰의 가치가 기대를 뛰어넘는 것을 확인했다. "국가, 종교, 국왕"이 아니라 사실은 "국왕, 종교, 국왕"이었던 것이다. 미국이 확인한 것은 한 가지였다. 쿠데타정권은 필연적으로 유한하지만 왕은 영원하다는 것이었다.

강력한 친미 반공주의자 사릿이 1963년 사망하면서 정권은 장군 타놈과 쁘라팟의 2인 체제에게로 넘어갔다. 쿠데타는 필요 없었다. 타놈-쁘라팟 군부독재 시대는 1973년 민중항쟁으로 붕괴될 때까지 10년을 버텼다. 1973년 민중항쟁은 미국과 태국 군부, 푸미폰 모두에게 위기였지만, 결과적으로 민주화는 좌절되었으며 다시 쿠데타 세력이 정권을 장악했다. 푸미폰의 위상은 더욱 강화되어 있었다. 군부는 한 발 뒤로 물러섰지만 기회를 엿보고 있었다.

1976년 타놈의 귀국으로 학생들의 시위가 거세지는 가운데 경찰이 시위 학생 두 명의 목에 밧줄을 걸어 나무에 매단 사건이 벌어졌다. 10월 5일 우익 신문에는 탐마삿대학 학생들이 전 달에 있었던 경찰의 만행을 재현하는 사진을 실었다. 나무에 걸린 인형 중 하나의 얼굴은 푸미폰의 아들인 왕세자 와찌랄롱콘으로 조작되어 있었다. 우익들은 국왕에 대한 불경죄(실제로 존재하는 법이다)를 빌미로 대대적인 시위를 조직했다. 경찰과 민병대인 국경순찰대 병력이 2천여 명의 학생들이 연좌시위를 벌이고 있는 탐마삿대학을 포위했고 뒤이어 충돌이 벌어졌다. 사태는 다음 날 경찰과 우익 폭도들이 대학 구내로 난입해 난동을 부리면서 수백 명의 사상자가 발생하고 천여 명의 학생들이 체포되는 것으로 이어졌다. 이른바 탐마삿의 10월 학살이었다. 결론은 질서를 명분으로 한 또 한 번의 군부쿠데타였다. 극단적 보수주의자 따닌(Tanin Kraivixien)이 수상의 자리에 올랐다. 1977년 따닌 역시 끄리앙삭(Kriangsak Chomanan)의 쿠데타에 의해 자리에서 물러났다. 1980년 끄리앙삭은 쁘렘(Prem Tinsulanonda)의 쿠데타로 물러났다. 모두 푸미폰의 추인을 받았다. 1981년과 1982년에도 쿠데타가 일어났지만, 연이어 세 번의 쿠데타를 승인했던 푸미폰도 이건 아니라고 생각했는지 이번에는 고개를 흔들었다. 쿠데타는 성공하지 못했다. 푸미폰의 위치가 어디에 와 있는지를 증명한 사건이었다. 푸미폰의 정치적 영향력은 이제 국부독재정권을 좌지우지할 수준에 이르고 있었다.

2006년 또 한 번의 쿠데타가 벌어졌다. 이전까지의 쿠데타와 달리 푸미폰이 전면에 나선 군부쿠데타였다. 태국 역사상 가장 민주적인 헌법으로 평가되고 있으며, 1994년부터 시작한 민주화투쟁으로 성취한 1997년 민주헌법은 휴지 조각이 되어버렸다. 태국은 스스로 불가침의 괴물을 키워왔던 것이다.

1932년의 혁명을 기념하는 민주기념탑은 지금도 묵묵하게 왕의 길인 랏차담는클랑 대로를 막고 고독하게 서 있다. 그 길의 중앙에는 연중 언제나 푸미폰의 거대한 초상화가 걸려 있으며, 태국 설날인 송끄란과 푸미폰의 생일에는 오색의 찬란한 불빛에 휩싸인 더욱 거대한 푸미폰의 초상화가 그 길과 민주기념탑을 굽어 내려보고 있다. 절대왕정을 붕괴시킨 1932년부터 75년의 세월을 보내고도 군주의 망령은 여전히 태국의 민주주의를 가로막고 있다. 그것을 가능하게 한 것은 군주제에 기대야 할 만큼 정통성을 상실한 군부독재정권이었으며, 다른 한편으로는 그 터부를 넘지 못했던 태국의 민주주의 운동이었다. 태국 민주주의에게는 값비싼 대가였다.

1927년생인 푸미폰은 이제 여든을 넘기고 있다. 몰락한 왕조의 끝에서 불사조처럼 왕조의 영화를 되살린 푸미폰은 뛰어난 능력을 가진 인물이었다. 군주제의 불행은 가끔씩 탁월한 능력을 가진 군주가 등장한다는 것이고 다행은 그 능력이 아들에까지 미치지는 못한다는 것이다. 그러나 민중이 현명하지 않다면 무능한 군주인들 무슨 수로 다행이 될 수 있겠는가.

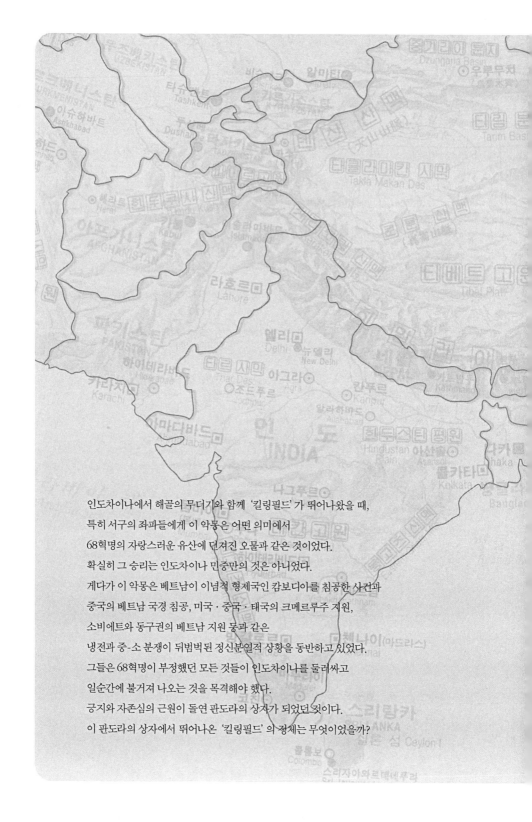

인도차이나에서 해골의 무더기와 함께 '킬링필드'가 뛰어나왔을 때,
특히 서구의 좌파들에게 이 악몽은 어떤 의미에서
68혁명의 자랑스러운 유산에 던져진 오물과 같은 것이었다.
확실히 그 승리는 인도차이나 민중만의 것은 아니었다.
게다가 이 악몽은 베트남이 이념적 형제국인 캄보디아를 침공한 사건과
중국의 베트남 국경 침공, 미국·중국·태국의 크메르루주 지원,
소비에트와 동구권의 베트남 지원 등과 같은
냉전과 중-소 분쟁이 뒤범벅된 정신분열적 상황을 동반하고 있었다.
그들은 68혁명이 부정했던 모든 것들이 인도차이나를 둘러싸고
일순간에 불거져 나오는 것을 목격해야 했다.
긍지와 자존심의 근원이 돌연 판도라의 상자가 되었던 것이다.
이 판도라의 상자에서 뛰어나온 '킬링필드'의 정체는 무엇이었을까?

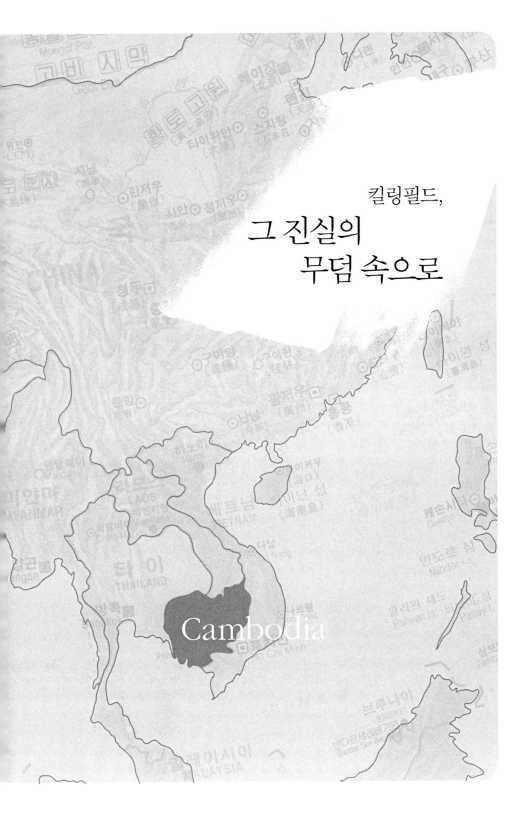

킬링필드,
그 진실의
무덤 속으로

Cambodia

폴포트(좌)와 호치민(우) 2백만의 동족을 학살한 살인마 폴포트와 해방과 혁명의 상징인 호치민의 사진을 함께 두는 것에 대해서 어떤 사람들은 몹시도 불쾌하게 생각하거나 화를 낼지도 모르겠다. 그러나 우리는 의심해야 한다. 호치민에 대해서, 폴포트에 대해서. 그리고 또 다시. 폴포트에 대해서, 호치민에 대해서. 신화를 깨지 않는다면 진실을 볼 수 없다. 그런데 미래를 위하여 우리에게 필요한 것은 신화가 아니라 진실이다.

킬링필드의 등장

1975년 인도차이나에서 마침내 혁명이 승리를 거두었을 때 확실히 그 승리는 인도차이나 민중만의 것은 아니었다. 월러스틴(Immanuel Wallerstein)이 세계혁명으로 지칭했던 1968년, 세계의 대륙을 하나로 묶었던 투쟁의 주요한 목표 중의 하나는 인도차이나에서 미 제국주의의 야욕을 무산시키는 것이었다. 대륙의 주요한 도시들에서 시위대는 체 게바라의 포스터를 들고 '호, 호, 호치민'이란 구호를 외쳤다. 인도차이나에서의 투쟁은 바로 그 시대 혁명의 상징이었으며 정신이었다. 68혁명은 무위에 그치고 말았지만 1973년 인도차이나에서 미 제국주의의 패퇴라는 유일한, 그리고 세계사적으로 몹시도 소중한 승리를 보듬을 수 있었다. 이 승리와 함께 68혁명으로 상징되는 한 시대는 완전한 종막을 맞았다.

1980년 바로 그 인도차이나에서 해골의 무더기와 함께 '킬링필드'가 뛰어나왔을 때, 특히 서구의 좌파들에게 이 악몽은 어떤 의미에서 68혁명의 자랑스러운 유산에 던져진 오물과 같은 것이었다. 게다가 이 악몽은 베트남이 이념적 형제국인 캄보디아를 침공한 사건과 중국의 베트남 국경 침공, 미국·중국·태국의 크메르루주 지원, 소비에트와 동구권의 베트남 지원 등과 같은 냉전과 중-소 분쟁이 뒤범벅된 정신분열적 상황을 동반하고 있었다. 그들은 68혁명이 부정했던 모든 것들이 인도차이나를 둘러싸고 일순간에 불거져 나오는 것을 목격해야 했다. 긍지와 자존심의 근원이 돌연 판도라의 상자가 되었던 것이다.

이 판도라의 상자에서 뛰어나온 '킬링필드'의 정체는 무엇이었을까?

　캄보디아에서의 민주캄푸치아 정권 시기의 학살을 다룬 롤랑 조페의 영화 「킬링필드」가 1984년에 상영되기 시작하자 세계는 경악을 금치 못했다. 그러나 킬링필드는 느닷없이 세상에 등장한 것은 아니었다. 1977년 1월 발간된 프랑수아 퐁쇼(Francois Ponchaud)의 『캄보디아 0년』(Cambodge annee 0)은 민주캄푸치아의 혹정과 학살을 고발한 최초의 출판물이자 르포르타주였다. 1975년 4월 17일 프놈펜이 크메르루주에게 함락되던 날 퐁쇼는 프놈펜에서 그 현장을 목격했고, 다행스럽게도(?) 5월 8일 마지막으로 프놈펜을 떠나는 외국인들의 행렬에 낄 때까지 3주 동안 프놈펜에 머무를 수 있었다. 프랑스로 돌아간 퐁쇼는 이 3주간의 체험과 연구, 그리고 캄보디아 난민들과의 인터뷰를 바탕으로 책을 썼다. 솔직히 말한다면 퐁쇼의 책은 악의에 가득 찬 반공주의자의 데마고그는 아니었다. 그는 선교사로서 10년 동안을 캄보디아에서 보냈고, 크메르어를 유창하게 구사할 수 있었으며, 분명히 크메르인에 대한 애정을 담지한 인물이었다. 그런 퐁쇼가 주목했던 것은 캄보디아에서 벌어진 실체적 비극이었지만, 그는 그 이면에 '극단적인 혁명'(The Revolution of Ultras)의 광기가 숨겨져 있음을 암시하고 있었다.

　『캄보디아 0년』은 특히 서구 지식인들에게 논쟁의 단초를 제공했다. 장 라쿠튀르(Jean Lacouture)와 노엄 촘스키(Noam Chomsky) 사이에 벌어졌던 1977년의 논쟁이 대표적인 것이었다. 2차 인도차이나 전쟁에서 반전의 태도를 견지했던 프랑스 역사학자였던 라쿠튀르는 퐁쇼의 저서에 대한 서평으로 캄보디아에서의 혁명을 야만적인 것으로 격렬히 비난하는 「피로 물든 혁명」(The Bloodiest Revolution)을 1977년 3월 『리뷰 오브 북스』에 발표했고, 같은 해 6월 『크리스천 사이언스 모니터』에 라쿠튀르에 대한 반론격인 「촘스키의 캄보디아에 대한 소고」(Chomsky's Comment on Cambodia)가 발표되면서 이후 작은 논쟁으로 발전했다. 그다지 주목을 받지는 못했지만 킬링필드의 충격적인 데뷔를 예고한 논쟁이었다.

왜 캄보디아인가

그런데, 왜 캄보디아였을까? 혁명 후 인도차이나 3국 중에서 캄보디아는 유독 서방의 구설수를 독차지하고 있었다. 베트남과 라오스가 상대적으로 관심에서 벗어나 있었기 때문에, 이것은 특별한 총애(?)였다. 기묘한 것은 베트남에 대해서는 대체로 침묵을 지켰다는 것이다. 인도차이나 3국의 공산당이 한때 '인도차이나공산당' 이라는 이름으로 하나의 당이었으며, 전쟁에서 어깨를 걸고 미국과 싸웠고, 또 동시에 공산화되었다는 사실은 은연중에 무시되었다. 따라서 촘스키가 당시의 논쟁에서 캄보디아 또한(!) 미국이 벌인 패권적 전쟁의 희생양이었다는 사실을 밝히는 데에만 주력했던 것도 무리는 아니었다.

그런데 베트남은 왜 외면(?)당하고 있었을까? '왜 캄보디아였을까? 라는 물음은 기묘하게도 이 질문과 밀접한 관련을 갖고 있었다. 전적으로 옳은 것은 아니지만, 베트남이 아니었기 때문에 캄보디아였던 것은 아니었을까? 또는 베트남이 아니었기 때문에 그만큼 캄보디아가 돌출한 것은 아니었을까?

이 질문에 답하기 위해서는 베트남이 서구에 안긴 트라우마 (Trauma)를 살펴보아야 한다. 1968년 세계혁명의 분위기가 정점에 도달했을 때, 베트남은 그 중심에 놓여 있었다. 베트남은 반제국주의 혁명투쟁의 불꽃이자 상징이었다. 그것은 1970년대에 접어들면서 1968년이 실패한 혁명으로 기록되었을 때조차 변하지 않았다. 북미의 반전평화운동이 가속화되었고 베트남은 여전히 그 중심에 존재했다. 서구의 진보 세력에게 있어 베트남은 반제국주의, 혁명, 반전, 평화, 해방, 그 모든 것의 상징이었다. 또한 패배하리라 상상할 수 없었던 미제국주의가 마침내 인도차이나에서 패퇴함으로써 베트남은 그 모든 것에 대해 승리의 월계관을 차지했다. 암묵적으로 영웅화된 베트남은 진보 세력에게 있어 신성불가침의 지위를 획득할 수 있었다. 호치민과 체 게바라는 동격이었다. 보수 세력에게 베트남은 떠올리기조차 진저리를 쳐야 할 악몽이었으므로, 그들 또한 베트남을 입에 담고 싶어하지 않았다. 진보와 보수 모두에게 베트남은 서로 다른 이유에서 금기의 영역이었다.

한편 인도차이나 3국 중의 하나였던 라오스는 아무것도 아니었다. 공산화 후 5만의 베트남군이 주둔한 라오스의 공산당은 베트남공산당의 부하당이나 다를 바 없었으며, 라오스는 베트남의 속국 이상도 이하도 아니었다. 공산화 후 인도차이나에는 베트남과 캄보디아, 두 나라만이 존재하고 있을 뿐이었다.

2차 인도차이나전쟁에서 최초로 패전의 치욕을 맛보았던 미국에게 이 전쟁은 여전히 베트남전쟁이었다. 캄보디아와 라오스에 대한 비밀폭격은 여전히 비밀이었고 공식적으로는 존재하지 않았던 일이었다. 전쟁 후 일시에 인도차이나 3국이 공산화될 수 있었던 것은 미군이 캄보디아의 크메르루주와 라오스의 파테트라오와 전쟁을 벌였다는 점을 생략하면 결코 설명할 수 없었지만, 미국은 전가의 보도였던 도미노이론을 고집하며 사실을 인정하지 않는 쪽을 택했다. 미국의 이런 입장은 기묘하게도 베트남과 무관하게 캄보디아를 거론할 수 있는 분위기에 힘을 실었다.

또 하나 간과할 수 없는 것은 서구의 일부 좌파 지식인들의 아시아 공산주의에 대한 태도였다. 이들에게 아시아 공산주의는 후진적이고 야만적인, 서양의 공산주의와는 뭔가 다른 사본의 이데올로기였다(유럽에도 마오주의자들이 존재하고 있었음에도 불구하고, 마오쩌둥 또한 이런 시각에서 완전히 자유로울 수는 없었다). 이들은 아시아에서 최초로 완벽하게 승리를 거둔 공산주의 혁명에 대해서 그 같은 의혹의 눈초리를 거두지 않았다. 베트남이 예외일 수 있었던 것은 호치민 자신이 모스크바의 세례를 받았고, 평생 코민테른의 완벽한 추종자였으며, 스탈린주의자였고, 자신에 대해서 '주의'의 이름을 붙이지 않는 대신 항상 '맑스레닌주의'를 앞장세웠기 때문이었다(이런 점에서 호치민은 분명 김일성과는 달랐다). 베트남은 진정으로 원본에 가까운 사본이었다. 반면 폴포트(본명 살로스사)로 대표되는 캄보디아 공산주의자들은 모스크바보다는 베이징에 편향되어 있었으며, 베트남의 지도에 따르기를 거부한 자들이었다. 이들은 사본의 사본이었고, 그만큼 오류의 가능성이 증폭된 자들이었다. 혁명 후 캄보디아에서 기아와 학살의 소식이 들려왔을 때 서구 좌파들 중 일부가 주저 없이 '극단적으로 야만적이고 광적으로 이상주의적인 혁명'이라는 수사를 붙인 것은 그런 정서와도 무관한 것이 아니었다.

형제간의 전쟁과 킬링필드

킬링필드의 본격적인 시작은 1979년 베트남의 캄보디아 침공으로 예고되었다. 1978년 12월 25일 저녁, 베트남 중부 고원지대이며 캄보디아와의 국경 인근인 반메투옷에서 한 방의 총성이 차가운 밤하늘에 울려 퍼졌다. 그 총성을 신호로 통일베트남의 10만 대군은 국경을 향해 진군하기 시작했다. 그들 중 일부는 라오스 주둔군으로 라오스에서 국경을 넘어 남진했다. 1979년 1월 4일 메콩 강 동안을 완전히 장악한 베트남군은 6일 프놈펜으로 진격해 8일에는 프놈펜을 점령했다. 이른바 형제간의 전쟁은 이렇듯 전광석화로 시작되어 이후 1988년 베트남군이 캄보디아에서 철수할 때까지 10년간 계속되었다.

서구의 좌파 지식인들에게 이 전쟁은 처음부터 계륵과도 같았다. 그들에게 베트남에 대한 비난은 불경에 가까운 것이었지만, 그렇다고 형제국을 침략한 베트남을 지지할 수도 없었다. 유일한 선택은 침묵이었고, 그들은 모두 기꺼이 침묵의 카르텔에 동참했다. 공산주의 블록의 선택은 분열적이었다. 소련과 동구권은 베트남을 지지했다. 중국은 격렬하게 베트남을 비난했으며, 북한은 비난의 일성은 내놓았으나 이후 침묵을 지켰다.

비동맹국가들의 경우 분열은 더욱 심했다. 1979년 쿠바의 아바나에서 열린 비동맹회의는 캄보디아 대표의 의석을 공석으로 비워두는 것으로 혼란을 미봉해야 했다. 베트남의 괴뢰정권인 캄푸치아인민공화국 대표와 태국 국경을 넘어야 했던 민주캄푸치아 대표는 모두 옵저버의 자격으로 회의에 참석할 수밖에 없었다. 티토가 의장으로서 주재한 마지막 비동맹회의였던 1979년의 회의에서 티토가 민주캄푸치아를 지지하고, 쿠바의 카스트로는 베트남을 지원하는 연설을 행함으로써 혼란은 극에 달했다.

한편 미국이 주도했던 유엔은 민주캄푸치아의 대표권만을 인정했다. 유엔의 대부였던 미국은 베트남이 캄보디아를 침략함으로써 완성된 인도차이나에 대한 베트남의 패권주의가 동남아시아의 나머지 동맹국들, 특히 태국을 위협하는 것을 원치 않았다. 미국은 폴포트의 민주캄푸치아를 임시정부 형태로 존속시켜 베트남과 맞설 수 있도록 하는 데에 총력을 기울였다. 중국 역시 입장은 같았다. 프놈펜을 탈출해 베이징에 도착한 시하누크 왕자는 폴포트 정권 하에서 내내 연금되어 있던 처지였지만 반베트남 투쟁에는 이견이 없었고 론놀 쿠데타 이후에 그랬던 것처럼 폴포트의 크메르루주와 손을 잡고 반베트남 연합전선을 구축했다.

한편 인도차이나에서 또 한 번의 전쟁이 클라이맥스를 향해 치닫고 있기 전인 1977년부터 캄보디아에 대한 서구의 비상한 관심은 이미 도를 넘어설 징후를 보이고 있었다. 재빠른 학자들은 캄보디아의 뭔가 이상한 혁명에 대해 후각을 곤두세웠고, 1979년 이후에는 야수가 되어 캄보디아로 향했다. 그 결정적인 계기가 베트남의 캄보디아 침략이었다. 좌파가 베트남에 대해 침묵을 지킬 수밖에 없었던 궁색한 처지에 빠져 있는 동안, 우파는 마음껏 민주캄푸치아를 난자하기 시작했다. 그 키워드는 학살(Genocide)였다.

선두에 선 인물 중 단연 두각을 나타낸 인물은 예일대학의 벤 키어넌(Ben Kiernan)이었다. 1979년 단숨에 태국으로 달려가 캄보디아 국경의 난민촌에 자리를 잡은 키어넌은 난민들을 대상으로 수많은 인터뷰 자료들을 모았고, 그 자료들을 근거로 민주캄푸치아 시대(1975~1978)에 무려 1백만 명의 크메르인들이 목숨을 잃었다는 논문과 기고문을 양산해내기 시작했다. 키어넌의 수치는 앞서 이루어진 핀란드의 마이클 비커리(Michael Vickery)가 밝혔던 70만 명을 뛰어넘는 수치였다. 그러나 키어넌은 1백만에 머물지 않고, 1백50만으로, 다시 2백만으로 추정치를 높이기에 이르렀다. 물론 대량학살을 주장하기 시작한 것은 키어넌이 처음은 아니었다. 라쿠튀르도 1977년의 리뷰에서 1976년 한 해에만 폴포트 정권이 2백만의 크메르인들을 살해했다고 주장하기도 했지만, 키어넌과 같이 방대한 자료와 근거를 제시한 것도 아니었고 그마저도 몇 달 뒤 공식적으로 철회했다. 라쿠튀르 이외에도 1977년 존 배런(John Barron)과 앤서니 폴(Anthony Paul)이 『조용한 나라의 살인』(Murder of a Gentle Land)에서 유사한 주장을 폈지만 역시 캄보디아에서의 학살이 설득력을 얻은 것은 1979년 이후였다. 1984년 롤랑 조페의 「킬링필드」가 대중 앞에 모습을 드러낸 것은 학술적(?) 성과들이 탄탄한 기반을 구축한 다음이었으며, 이는 킬링필드의 대중적 완성일 뿐이었다.

민주캄푸치아의 대량학살 주장에 대해 서구의 좌파들이 모두 침묵을 지킨 것은 아니었다. 예컨대 촘스키는 1979년 전후에 발표한 자신의 짧은 글에서 캄보디아에서의 대량학살을 반박했다. 그는 CIA의 내부 문건이 같은 기간 동안의 사망자 수를 50~100만명으로 밝히고 있다는 근거를 제시하면서, 이 분야의 연구 성과 중에서 핀란드인이며 정부의 지원을 받지 않은 독립적 연구 성과를 도출했던 마이클 비커리가 가장 객관적인 수치(70만)를 제공하고 있다고 주장했다. 또한 1979년 『격동 이후: 전후 인도차이나와 제국주의 이데올로기의 부흥』(After the Cataclysm: Postwar Indochina and the Reconstruction of Imperial Ideology)에서 촘스키는 보다 깊이 있는 논지를 펼쳤지만, 캄보디아에서의 대량학살에 대한 반론이기보다는 주로 2차 인도차이나 전쟁 기간 동안 캄보디아에서 자행되었던 미국의 죄상을 입증하는 데에 열중했다. 물론 전쟁 기간 동안 캄보디아에 자행된 미군의 비밀폭격과 미국의 제국주의적 야만성을 지적하는 것은 전적으로 타당했지만 사실 문제는 미국이 아니었다. 퐁쇼의 『캄보디아 0년』은 물론 심지어는 영화 「킬링필드」조차도 미국이 캄보디아에서 저질렀던 전쟁범죄에 대해서 언급을 회피하지는 않았다. 그러나 1980년대 대중의 관심은 '학살'에 있었던 것이지 '미국의 전쟁범죄'에 있었던 것은 아니었다. 왜? 이미 전쟁은 끝났고 미국은 인도차이나에서 패퇴한 후였던 것이다. 대중은 죽은 자의 무덤에 대해서는 관대했지만, 이제 막 뛰어나온 킬링필드에 대해서는 경악했고 한편으로는 열광적으로 분노했다.

세계가 킬링필드의 충격적 영상에 전율하고 있던 그 시간, 폴포트와 크메르루주는 캄보디아 서북부의 밀림에서 침략군과 괴뢰군을 상대로 치열한 게릴라전을 벌이고 있었다. 미국과 중국 그리고 양대국의 대리인인 태국이 크메르루주를 지원하는 기괴한 상황이 캄보디아 서북부의 밀림에서 연출되었지만 그들 중 누구도 크메르루주에게 (적어도 공식적으로는) 온정적인 시각을 보내지 않았다. 어떤 비난, 예컨대 소비에트연방군이 헝가리와 체코슬로바키아를 침공했을 때 서구의 우파와 스탈린주의자들을 제외한 좌파가 한목소리로 쏟아냈던 비난은 찾아볼 수 없었다.

아, 베트남

다시 1979년으로 돌아가 보자. 베트남에 의해 점령된 프놈펜에서는 새로운 국호와 정권이 급조되었다. 민주캄푸치아의 깃발은 지워졌고 캄푸치아인민공화국이 탄생했으며, 베트남이 침공 전 급조한 캄푸치아구국민족통일전선 출신의 헹삼린이 괴뢰국의 대통령으로 내세워졌다. 캄보디아에서 무언가 흘러나오기 시작한 것은 이때부터였다. 그런데 혁명 후 인도차이나는 서방에 대해서 또 하나의 '죽의 장막'이었다. 1979년 이후 캄보디아에 대한 놀랍고 끔찍하며 충격적인 사실들이 서방의 매스미디어에 생생하게 등장할 수 있었던 것은 진실을 떠나서 당시 냉전체제의 와중에서는 상상할 수조차 없는 일이었다. 결국 서방을 떠들썩하게 만들었던 킬링필드를 등장시킨 장본인은 베트남이었다.

1979년 태국 국경까지 물밀듯이 진군했던 베트남은 자신들의 침략에 정당성을 부여하기 위해 민주캄푸치아와 폴포트의 학정을 대대적으로 선전하기 시작했다. 프로파간다의 핵심은 구원자이자 해방자로서의 베트남의 이미지였다. 1979년 중반 소련과 동구권의 방송기자와 신문기자들이 베트남의 초청으로 하노이를 거쳐 프놈펜으로 쏟아져 들어오기 시작했다. 소련과 동구권의 방송과 신문지상에 캄보디아의 처참한 사진들과 기사들이 등장하기 시작했지만, 베트남의 기대만큼 반향이 크지는 않았고 무엇보다 외교적으로 별다른 성과가 없었다. 예컨대 유엔에서 캄푸치아인민공화국은 여전히 인정받지 못했고, 비동맹회의에서조차 인정받지 못했다. 중국의 비난은 점차 거세졌고 중국-베트남 국경의 군사적 긴장은 급격히 고조되어 마침내 '버릇 고치기'를 명분으로 한 중국인민해방군의 침공으로 이어졌다.

베트남이 서방의 매스컴에 대해 캄보디아의 문을 열어젖히는 것이 필요하다는 것을 깨닫고 실천에 옮기는 데에는 그다지 오랜 시간이 걸리지 않았다. 마침내 베트남은 1980년 서방의 기자들을 하노이로 초청해 프놈펜으로 직송했으며, 파격적으로 캄보디아의 어느 지역이든 그들이 원하는 곳은 모두 가볼 수 있도록 허용했다. 물론 물밀듯 쏟아져 들어온 기자들은 정작 베트남 영토에서는 단 한 걸음도 정해진 경로를 벗어날 수 없었다. 캄보디아에서 그들이 본 것은 진실이 어떻든 메이드 인 베트남의 지옥이었다. 서방의 기자들이 방문하기에 앞서

쯔응아익의 킬링필드 추모탑 수많은 사람들이 죽었다. 이게 비극의 실체이다. 비극이 도돌이표를 찍지 않으려면, 비극이 전파되는 것을 막으려면, 비극의 기원을 파헤쳐야 한다. 캄보디아의 비극에서 우리는 이 단순한 역사의 산술을 망각하고 오직 프로파간다에만 기대고 있다. 나치에서 미국에 이르기까지 프로파간다의 해악을 너무도 잘 아는 세계가 캄보디아에 이르러 고개를 돌려버리는 이 기괴한 현실의 그늘에 깔려 있는 것은 이념적 오리엔탈리즘이다.

캄보디아의 모든 도시들에는 모두 킬링필드로 일컬어지는 학살 현장이 선전장화되어 있었다. 예컨대 프놈펜 외곽의 킬링필드로 일컬어지는 쯔응아익도 당시에 조성된 것이었으며, 프놈펜 시내의 툴슬렝 박물관도 당시에 만들어진 것이었다. 방문 지역 중에는 침략 전 베트남과 캄보디아의 국경분쟁에서 크메르루주가 학살한 것으로 알려진 베트남 국경 인근의 마을도 포함되어 있었다. 아주 약간 주의를 기울이는 것만으로도 모든 방문지의 세팅이 완벽하게 동일하다는 것을 알 수 있었다. 여하튼 그것은 캄보디아인의 손으로 만들어진 것이 아니었다.

베트남이 기대했던 것처럼 캄보디아에서의 킬링필드는 급속하게 서방 언론을 통해 전세계로 알려졌다. 세계의 여론은 베트남의 침략에 대한 온정적 태도를 강화시키기 시작했으며, 곧 국제무대에서 베트남은 입지가 확대되는 성과를 거둘 수 있었다. 물론 여전히 국제 정치·외교 무대는 베트남을 쉽사리 받아들이지 않았다. 유엔에서의 캄보디아 대표의석은 민주캄푸치아에서 바뀌지 않았고, 미국도 유럽도 베트남의 캄보디아 침략을 정당한 것으로 인정하지는 않았다. 그러나 세계의 대중 여론은 캄보디아의 전 정권에 대해서 극도로 신랄했으며, 덕분에 베트남에 대한 압력과 공세는 현저하게 수위를 낮출 수밖에 없었다. 베트남이 전쟁 전과 후를 통틀어 이처럼 대단한 성과를 거둔 국제적 프로파간다를 행한 사례는 찾아볼 수 없었다.

베트남의 선전이 효과를 거둔 동력은 서방의 반공주의였다. 서방의 우파들에게 있어서 캄보디아는 공산주의의 야만성과 폭력성, 비인간성을 만천하에 입증하는 생생한 사례였다. 말하자면 '킬링필드'는 더없이 훌륭한 반공영화였다. 베트남은 세계사에 족적을 남길만한 반공선전 하나를 몸소 남길 수 있었다.

혁명 후 민주캄푸치아의 대약진운동

도대체 1975년 4월 17일 이후 캄보디아에서는 어떤 일이 벌어졌던 것일까? 킬링필드적 관점에서 1975년 4월에서 1979년 1월까지의 약 44개월은 극단적인 공산주의의 광기가 지배했던 지옥이었다. 폴포트의 민주캄푸치아가 급진적인 공산주의적 정책들을 실현했던 것은 사실이었다. 1970년대 중반에 이르러 이 같은 시도는 누구의 눈에도 옳은 것이 아니었다. 1950년대 말 중국이 겪었던 대약진운동의 끔찍한 실패는 여전히 생생하게 살아있는 선례였다. 그런데도 민주캄푸치아는 바로 그 방향으로 가고 있었다.

1975년 혁명 직후 베이징을 방문한 캄푸치아공산당 중앙위원회의 (후일의 민주캄푸치아 국가수반이 되었던) 키우삼판에게 저우언라이(周恩來)는 충고라고 할 수 있는 말 한마디를 던졌다.

"동지들. 천천히 하시오. 단숨에 공산주의를 실현할 수는 없소. 한 번에 이루려고 하기보다는 한 걸음씩 내딛으시오. 작은 한 걸음이 모이면 큰 걸음이 되는 것이오. 천천히, 하지만 확실하게 하시오."

그러나 베이징에서 돌아온 키우삼판은 당시 국가수반으로 추대되었던 시하누크 왕자에게 이런 말을 하는 것으로 저우언라이의 충고에 대해 화답했다.

"이제 우리는 공산주의를 실현할 백 퍼센트의 준비가 되어 있습니다. 우린 심지어 중국을 앞지를 수 있을 것입니다."

폴포트의 민주캄푸치아에 대한 평가의 일반은 혁명 후 급진적인 공산주의 사회를 꿈꾸었다는 것이고, 그 결과 급진적 공산화 정책이 킬링필드로 귀결되었다는 것이다. 그 모델은 중국의 대약진운동이었다고 평가된다. 1958~1960년까지 중국 대륙을 뒤흔들었던 대약진운동은 그 결과 2천만 명에서 3천만 명을 헤아리는 아사자가 발생했던 처참한 실패였다. 이 운동을 주도했던 마오쩌둥은 실권의 위기에 처했다가 문화대혁명으로 간신히 살아나기도 했다. 이처럼 이미 1960년에 과오가 드러났던 대약진운동을 1975년의 폴포트가 모델로 삼았다는 것을 어떻게 이해할 수 있을까? 1965년 베이징을 방문한 캄푸치아공산당 대표단에게 중국 외상인 천이(陳毅)는 이렇게 말했다.

(대약진운동 후 중국에는) 더이상 굴뚝에서 연기를 뿜는 공장이 없다. 공장에는 기계가 없고 우리에게는 돈도 없다.

1975년 저우언라이가 키우삼판에게 던졌던 충고는 이처럼 뼈저린 경험에서 우러나온 것이었다. 그럼에도 불구하고 1975년 5월 20일 캄푸치아공산당 특별중앙위원회에서 폴포트가 발표한 다음과 같은 '긴급한 8가지 현안'에는 이미 대약진운동의 '급진성'이 너무도 선명하게 드러나 있었다.

1. 모든 도시에서의 인구 소개(疎開).

2. 시장 폐지.

3. 론놀 정권 통화의 폐지와 혁명정부 통화의 인쇄.

4. 모든 승려의 승적 박탈과 농업에의 종사.

5. 론놀 정권의 고위직 인물들의 처형.

6. 전 지역에서의 공동취사와 협동농장의 건설.

7. 베트남인의 추방.

8. 병력의 국경 배치, 특히 베트남 국경으로의 배치.

1항의 "인구 소개"(한곳에 집중된 인구를 분산하는 것)와 6항의 "공동취사와 협동농장의 건설"은 협동화와 집산화를 명시한 것으로 두말할 나위 없이 대약진운동이 기치로 내걸었던 그것 중의 하나였다. 그러나 바로 그 전 달인 1975년 4월 중국공산당 기관지 『홍기』(紅旗)에서 후일 4인방의 하나가 된 장춘차오(張春橋)는 「부르주아지를 극복할 일반 독재에 대한 훈련」(論對資産階級的全面專政)이라는 제목의 기고에서 다시 한 번 대약진운동의 과오를 반성하고 있었다.

국유화 바람이 다시 부는 것은 절대로 용납할 수 없다. 아직도 우리 조국은 풍부한 재화를 갖고 있지 못하다. 코뮌이 아직 국유화를 자청하지 않고, 우리 인민의 소유인 기업들이 8억 중국 인민들이 필요로 하는 모든 재화를 풍부하게 생산해낼 수 없다면, 우리는 노동에 따른 분배와 화폐에 의한 교환을 유지할 수밖에 없다.

요컨대 1975년의 폴포트와 캄푸치아공산당이 형제당이라고 할 수 있는 중국공산당의 이 같은 맹렬한 반성을 전적으로 도외시했다고는 납득하기가 어려울뿐더러 상식적이지 않다(혹자는 캄푸치아공산당 지도부의 무지함과 야만성을 들먹이기도 하지만, 그들의 가치관에 따른다면 적어도 이런 결정들을 내렸던 캄푸치아공산당 지도부는 폴포트를 위시하여 키우삼판과 이엥사리 등이 모두 프랑스 유학파의 인텔리 공산주의자들이었다).

따라서 캄푸치아공산당의 급진성을 이해하기 위해서는 프놈펜을 함락하기 이전부터 엄연한 현실이었던 대규모의 식량난을 이해할 필요가 있다. 크메르루주 게릴라들이 마오쩌둥식의 농촌 해방구에서 도시로 진공작전을 펴던 론놀 정권 말기, 프놈펜은 대규모로 쏟아져 들어온 난민으로 폭발 직전이었고, 1975년에 접어들면서는 완전히 고립 상태였다. 비상하게 인구가 급증한 프놈펜이 생존할 수 있는 방법은 외부로부터의 식량과 물자의 지원이었고, 미군은 2차대전 종전 후의 서베를린에서처럼 물자와 식량을 공수하는 방법으로 론놀의 프놈펜이 기아로부터 버틸 수 있도록 했다. 때문에 1975년 4월 17일 크메르루주 게릴라들이 마침내 프놈펜을 함락했을 때, 이 도시에는 전인구의 5분의 1에 달하는 150만 명이 북적이고 있었지만 그밖에는 아무것도 없는 저주받은 도시일 뿐이었다.

해방 후 미군으로부터 식량 공급이 끊긴다면 이 인구에 대한 식량 조달은 불가능했다. 그것은 함락 전부터 명확했다. 미군의 폭격과 오랜 전쟁으로 캄보디아의 농업은 완전히 붕괴된 이후였다. 식량자급률은 20%에 불과했다. 외부로부터의 지원도 기대할 수 없었다. (곧 남베트남을 해방시킬 베트남노동당의) 북베트남도 중국도 당시로서는 그럴 수 있는 여력을 갖고 있지 못했다. 현실적으로 대규모 식량난은 피할 수 없었다.

'긴급한 8가지 현안'은 이미 프놈펜을 함락하기 전부터 준비된 캄푸치아공산당의 정책이었다. 이 현안에 따라 혁명 후 프놈펜의 인구는 신속하게 (그러나 서투르게) 농촌으로 소개되기 시작했다. 도시로부터의 인구 소개는 두 가지를 목표로 하고 있었다. 첫째는 인구가 밀집된 도시에서 대규모 아사를 막는 것이었고, 둘째는 노동력을 농촌으로 집중시켜 식량 생산에 동원하는 것이었다. 절대적으로 식량이 부족한 현실에서 공동취사와 협동농장은 불가피한 것이었다. 말하자면 집산화와 협동화는 공산화 계획이라기보다는 현실의 난제를 해결하기 위해 부득이하게 계획된 위기 조치의 성격이 강했다. 즉 절대적으로 부족한 자원, 특히 식량을 공평하게 분배하기 위한 공산화였다. 그보다 나은 대안은 적어도 폴포트와 캄푸치아공산당 지도부가 보기에는 존재하지 않았다.

사태를 더욱 악화시킨 것은 베트남의 잠재적 위협이었다. 이미 1960년대 초반부터 심화되기 시작한 베트남과의 갈등은 혁명 후 군사적 위협을 염두에 두지 않을 수 없도록 만들었고, 캄푸치아공산당이 베트남노동당의 사이공 해방에 앞서 프놈펜을 해방시키기 위해 안간힘을 다했던 이유도 바로 그 때문이었다. 현안의 7항과 8항은 그러한 우려의 반영이었다. 혁명 후 민주캄푸치아는 경제난과 군사적 위협이라는 두 마리의 괴물과 싸워야 했다. 특히 군사적 위협은 전후 재건에 나서야 했던 민주캄푸치아로서는 두 겹의 고통이었다. 혁명 직후 민주캄푸치아는 미국의 재도발과 베트남의 위협에 대비해 태국 국경인 서부 전선과 베트남 국경인 동부 전선에 군사력을 집중해야 했다.

한편 혁명 직후 민주캄푸치아가 직면했던 식량난의 실체를 살펴보면 이렇다. 쌀 수출국이기도 했던 캄보디아는 1970년 이전까지 1인당 1일 600그램의 쌀을 소비하는 나라였다. 이 소비량은 1970~1975년의 내전 기간 중 절대적으로 감소했다. 도시 지역을 대상으로 한 미국의 식량 지원은 1백만 중 50만을 대상으로 해 1인당 1일 150그램의 쌀을 보급했다(아직 빈곤에서 벗어나지 못했던 1970년 남한의 1인당 연간 쌀 소비량은 136.4킬로그램, 1일 373그램이었다).

간신히 생존할 수 있는 1일 소비량 150그램을 기준으로 할 때에도 1975년 캄보디아의 인구를 7백50만 명으로 추산한다면 혁명 직후 캄보디아에 필요한 쌀은 연간 41만 톤이었다. 식량자급률이 20% 선으로 감소한 것을 고려한다면 부족한 쌀은 연간 32만 톤이었다. 1975년 중반부터 그 해 말까지 캄보디아에 지원된 중국의 쌀 원조는 6만 1천 톤에 불과했다. 그나마 1976년에 들어서 식량 지원은 오히려 줄어드는 형편이었다.

부분적인 또는 (캄푸치아공산당으로서는 그 가능성을 검토조차 하지 않았겠지만) 전면적인 자유시장의 도입은 극단적으로 식량이 부족한 상황에서는 매집(買集)과 최악의 분배를 야기해 폭동까지 예상해야 했다. 결국 식량난을 통제할 수 있고, 다른 한편으로 농업 생산성을 높여 식량난을 해결할 수 있는 유일한 대안으로서 집산화가 선택되었다. 캄푸치아공산당으로서는 이것만이 경제적 파국과 정치적 파국을 막을 수 있는 대안이었지만, 결코 쉽지 않은 고통스럽고 험난한 가시밭길이었다. 민주캄푸치아는 살인적인 식량난에서 헤어나지 못했다. 황폐화된 땅이 갑작스레 벼를 품을 수도 없었고, 인간은 먹어야 노동할 수 있었다. 기아와 대규모의 아사는 피할 수 없는 현실이었다.

그럼에도 불구하고 혁명 후 캄푸치아공산당이 비타협적인 집산화 정책에 대해 지나친 자신감을 표출했다는 징후는 여러 곳에서 드러난다. 캄푸치아공산당 지도부가 보기에 대약진운동의 실패는 근본적으로 공산주의적 정책의 완결적 형태, 요컨대 사적 소유의 완전한 폐지 또는 이에 가까운 형태에 대한 대중적 저항에 기인하는 것이었다. 농업 생산성의 저하, 그리고 국유화된 기업에 대한 경영의 실패, 하방(下放)된 인텔리들의 저항 등은 공산화에 대한 일종의 대중적 사보타주의 결과이기도 했다. 달리 말하면 대중에 대한 공산당의 불철저한 지도에 기인하는 것이었고, 캄푸치아공산당은 이를 피할 수 있을 것이라고 자신(사실은 기대)했다. 이런 자신감은 혁명을 승리로 이끈 주체들에게서 흔히 나타나는 교만함의 다른 이름일 수도 있었지만, 한편으로는 불가피한 선택에 대한 혁명적 자기도취이기도 했다.

폴포트의 1차 4개년 경제 계획은 고작 4년 만에 경공업을 중심으로 한 산업화의 단계로 접어드는 것을 목표로 하고 있었다. 1980년에는 모든 인민이 배부르게 먹을 수 있다는 장밋빛 전망을 제시하고 있었다. 그러나 그 전망을 가로막고 있었던 것은 대규모의 기근과 아사였으며, 그 벽을 넘어 단기간 내에 장밋빛 미래로 나아가는 것은 불가능한 것으로 폴포트 역시 그 점을 모르고 있지는 않았다.

2백만의 진실

분명히 극심한 식량난에 직면해야 했던 민주캄푸치아 시대에 수많은 크메르인들이 목숨을 잃어야 했다. 또 하나 분명한 사실이 있는데 누구도 정확한 사망자 수를 입에 담을 수는 없었다는 것이다. 시하누크 시대인 1962년 이래 1996년에 이르기까지 캄보디아에서는 한 번도 인구센서스가 이루어지지 않았다. 또한 1975년에서 1978년의 기간 동안 어떤 공식적인 통계도 발표된 적이 없었다.

그럼에도 불구하고 서구의 캄보디아 학살 전문가들이 민주캄푸치아 시대 44개월 동안 2백만 명으로 추산되는 캄보디아인들이 목숨을 잃었다고 객관화(?)시킬 수 있었던 것은 이른바 사회통계학적 표본조사의 승리였다.

예컨대 이 분야의 연구에서 탁월한 성과를 거둔 연구자들 중 하나였던 영국 런던대학의 스티븐 헤더(Stephen Heder)는 1980년 태국 국경의 캄보디아 난민촌을 대상으로 한 대대적인 조사 중의 하나를 이끌었고, 1천5백 명을 대상으로 한 인터뷰 자료를 확보할 수 있었다. 난민들에 대한 조사는 출생지와 거주지 등에 대한 간단한 설문과 함께 중점적으로는 사망자에 대한 증언에 치중한 것이었다. 증언은 "당신이 알고 있는 친척 또는 지인들 중에 몇 명이 (또 왜) 죽었습니까?" 따위의 질문에 대한 답변이었고, 증언자들이 허위로 또는 자신의 처지를 과장해서 답변할 수 있다는 농후한 가능성은 배제되었다. 헤더는 이 인터뷰 조사의 결과, 민주캄푸치아 44개월 동안의 사망률을 21%로 추정할 수 있었다. 혁명 전 캄보디아의 인구는 대략 7백10만 명에서 7백80만 명으로 추산되고 있었으므로 44개월 동안 1백50만 명에서 1백60만 명의 사망자가 발생한 셈이었다. 이 수치는 곧 헤더가 주장한 사망자 수가 되었다.

벤 키어넌의 연구 결과가 1백만 명에서 2백만 명으로 그 수치를 늘린 비밀의 해답 역시 인터뷰에 따른 통계의 마술에서 찾을 수 있다. 그는 여러 차례 태국 국경의 난민캠프와 심지어는 프랑스와 미국의 캄보디아 난민들을 대상으로 조사 작업을 벌였고, 그들이 증언에 따라 사망자 수는 상승 곡선을 그렸다. 적어도 1996년에 이르기까지 살아남은 자들의 입을 빌린 이 수치들은 가장 과학적(?)인 조사 결과였으며 해골의 흔적에서 원래의 얼굴을 복원해낸 '인문적 법의학자들'의 놀라운 쾌거였다. 그러나 단지 10년 동안이었다.

1996년 3월, 1962년 이래 34년 만에 캄보디아에서는 인구센서스가 이루어졌다. 그 결과 캄보디아의 인구는 1천70만 명으로 집계되었다. 1998년 다시 또 한 번의 인구센서스가 이루어졌고 그 결과는 1천1백42만 명이었다. 비로소 우리는 살아남은 자들의 가장 신빙성 있는 증언을 마주할 수 있게 된 것이다. 이제 헤더와 키어넌 등의 연구조사 결과를 바탕으로 간단한 숫자놀음을 해보기로 하자. 학살의 광풍이 훑고 지나간 1979년의 캄보디아 인구를 5백60만 명으로 추산한다면

1998년에 이르러 인구증가율은 100%를 웃도는 것이 된다. 6백10만 명으로 추산했을 때에는 87.2%의 증가율이다.

20년 만에 100%이거나 혹은 87.2%이거나. 어느 쪽이든 일종의 난센스임에는 틀림없다. 이 난센스를 조롱하기 위해서는 멀리 갈 것도 없이 남한의 예를 들 수 있다. 한국전쟁 후 남한이 베이비붐 시대에 접어들었던 1955년에서 1974년까지의 인구는 2천1백50만 명에서 3천4백69만 명으로 61.3%의 인구증가율을 보였다. 이 수치는 한민족의 역사상 유례가 없던 가장 급격한 인구증가였다. 1979년에서 2000년까지의 남한의 인구증가율은 크게 감소해 정상치에 좀더 가까운 25.2%에 머물렀다. 하물며 1979년에서 1991년 평화협정까지의 캄보디아는 여전히 전쟁 상태에 있었고, 인구가 비상하게 늘기보다는 오히려 정체되거나 줄어들 수도 있는 시기였다. 이 시기에 87.2~100%의 인구증가를 보였다는 것은 인간을 가공할 번식력의 쥐이거나 바퀴벌레로 보지 않으면 불가능한 수치이다. 서구의 캄보디아 학살 전문가들은 이 불가능한 수치를 가능한 수치로 만든 마술사들이었다.

학살의 진실

서구학자들의 캄보디아 관련 연구의 헌신적인 조사 작업과 분석은 이 학살이 대부분은 정치적으로 자행된 것이라는 점을 증명하는 데에 바쳐졌다. 물론 그들이 보기에도 죽음의 대부분은 식량난에 따른 굶주림에 의한 것이었다. 누가 그 죽음에 대해서 책임져야 할 것인가에 대해

프놈펜 베트남친선기념탑 캄보디아의 수도 프놈펜의 왕궁 부근의 넓은 공원에는 베트남친
선기념탑이 있다. 그 탑 앞에 선 조각은 한눈에 알 수 있듯이 소비에트풍(風)으로 베트남
이 만든 것이다. 아이를 안은 여자 뒤에는 캄보디아 병사와 베트남 병사가 총을 들고 서
있다. 1979년 베트남의 캄보디아 침공을 기념하는 것이다. 조각의 병사도, 여인도, 심지
어는 아이까지도 국적불명이다. 이 인물들의 표정에서는 캄보디아와 베트남의 역사와 문
화, 정서 등 어느 것도 읽을 수 없다. 진실을 말한다면 이 인물들은 스탈린의 치하의 소련
인들이다.

서 그들은 예외 없이 민주캄푸치아를 통치했던 잔인하고 야만적인 극단적 공산주의자들을 희생양으로 할 만반의 태세를 갖추고 있었다. 조사와 연구가 시작되기 전에 이미 전제된 것으로 보이는 이 '미신과 주술'은 이들의 다양하고 방대한 연구의 기저를 관통하는 맹목적인 사상적 편향의 실체로, 그 정체는 반공주의였다.

이 점에 관한 한 방대하고 혼란스러운 인터뷰 사례와 마술적인 숫자들이 난무하는 딱딱하고 비대중적인 학술 서적보다는 롤랑 조페의 영화 「킬링필드」를 보는 편이 시간을 절약하기 위해 효율적이다. 간단하고 명쾌하며 직설적이어서 이해하기 쉬운 「킬링필드」는 결국 이 저작들이 전달하려고 하는 메시지를 수정 없이 그대로 담고 있기 때문에 책을 읽어야 하는 수고를 덜어준다. 『반지의 제왕』을 책으로 접하지 못한 독자들이 영화로 그것을 대신한다고 해서 이 위대한 판타지 소설을 이해하지 못하는 것은 아니니까. 게다가 대중은 펜보다 강한 이 장편의 탁월한 영상 데마고그로 소련과 중국, 아프리카와 남미, 아시아에서 끊임없이 계속되어온 공산주의 혁명의 실체에 대해 다시 한 번 깨닫고, 다시 한 번 환멸과 분노를 느끼게 된다. 막이 내리고 관람객들 중 누구도 '왜 협동농장이 그때 그곳에 세워졌는지', '왜 동남아시아의 이름도 낯선 나라의 사람들은 그토록 굶주려야 했는지', '왜 영화의 초반에 사람들은 프랑스대사관으로 몰려들었는지', '어떻게 저토록 야수와 같은 정권이 세워졌는지' …… 그 어느 것에 대해서도 의문을 제기하지 않는다. 이미 그들의 뇌리에 박힌 것은 하나의 이미지이자 상징일 뿐이다. 또 하나의 동물농장에 대한. 그러나 그것이 「킬링필드」

의 위업이었다고 해도, 1980년대 초반 대규모로 이루어졌던 학술적 성과에 의해 뒷받침되지 않았다면 「킬링필드」가 그토록 대단한 성과를 거두지는 못했을 것임을 간과할 수는 없다.

캄보디아가 감내해야 했던 처참한 비극은 캄보디아 인민, 캄푸치아공산당 그 어느 편도 아닌 미 제국주의에 의해 배태된 것이었다. 1970년 이전까지 캄보디아는 동남아시아에서 부유한 편에 속하는 쌀 수출국의 하나였다. 동남아시아의 인구가 평균 1일 400그램의 쌀을 소비할 때에 캄보디아는 600그램의 쌀을 소비할 수 있었다. 1970년 CIA의 공작에 의한 론놀의 쿠데타와 미국의 야만적인 맹폭은 혁명 후 캄보디아가 감당해야 했던 참극의 근원이었다. 특히 1969년에서 1973년까지 미군의 대대적인 캄보디아 영토에 대한 폭격은 사망자 수만 최소 15만 명에서 80만 명까지로 추산될 만큼 대규모의 인명살상을 야기했고 이는 농업 노동력의 급격한 소실로 귀결되었다. 이 기간 동안의 사망자 수는 킬링필드에 대한 다양한 연구에서 부주의하게 취급되거나 때로는 무시되기도 했다.

한편 폭격에 따른 농토의 황폐화는 동부 전역에서 광범위하게 진행되어 1973년 이후 급전직하한 식량자급률을 설명해주고 있다. 인도차이나 전역을 대상으로 한 미군의 폭격에서 캄보디아는 가장 큰 피해를 입은 나라였다. 라오스의 호치민트레일을 겨냥한 북동부의 폭격 지역은 고원지대로 가공할 폭격의 정도에 비해 인명과 농토의 피해는 적었다. 또 북베트남에 대한 폭격 역시 맹렬했지만, (상대적으로 폭격의 피해가 적을 수밖에 없었던) 비옥한 농업지대인 남베트남이 남겨져 있었다. 캄보디아는 미국의 제국주의 전쟁이 남긴 지옥의 중심이었다.

마지막으로 1979년 이후 지속적으로 고조되었던 캄보디아 학살에 대한 연구 성과들의 이면을 살펴볼 가치가 있을 것이다. 캄보디아에서의 '학살'은 1980년대 내내 꾸준히 과대하게 평가되는 경향성을 뚜렷하게 띠고 있었다. 아마도 그 이유로 사소하게는 대학에 자리 잡은 대개의 정치·사회적 연구 그룹들이 암묵적으로 기대하는 '충격 효과'를 거론할 수 있을 것이다. 그들 중 일부는 늘 센세이션한 소재를 찾아다니며, 연구 역시 충격을 재생산하고 확대시키는 경향성을 보이게 마련이다. 그 동력의 하나는 연구에 대한 현실적 지원(연구비)의 확대로, 연구비를 지원하는 대학·연구소·재단 등의 입맛 역시 그것에 맞추어져 있기 때문이다. 예일대학의 벤 키어넌은 이 점에서 확실히 성공한 연구자로 그는 여전히 '학살'에 관한 세계적 권위를 자랑하고 있는 연구자 중 하나가 되어 '예일 국제 및 지역 연구센터'의 '학살 연구 프로그램'을 이끌고 있다. 한때 그는 캄보디아의 학살에 대한 다양한 연구와 조사 활동을 왕성하게 벌였고, 그때마다 대단한 지원을 이끌어냈다.

그러나 보다 중요한 사실은 '캄보디아에서의 학살'이라는 주제에 매달린 대부분의 연구의 출발점이 되었던 이념적 편향성 즉, 반공주의이다. 공산주의에 대한 서구 학자들의 연구는 언제나 공산주의에 대한 일방적이고 부당한 선입견과 예단에 의해 좌우되는 성향을 띠어왔다. 이들에게 공산주의는 언제나 부도덕하며 야만적이고 야수적인 동시에 침략적인 이데올로기이다. 이런 태도를 고수하는 한 캄보디아의 민주캄푸치아 통치에 대한 연구에 있어서 미국의 침략적이고 폭력적인 태도와 정책, 전쟁의 수행이 초래한 결과는 실제보다 언제나 축소되게 마련이고, 설령 언급되는 경우에도 전개되는 논리에 별다른 영향을 미치지 못하는 것으로 치부된다. 이들의 주장은 언제나 광범위하고 폭넓은 사회학적·정치학적·외교학적 증거와 수치들에 의해 뒷받침되지만, 그것들은 언제나 한 가지 목적, 즉 공산주의에 대한 비난과 힐난 그리고 비타협적 공격을 위해 봉사해왔다. 1980년대 캄보디아는 흔치 않은 희귀한 사례로서 반공주의의 정당성과 필연성을 선전하는 요새로 활용되었다. 흥미로운 것은 이런 종류의 공격은 현실적으로 실패한 공산주의 운동에 대해서 더욱 거세게 이루어진다는 것이다. 예컨대 베트남이나 중국보다는 캄보디아에 치중되며, 다시 그 논거를 통해 공산주의 일반을 공격하는 과정을 밟았다.

에필로그

상처투성이의 킬링필드는 이제 역사의 뒤안으로 사라져버렸다. 1989년 베트남군의 철수와 1991년의 파리평화협정, 총선, 쿠데타로 이어지는 90년대를 거치면서 크메르루주는 완전히 소멸했고, 캄보디아는 인도차이나 3국 중 가장 처음으로 자본주의 국가가 되었다. 그러나 2백만의 학살, 크메르루주의 학정, 공산주의의 만행이라는 단어와 이미지는 여전히 살아, 오래전 괴물이 된 킬링필드의 그늘 아래를 몽환처럼 떠돌아다니고 있다. 킬링필드는 현재진행 중이다.

나는 이 글을 1968년으로부터 시작했다. 1968년은 어느 해가 아니라 한 시대를 상징하는 것이었다. 1964년 마틴 루터 킹이 "지금 나에게는 꿈이 있다"(I have a dream this afternoon)라고 말했을 때, 의심할 바 없이 그 시대의 오후에는 꿈이 있었고, 1968년 혁명은 그 꿈의 육화(肉化)였다. 킬링필드는 그 시대가 오후를 지나 자정의 어둠 속에 묻혔을 때 세상에 뛰어나왔지만, 심지어는 그조차도 그 시대 오후의 유산이었다. 아마도 누군가 다시 꿈을 꾼다면, "지금 나에게 꿈이 있다"고 말하고자 한다면, 우리는 지난 꿈들의 그 모든 밝고 어두운 유산들을 다시금 꿰뚫어보아야 할 것이다. 자정의 어둠이 걷히면 다시 태양은 뜨고 우린 또 한 시대의 아침을 맞이할 것이며, 그 새로운 시대의 오후가 오면 누군가 다시 "나에게는 지금 꿈이 있다"고 말할 것이므로.

>>Tip_ 툴슬렝을 찾아서

캄보디아에서 세계적으로 가장 널리 알려진 두 곳을 말하라면 별로 주저할 필요가 없다. 앙코르와트와 툴슬렝이다. 하나는 크메르 민족의 찬란한 황금의 시대를, 다른 하나는 참혹한 암흑의 시대를 대변한다.

툴슬렝은 프놈펜 시내의 남쪽인 툴스베이프레이 지역에 자리 잡고 있다. 1960년대 툴슬렝은 노로돔 왕조의 선왕인 '폰테아얏'의 이름을 딴 고등학교였다. 프랑스의 인도차이나 식민지 지배 기간 동안 크메르인들은 교육의 사각지대에 놓여 있었다. 고등교육기관은 한 손으

참빠꽃 참빠꽃이 피어 있다. 참빠는 흰 꽃을 떨구고 또 피우고를 반복하며 일
년 내내 꽃을 매달고 있다. 프놈펜 어디에서나 참빠나무를 볼 수 있다. 툴슬렝
의 마당에 자리 잡고 있는 나무도 참빠나무이다. 그 참빠나무 아래에서 떨어져
툴슬렝 마당에 흩어진 흰 꽃들을 보고 있으면, 박물관 안의 장 속에 갇혀 구천
을 맴도는 영혼들의 한숨 소리가 들리는 듯하다.

로 꼽을 수 있었으며, 그나마 대개는 왕족과 귀족의 자식들만이 그 혜택을 받을 수 있었다. 독립 이후 세워진 툴슬렝은 그런 캄보디아의 고등교육기관으로서, 미래를 향한 크메르인들의 자부심이기도 했을 것이다. 그러나 이 학교의 미래는 캄보디아의 운명과 함께 결코 순탄할 수 없었다.

1970년 미국의 배후조종으로 일어난 론놀 쿠데타 이후 학교의 이름은 '툴스베이프레이'(Toul Svey Prey)로 바뀌었다. 비동맹의 지도급 국가에서 미국의 괴뢰국이 된 캄보디아는 본격적으로 2차 인도차이나전쟁의 화염 속에 휘말려 들어갔고, 1975년 크메르루주가 프놈펜을 함락하면서 일단락되었다. 해방 직후 프놈펜의 인구는 농촌으로 소개되었다. 진공상태의 프놈펜에서 툴스베이프레이 고등학교는 S-21(Security Prison 21)이라는 별명을 가진 보안대 감옥으로 바뀌었다. 이 장소가 '죄악의 언덕'이란 의미의 툴슬렝이란 이름을 얻게 된 것은 1978년부터 이루어진 대대적인 숙청으로 1만 5천여 명에 가까운 인명이 이곳에서 목숨을 잃게 된 전후였다. 뿐만 아니라 44개월 동안의 민주캄푸치아 시대는 이 밖에도 2백만 명의 크메르인들이 목숨을 잃은 킬링필드라는 오욕의 시대로 기록되고 있다. 하지만 앞에서 말했듯이 이 수치는 오로지 반공주의의 산물이며, 실제로는 70~80만 명이었고 대부분의 사망자가 미군의 폭격과 전쟁으로 인한 농토의 황폐화, 농업 노동력의 극적인 감소에 따른 아사자였다. 또한 툴슬렝과 킬링필드는 1979년 캄보디아를 침략한 베트남의 선전 도구였다.

그럼에도 불구하고 이 시대가 캄보디아의 현대사에 있어서 비극의 정점이었으며 참담함의 극치였다는 사실은 변함이 없다. 오늘날의 캄보디아는 여전히 그 비극의 연장선상에 놓여 있다. 이를 상징하듯 1980년 공개된 이후 지금까지 툴슬렝은 여전히 그 자리에 그렇게 서 있으며, 근본적으로 아무것도 달라진 것이 없다.

이제 여러분들은 툴슬렝으로 안내하겠다. 툴슬렝은 프놈펜의 시내 남쪽에 위치한 툴스베이프레이 지역의 113번가의 모퉁이에 위치하고 있다. 건물을 둘러싼 600미터 길이의 낡은 담의 중간에 출입구인 작은 철문이 있다. 담 위는 녹슨 철조망이 둥글게 덮고 있다. 관리상의 이유가 아니라 보안수용소였던 때를 그대로 재현해둔 것이다. 입구로 들어서면 정면에서 작은 목조건물이 방문객을 맞는다. 지금은 입장권 판매와 안내소, 매점을 겸하고 있지만 원래는 초등학교 건물이었다. 대지는 넓지 않다. 주변의 빈틈에 집들이 밀고 들어오면서 원래의 크기보다는 많이 줄어 있다. 안내소 뒤로 ㄷ자형의 3층 골조건물이 자리잡고 있다. 1960년대 초반에 지어진 건물이며 현재에 이르기까지 원형을 그대로 보존하고 있다.

방문객들에게 공개되어 있는 곳은 이 3층 건물의 1층이다. 코스는 건물의 왼쪽부터 시작해 ㄷ자형으로 반원을 그리며 오른쪽으로 나오게 되어 있다. 야자나무와 참빠나무가 듬성듬성 에워싼 마당을 가로질러 걸으면 건물의 왼쪽 날개 초입의 벽에 걸린 큼직한 안내판을 볼 수 있다(위치와 크기는 때때로 바뀐다). 크메르어와 영어로 적힌 글들은 수용소 당시 죄수들에게 강요했던 수칙이 적혀 있다. 절대 유쾌하지는 않지만 그 중의 두 개의 항목을 소개하면 이렇다.

6. 채찍질이나 전기고문이 가해질 때 절대 울어서는 안 된다.

9. 이상의 수칙을 따르지 않는다면 더 많은 채찍질과 전기고문을 당하게 될 것이다.

특별히 다른 항목에 대해 궁금함을 느낄 필요는 없다. 모골을 송연하게 만드는 데에 예로 든 이 두 가지 항목이 유별난 것은 아니니까. 여하튼 웰컴. 당신은 이제 툴슬렝에 도착한 것이다.

이제 건물의 복도에 해당하는 입구에 들어서면 한때 교실로 사용되던 방들이 이어진다. 이 교실들이 고문실 또는 취조실이라고 불리는 툴슬렝의 하이라이트이며, 그렇게 명명되어 있지는 않지만 제1전시관이라고 말할 수 있다. 교실 하나하나마다 1970년 베트남군이 프놈펜을 함락하고 툴슬렝을 점령했을 때 촬영했던 사진들이 벽에 걸려 있다. 흑백사진들은 보는 것만으로도 속이 메슥거릴 수밖에 없는 목불인견의 시체들을 담고 있다. 중앙에는 스프링이 그대로 드러나 있는 철제침대가 놓여 있고, 방마다 조금씩 다르지만 고문 기구 따위가 함께 전시되어 있다. 물론 당신이 아주 약간의 상상력을 동원할 수 있다면 방안에 가득한 공포로 절규하는 비명소리와 비릿한 피 냄새를 듣고 맡는 것은 물론 느낄 수도 있을 것이다. 비위가 강한 사람들은 그대로 제2전시관에 해당하는 건물의 정면 1층으로 걸어가겠지만, 그렇지 못한 사람들은 잠시 뒤틀린 속을 보듬으며 잡초가 무성한 마당 한편에서 잠시 휴식을 취하는 것이 좋다.

건물의 정면 1층 왼편, 제2전시관은 사진 자료들을 모아놓은 곳이

툴슬렝 박물관 내의 진혼탑 "설득하지 않는다. 도취시킨다. 그리고 박멸한다." 괴벨스는 이렇게 말했다. 히틀러는 또 이렇게 말했다. "대중이란 합리적인 이성에 의해 움직이지 않는다. 대중은 비합리적이며 비과학적인 애매한 원칙, 특히 감정에 의해서 움직인다." 말하자면 히틀러의 대중에 대한 원칙은 이성이 아니라 감정에 호소하는 것이었다. 바로 그 원칙에 따라 툴슬렝은 당신의 감정에만 호소한다. 툴슬렝이 가장 두려워하는 것은 당신이 툴슬렝의 문을 나선 후에 이성을 되찾는 것이다. 물론 히틀러의 지론에 따르면 대중에게는 선천적으로 그런 능력이 없다.

다. S-21 당시 이곳에 감금된 죄수들의 사진들이다. 생존 당시 찍은 사진은 전부 상반신만을 찍은 사진들로, 베트남군이 프놈펜을 함락했을 때 서둘러 빠져나가면서 거의 그대로 남긴 막대한 분량의 서류들에서 발견된 것이다. 또 시체를 찍은 사진들은 1979년 1월 베트남군이 S-21을 점령했을 때에 찍은 것이다. 미국의 스파이로 지목되었던 서양인들의 사진은 크게 확대되어 별도로 전시되어 있다.

다음은 제3전시관에 해당하는 감옥의 재현이다. 한눈에 다시 만들어진 것을 알 수 있다. 붉은 벽돌담으로 둘러싸여 있는 폭 0.8, 길이 2미터의 감방이 줄지어 만들어져 있다. 감방 안에는 굵은 철말뚝이 박혀 있고, 죄수들은 발목에 족쇄를 찬 채 쇠사슬로 묶여 있었다. 감방은 몸을 누이기도 어려울 만큼 좁다.

제4전시관은 고문 기구와 폴포트의 흉상이 전시되어 있다. 검은 페인트로 얼굴에 X자가 칠해져 있는 폴포트의 흉상은 전시라기보다는 바닥에 내동댕이쳐져 있다.

제5전시관은 사진과 그림(회화)이 전시되어 있다. 사람에 따라 눈길을 끄는 것은 조악하기 짝이 없는 그림일 텐데 툴슬렝에서 살아남은 사람 중의 하나인 화가 반나트가 그린 것이다. 감방, 고문 장면 등을 담고 있다.

마지막으로 건물 1층 오른쪽 날개의 끝인 제6전시관이 남아 있다. 건물의 왼쪽 날개를 툴슬렝의 하이라이트라고 말할 수 있다면 이 마지막 전시관은 클라이맥스라고 할 것이다. 벽에는 초대형 캄보디아 지도가 걸려 있었다. 이른바 '해골 지도'라고 불리던 이 세계적 명성의 지도는, 실제 사람의 해골을 모아 걸어 캄보디아의 형상을 만든 참혹한 지도로 툴슬렝과 킬링필드의 상징이기도 했다. 2002년에 철거되었기 때문에 지금은 실물을 볼 수 없지만 그 흔적은 여전히 남아 있다. 당시 해골 지도는 원래의 크기보다는 작지만 컬러사진 속에 선명하게 남아 벽에 걸려 있다. 마침내 지도에서 풀려난 해골들은 자신을 낳아준 대지와 대기의 품으로 돌아가는 대신, 유리문을 매단 두 개의 다단장에 갇혀 있다. 그들의 영혼을 위로하기 위해 중앙에는 황금빛 종 모양의 작은 진혼탑이 놓여 있다. 그러나 유리장 안에 갇혀 있는 한 영혼은 구천을 맴돌 뿐이다.

이것이 툴슬렝의 전부이다. 규모는 작고 무엇보다 복잡하지 않으며 단순하고 명쾌하다(무엇이?). 공개하지 않고 있는 건물의 2층과 3층이 궁금하겠지만 그 안에 방문객을 경악시킬 무언가 다른 충격적인 전시물들이 숨겨져 있는 것은 아니다. 대부분의 교실들은 비어 있고 그 중 일부가 1979년 당시 발견된 S-21의 서류들을 보관하기 위해 사용되고 있다. 연구적 목적을 가지지 않은 이상, 당신이 그 서류들에 대해 궁금할 이유는 없을 것이다.

툴슬렝은 무엇인가? 박물관인가, 기념관인가, 유물관인가, 또는 미술관인가? 유감스럽게도 툴슬렝은 이것들 중 아무것도 아니다. 툴슬렝은 단지 정치적 프로파간다에 충실한 선전관이다. 1979년 툴슬렝이 탄생한 이래 지금까지, 그러니까 베트남이 철군한 1989년 이후에도 그 사실에는 여전히 변함이 없다. 현재의 군부독재정권의 수장인 훈센은 베트남 괴뢰정권의 외상과 수상 출신이며, 그의 정권은 무력과 쿠데타, 공포, 탄압, 정치 테러 그리고 부정과 부패로 얼룩진 정권이다. 박정희와 전두환 정권이 그랬듯이 훈센 정권 역시 그 어디에서도 정통성을 찾을 수 없는 정권이다. 그런 훈센 정권이 기대고 있는 버팀대가 무력과 함께 툴슬렝으로 상징되는 민주캄푸치아의 혹정이다. 이런 점에서 캄보디아를 침략한 베트남과 훈센 사이에는 아무런 차이가 없다. 베트남공산당은 형제국을 침략한 원죄를 호도하기 위해 툴슬렝과 킬링필드를 만들었고, 훈센은 그것을 반공주의의 제물로 바쳤다. 그들은 모두 툴슬렝의 자식들이다.

툴슬렝은 사실인가? 사실이다. 그 어느 전시물도 조작되거나 허위인 것이 없다. 고문 기구들과 수많은 사진들, 심지어는 그림과 해골에 이르기까지 모두 진품이고 현장을 기록한 것들이다. 게다가 전시물이 놓여 있고 걸려 있는 그곳은 그것들이 탄생했던 바로 그 현장이다.

툴슬렝은 진실인가? 유감스럽게도 누구도 그렇게 말할 수는 없다. 1980년대 세계인을 경악시켰던 이 위대한 박물관은 위조품이 아닌 진품들을 전시하고 있지만, 진실을 찾아가는 길에 대해서는 철저하게 함구하고 있기 때문이다. 툴슬렝은 28년 동안 오직 한 가지 목적을 위해 존재해왔다. 툴슬렝은 '폴포트는 악마였고 캄푸치아공산당과 민주캄푸치아는 살인마' 라는 것을 입증(사실은 선전)하기 위해 만들어졌고 또 운영되어 왔다. 방문객들은 무너져가는 낡은 건물에 전시된 조악한 물품들을 보면서 은연중에 이 박물관의 가치를 절하할지도 모르겠지만, 기실 툴슬렝은 정치적 목적을 달성하기 위해 고도로 조직화된 박물관이다. 예를 들어 모든 전시는 처음부터 끝까지 비주얼에만 호소한다. 고문 기구, 사진, 그림, 재현된 감방, 심지어는 해골에 이르기까지, 이 놀라운 박물관은 결코 텍스트를 제공하지 않음으로써 방문객의 사고를 극도로 단순화시키는 한편, 이성적 무장을 무의식적으로 해제한다. 당신도 툴슬렝에 간다면 똑같은 경험을 하게 될 것이다. 왼쪽의 입구로 걸어 들어가 오른쪽의 출구로 나온 관람객의 머리를 가득 메운 생각은 단 한 가지이다. '이런 세상에. 정말 끔찍하군.'

그런데 툴슬렝의 이 기괴한 힘은 뭔가를 떠올리게 한다. "설득하지 않는다. 도취시킨다. 그리고 박멸한다." 히틀러의 제3제국에서 위용을 떨쳤던 선전장관 괴벨스의 말이다. 툴슬렝은 이 원칙을 가장 훌륭하게 구현한 박물관 중 하나이다. 물론 괴벨스를 툴슬렝에까지 인도한 것은 스탈린과 베트남이었다.

툴슬렝을 나선 후 당신은 아마도 이런 물음을 떠올릴지 모르겠다.

'왜 그들은 악마이자 살인마가 되었을까?'

유감스럽게도 당신은 툴슬렝에서 이 물음에 대한 답을 결코 찾을 수 없다. 왜냐하면 그런 물음은 지극히 이성적이어서, 툴슬렝을 지배하고 있는 공포와 혐오, 야만 따위의 감성적 충격이 그것을 허용하지 않기 때문이다.

툴슬렝은 태생적으로 침략자에 의해 만들어진 정치적 프로파간다관이다. 역사적 기념관이나 박물관 또는 전시관이 정치적인 의미를 띤다는 것에 대해 소아적으로 반응할 필요는 없다. 어느 나라에서나 역사는 정치적으로 해석되고 나아가 이념적으로 해석된다. 그러나 프로파간다는 역사를 해석하지 않고 단지 이용하기 위해, 역사를 왜곡하고 필요에 따라 거두절미한다(사실 전체주의의 가장 심각한 문제는 이념 그 자체가 아니라, 이념을 말살시키고 들어서는 정치적 프로파간다이다).

툴슬렝에도 변화의 움직임이 나타나고 있다. 2002년 전시관의 해골 지도를 철거한 것은 22년 동안 결코 변하지 않았던 툴슬렝에서 감지된 첫번째 변화이다. 해골 지도는 단순히 킬링필드만을 의미하는 것이 아니었다. 전통적으로 불교 국가인 캄보디아에서 화장되지 않은 유골을 드러내고 전시하는 것은 종교적으로, 문화적으로, 정서적으로 용납될 수 있는 일이 아니었다. 말하자면 해골 지도는 전적으로 '메이드 바이 베트남'으로 베트남의 캄보디아에 대한 침략과 지배를 상징하는 것이기도 했다. 프놈펜 외곽의 킬링필드인 쯔응아익의 해골 탑도 마찬가지로, 그 중의 하나에 손을 댄 것은 여하튼 변화를 의미한다.

물론 이런 변화는 사소한 것이고 전혀 고무적이지도 않다. 지도에서 떼어낸 해골들은 장 안으로 자리를 옮겨 여전히 툴슬렝의 방문객들을 맞고 있다. 또한 툴슬렝의 마당에는 시멘트로 만든 조악한 물고문 기구가 우뚝 서기도 했다.

툴슬렝이 캄보디아 현대사의 깊은 상흔을 가감 없이 전시하기 위해서는 아마도 더 많은 시간을 기다려야 할 것이다. 그리고 그날이 오면 캄보디아는 아마도 또 하나의 기념관을 준비하게 될 것이다. 그 이름은 아마도 민주화운동기념관이 될 것이다.

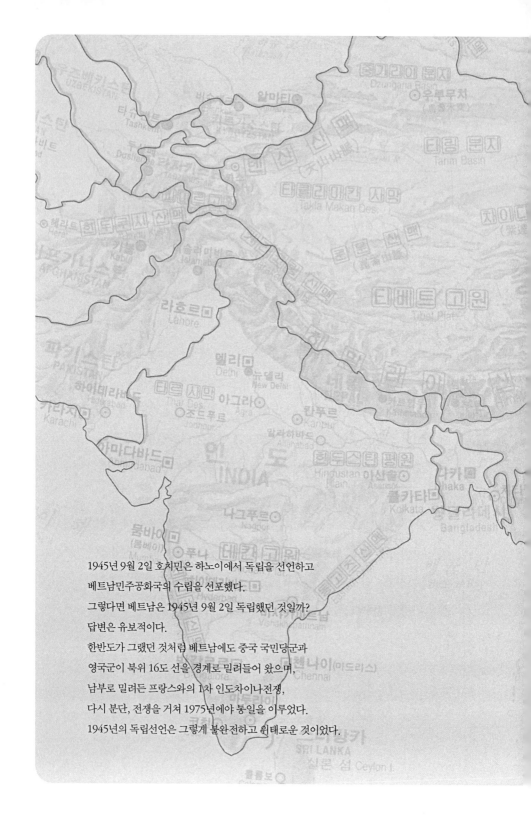

1945년 9월 2일 호치민은 하노이에서 독립을 선언하고
베트남민주공화국의 수립을 선포했다.
그렇다면 베트남은 1945년 9월 2일 독립했던 것일까?
답변은 유보적이다.
한반도가 그랬던 것처럼 베트남에도 중국 국민당군과
영국군이 북위 16도 선을 경계로 밀려들어 왔으며,
남부로 밀려든 프랑스와의 1차 인도차이나전쟁,
다시 분단, 전쟁을 거쳐 1975년에야 통일을 이루었다.
1945년의 독립선언은 그렇게 불완전하고 위태로운 것이었다.

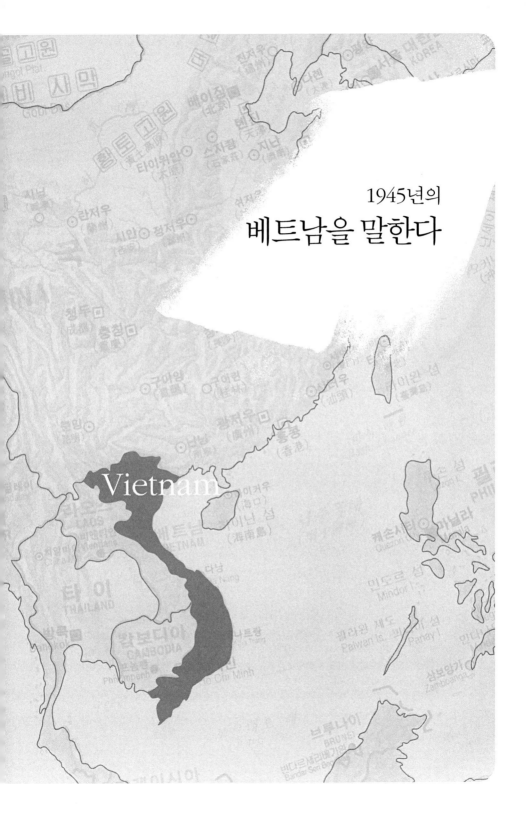

1945년의
베트남을 말한다

Vietnam

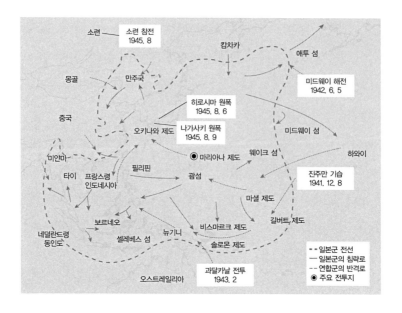

태평양전쟁 전개 상황도 대동아공영권은 일본 제국주의가 품은 원대한 꿈이자 이상이었다. 그들은 일본 제국주의를 유럽 제국주의에 맞선 '아시아의 자부심'이라 일컬었다. 그들은 하나의 제국주의가 다른 제국주의로부터 식민지를 해방시킬 수 있다고 말했는데, 물론 식민지로서는 주인이 바뀌는 것에 불과했다. 일본의 패전으로 대동아공영권이 물거품이 되자 유럽 제국주의는 자신들의 식민지로 다시 돌아왔다. 식민지에는 옛 주인들이 다시 찾아왔지만 아시아의 식민지들에는 하나 같이 해방의 기운이 움트고 있었다.

대동아공영권의 몰락과 인도차이나

1945년 8월 15일 연합군에 대한 일본의 무조건 항복으로 2차대전은 마침내 종전의 마침표를 찍었다. 적어도 동아시아 지역에 있어서 종전의 1차적인 의미는 유럽 제국주의에 맞서 후발 일본 제국주의가 명운을 걸고 시도했던 대동아공영권의 완전한 몰락이었다. 1941년 태평양전쟁을 전후해 본격화된 일본의 대동아공영권은 대만과 조선의 병합, 만주 침략과 괴뢰국 수립, 화베이(華北)로의 진군에 따른 중일전면전쟁을 배경으로 중국 동부와 동남아시아, 남양 군도 등 동아시아 지역을 일본의 식민지 지배 아래 두고자 한 원대한 야망이었다.

　대동아공영권을 향한 본격적인 신호탄은 중일전쟁이 교착 상태에 빠져 있던 1940년 9월, 일본군이 프랑스 식민지이던 인도차이나의 북부를 침공함으로써 시작되었다. 중국 국민정부의 후방 보급선을 끊는다는 명분으로 이루어진 이 침공은 독일의 침략으로 굴욕적 휴전을 맺은 프랑스의 궁색한 처지에 힘입어 9월 22일 랑손과 동당의 점령, 24일 대대적인 포격과 함께 한 하이퐁으로의 상륙으로 이어졌으며 통킹과 안남의 지배로 이어졌다. 1941년 7월 일본군은 다시 인도차이나 남부로 진군했고 별다른 어려움 없이 코친차이나로 지배권을 확대할 수 있었다. 일본이 남방 침략에 있어 인도차이나를 가장 먼저 선택했던 것은 중일전쟁 때문이기도 했지만, 종주국인 프랑스가 독일의 침공과 굴욕적 휴전, 괴뢰 비시정부의 수립으로 일본의 침략을 수수방관할 수밖에 없는 처지이기도 했다.

인도차이나 침공 이후 일본은 후발 제국주의 동맹인 독일, 이탈리아와 3국 동맹을 체결하고 2차대전에 뛰어들 만반의 태세를 갖추었다. 인도차이나 점령을 완료한 일본은 1941년 12월 영국령 말레이 반도와 하와이 진주만을 공격함으로써 유럽에서 발발한 대전을 아시아·태평양 지역으로 확전시켰다. 대동아공영권의 구상이 실현되는 순간이었다. 1943년 일본의 대동아공영권은 조선, 만주, 대만, 중국의 화베이, 인도차이나, 말레이시아, 인도네시아, 버마, 필리핀, 남양 군도를 손에 넣고 영국령인 인도를 넘보고 있었다. 1943년 11월 도쿄에서 열린 대동아회의는 그 절정인 것처럼 보였지만, 사실 몰락의 시작을 예고하고 있었다. 같은 시기 이집트의 카이로에서는 루스벨트와 처칠, 장가이섹이 일본의 침략 저지, 대만의 반환, 조선의 독립 등을 명시한 선언에 서명하고 있다. 태평양전쟁에서 일본의 명운에는 이미 노을이 지고 있었던 것이다.

1945년 일본의 패전은 점령 지역에서의 일시적인 군사적, 정치적 진공상태로 이어졌다. 피지배 민족과 나라들에게는 해방의 아침이었다. 이미 종전 이전부터 고양되었던 식민지 민족해방운동의 열기는 이 아침에 일제히 분출했고 일본 점령지에서도 예외는 아니었다. 그러나 카이로회담에서부터 포츠담·얄타협정을 거치는 연합국의 전후 처리 방침은 식민지 지역에서 구종주국의 기득권을 무시하는 것이 아니었다. 붕괴된 대동아공영권에는 다시 유럽 제국주의의 그늘이 드리워졌고, 다시금 식민지 민족해방투쟁으로 이어졌다. 그 결과는 연이은 독립이었다. 아시아에서 유일한 미국의 식민지였던 필리핀이 1946년에 독립을 선언했고, 1948년에는 영국령이었던 버마, 1949년에는 종주국인 네덜란드와의 전쟁까지 불사했던 인도네시아와 라오스가, 1953년에는 프랑스 인도차이나연방의 캄보디아, 그리고 역시 영국령이었던 말레이시아가 1957년에 뒤늦게 독립을 쟁취했다.

아마도 이 지역에서 가장 늦게 독립을 인정받았던 나라는 1957년의 말레이시아일 것이다. '아마도'라는 단서를 붙인 것은 베트남 때문이다. 1945년 9월 2일 호치민은 하노이에서 독립을 선언하고 베트남민주공화국의 수립을 선포했다. 그렇다면 베트남은 1945년 9월 2일 독립했던 것일까? 답변은 유보적이다. 한반도가 그랬던 것처럼 베트남에도 중국 국민당군과 영국군이 북위 16도 선을 경계로 밀려들어 왔으며, 남부로 밀려든 프랑스와의 1차 인도차이나전쟁, 다시 분단, 전쟁을 거쳐 1975년에야 통일을 이루었다. 1945년의 독립선언은 그렇게 불완전하고 위태로운 것이었다.

1945년 8월의 베트남

1945년 베트남은 일본의 직접 통치에서 해방된 한반도와 가장 흡사한 길을 걸었다. 한반도에서와 마찬가지로 포츠담회담은 일본의 패전 이후 베트남을 북위 16도 선을 경계로 나누고, 북부에는 중국 국민당군이, 남부에는 영국군이 진주하도록 합의했다. 베트남 중부의 다낭을 지나는 북위 16도 선의 북부는 통킹과 안남, 남부는 코친차이나 전역과 안남의 일부를 포함하고 있었다. 프랑스령 인도차이나연방에서 베트남은 이 통킹 · 안남 · 코친차이나 세 지역으로 분할되어 있었으며, 이 중 코친차이나는 총독부를 두고 직접 통치하고 나머지 지역은 캄보디아 · 라오스와 마찬가지로 보호령 통치를 했다.

일본 패전 후의 전후 처리에 있어서 식민지 종주국이었던 프랑스가 실종된 것은, 프랑스 역시 1945년에 이르러서야 독일의 점령으로부터 해방될 수 있었으므로 포츠담에 모인 연합 수뇌국 대표들이 프랑스가 자신들의 영화를 되찾을 만한 여유가 있을지에 대해 부정적이었기 때문이었을 것이다. 이처럼 프랑스의 입지가 취약했던 것은 사실이었지만, 그렇다고 해서 프랑스가 인도차이나에 대한 권리를 박탈당한 것은 아니었다. 프랑스 또한 전승국의 일원이었고 연합 수뇌국의 전후 방침은 기본적으로 전전(戰前)의 상태를 (일단은) 고스란히 회복시키는 것이었다. 포츠담선언은 중국 국민당군과 영국군의 남북 주둔은 물론, 소기의 목적(치안 확보)을 달성한 후의 철수와 인도차이나의 프랑스로의 반환까지를 명시하고 있었다.

1945년 9월 6일 남한에 미군이 진주하기 나흘 전인 9월 2일, 대영제국군의 그레이시(Douglas Gracey) 장군이 이끄는 20인디언 사단이 사이공에 입성했다. 같은 날 그레이시의 명령에 따라 일본군의 공군기가 삐라를 살포했다. 삐라는 "영국군이 일본군과 함께 공공질서를 유지할 것이며 어떤 종류의 무기라도 소지한 자는 엄벌에 처할 것"이라는 사실상의 경고문이었다(1945년 해방 후 남한에 주둔한 미군 역시 같은 종류의 삐라를 뿌렸다).

뒤이은 9월 9일 베트남 북부에는 중국 국민당군이 밀려들기 시작했다. 그러나 이때는 이미 국공내전의 격화를 앞두고 있었던 때로, 북부에 밀려든 국민당군은 베트남의 전후 처리에 대해 진지하게 고민할 수 없는 형편이어서 그저 약탈만을 일삼고 있었다. 이런 상태는 이후에도 유지되었다.

남부에 진주한 그레이시의 영국군은 3월 이후 일본군에 의해 무장해제되어 감금되었던 프랑스군을 석방하고 재무장시켰다. 영국군이 천명한 '공공질서'가 식민지 질서로의 회귀를 의미한다는 것은 누구의 눈에도 명확했다. 영국군의 협력으로 재무장한 프랑스군은 9월 22일 밤을 기해 행정관청과 경찰서, 은행 등 공공기관을 점령했다. 8월 15일 이후 해방의 감격과 함께 이 기관들을 접수했던 남부임시행정위원회의 무장조직들은 저항하지 않았다. 그러나 코친차이나가 다시 프랑스의 수중에 넘어가리라는 것이 확실해지자 사이공과 그 주변 지역, 나아가 남부의 각 지역에서는 프랑스군을 상대로 한 봉기가 잇달았다. 이 봉기는 10월 1일 휴전으로 소강상태에 빠져들었지만, 10월 5일 프랑스 원정대가 도착한 후 다시 유혈사태로 이어졌다. 5만 명의 원정대를 이끌고 사이공으로 돌아온 자크 필립 르클레르(Jacques Philippe Leclerc)의 일성은 "우리는 우리의 유산을 되찾기 위해 왔다"라는 선언이었다.

1945년 9월 2일 영국군이 사이공에 진주하던 그날, 하노이의 바딘 광장에서는 호치민에 의해 독립선언과 베트남민주공화국의 수립이 선포되었다. 그 주역은 1941년 이후 무장투쟁에 나선 베트민(베트남독립동맹회)과 베트민을 주도했던 인도차이나공산당이었다. 그러나

선전 포스터 '프랑스인이여, 괴물 일본에게서 인도차이나를 지켜야 한다' 1945년 일본의 패망은 의심할 바 없이 베트남이 프랑스 제국주의로부터 해방될 수 있는 기회였다. 일본 점령 전의 프랑스는 베트남을 코친차이나와 안남, 통킹으로 분할통치하고 있었다. 프랑스의 인도차이나연방에서 직접 통치령인 코친차이나는 식민지 통치의 핵심이었다. 따라서 일본이 패망한 후 베트남이 독립하기 위해서는 반드시 코친차이나를 해방시켜야 했다. 그러나 호치민은 북부의 하노이에서 독립을 선언했고, 코친차이나의 공산주의자들을 지원하는 대신 적으로 돌렸다.

1945년 10월 인도차이나로 돌아온 프랑스는 호치민의 독립선언을 인정할 생각이 없었다. 프랑스가 관심을 가졌던 것은 오직 일본 점령 이전의 지위와 이익 그리고 질서를 회복하는 것이었다. 이는 당연히 독립과 민주혁명의 완수를 목표로 했던 호치민의 입장과도 정면으로 배치되는 것이었다. 그러나 1945년 9월 이후 그 격동의 시기에 호치민과 인도차이나공산당의 태도는 모호했다. 베트남 전역에서 프랑스군을 상대로 한 무장봉기가 조직적으로 일어나고 있었지만, 베트민은 뚜렷한 입장을 유보하고 있었다. 북부를 향한 프랑스군 진군도 효과적으로 막을 수 없었다. 이에 따라 1946년 2월에 이르러 프랑스군이 잔인한 학살과 탄압을 일삼으며 북위 15도 선 이남 즉 코친차이나를 완전히 점령했을 때, 호치민은 오히려 프랑스군을 북부로 끌어들여 이미 18만 명에 달했던 불한당과 다를 바가 없던 중국 국민당군을 철수시키기를 원했다. 중국 국민당군보다 식민지 종주국인 프랑스의 군대가 낫다는 이 이해할 수 없는 판단은 1946년 3월 호치민 자신이 서명한 다음과 같은 예비협정의 체결로 가시화되었다.

1. 유혈극의 종식.

2. 자치적 행정부와 입법부, 예산 군대를 가지는 베트남공화국 수립.

3. 2만 명 규모의 프랑스군의 베트남 주둔.

4. 코친차이나, 통킹, 안남 등 세 지역의 통일을 위한 국민투표 실시.

5. 세부사항 이행 및 기타 문제의 해결을 위한 지속적인 협의.

프랑스군의 베트남 주둔을 명시한 이 협정은 호치민 자신이 선언한 독립과 베트남민주공화국의 수립을 모욕하는 것이자 굴욕적인 양보였으며, 1945년 8월 일본의 패망으로 얻어진 해방의 기회를 스스로 저버리는 것과 마찬가지였다. 말하자면 이 예비협정은 전전의 프랑스 보호령 통치 하의 식민지 군주제를 식민지 공화국으로 바꾸는 것 이상이 아니었다. 이 협정과 함께 영국군은 남부에서 철수했다.

그럼에도 불구하고 프랑스는 식민지 반군에 불과한 베트민과 대등하게 협정 따위를 맺고 싶은 생각이 없었다. 예비협정은 1946년 7월의 퐁텐블로회담에서 결렬되어 조약으로 발전하지 못했다. 프랑스가 원했던 것은 완전한 식민지였으며 일체의 독립 세력을 괴멸시키는 것이었다. 이미 북부에까지 군대를 주둔시키고 있었던 프랑스는 병력을 15만 명으로 증강시키는 것으로 조약의 결렬을 자축했다.

1946년 11월 관세 문제를 핑계로 한 하이퐁에 대한 프랑스군의 포격은 코친차이나에 뒤이은 통킹과 안남의 완전한 재점령을 알리는 신호탄이었다. 12월 19일에는 프랑스군에 의해 하노이의 대통령 관저가 포위되는 사건이 일어났고, 때를 맞추어 하노이를 비롯한 통킹의 각 지역에서 베트민은 프랑스의 거점들을 일제히 공격하기 시작했다. 1차 인도차이나전쟁의 발발이었다.

1949년 6월 14일 프랑스는 일제가 버리고 간 마지막 황제 바오다이를 망명지인 파리에서 데려와 코친차이나와 통킹, 안남을 묶어 베트남국(State of Vietnam)을 수립했다. 1950년 1월 공산화된 중국과 소련은 베트남민주공화국을 승인했고, 미국은 프랑스의 베트남국을 승인했다. 특히 중국은 프랑스와의 일전을 벌이고 있던 베트남에게는 구세주와 다름없는 역할을 자임했다. 또한 미국은 이를 빌미로 바오다이의 베트남국을 승인하고 프랑스에 대한 원조를 시작한다고 선언했다.

하노이 또는 사이공

1945년 8월 15일 일제의 패망 직전 베트남에서 일어난 8월혁명의 발원지는 남부(코친차이나)가 아닌 북부(통킹)이었다. 또한 같은 해 9월 2일 호치민의 독립선언과 베트남민주공화국의 수립 선포 또한 하노이에서 이루어졌다. 왜 하노이였을까? 호치민의 독립선언은 하노이에서 사이공을 아우르는 것이었다. 남북조의 대립 이후 응우옌 왕조의 성립이래 수도는 하노이와 사이공의 한가운데인 훼(Hue, 후에)였다. 프랑스 식민 지배가 시작되면서 실질적인 수도는 남부인 코친차이나의 사이공이었다. 또한 사이공은 인도차이나연방의 중심이기도 했으며 가장 근대화된 도시였다.

　그러나 호치민은 하노이에서 독립을 선언했다. 그 이유는 (하노이의 역사성을 논외로 한다면) 통킹이 호치민과 베트민의 본거지였기 때문이었다. 1941년 중국 국경지역인 박보에서의 결성 이래 베트민의 무장투쟁은 전적으로 통킹에 국한되었으며 중국 국경지역이 주 무대였다. 그것도 초기에는 신통한 전과를 거두지 못했다. 베트민의 결성을 지원한 것은 일본군의 통킹 주둔에 위협을 느낀 중국 국경지역의 군벌과 장가이섹 국민당군이었다. 베트민의 결성을 고무하고 도운 장파쿠이(張發奎) 역시 광시(廣西)의 지역 군벌이었다. 베트민을 인도차이나공산당이 주도하고 있는 것을 마땅치 않게 보았던 장파쿠이는 1942년 루코우(碌口)에서 베트민을 대신할 연합전선을 결성했다. 베트남혁명동맹회로 이름 붙여진 이 연합전선에는 민족주의 세력이 보강되었고 화교 출신인 응우옌하이탄(Nguyen Hai Than)을 수장으로 내세웠다. 이때 호치민은 장파쿠이 손에 체포되어 18개월 동안 감금되어 있어야 했다.

부르주아지가 주도하는 혁명동맹회의 투쟁은 사실 베트민보다 못한 것이었다. 무엇보다 무장투쟁에 있어 지나치게 몸을 사리는 풍토가 지배적이었다. 결국 장파쿠이는 1944년 3월 호치민을 석방하고 베트민에 대한 지도를 일임했다. 18개월의 옥살이는 혹심한 것이었지만, 이 고난을 버틴 호치민은 마침내 베트민이라는 귀중한 보물을 확고하게 손에 넣을 수 있었다. 호치민의 베트민이 중국 국민당군과 미 공군, 미국의 OSS(Office of Strategic Service; 미 전략정보국. CIA의 전신이다)으로부터 자금과 군수물자를 지원받을 수 있었던 것은 이때부터였다. 1945년 8월 일본이 패망했을 때 베트민은 베트남에서 가장 강력한 무장 세력이었다. 이는 호치민과 호치민이 명실상부하게 지도하게 된 인도차이나공산당이 종전 후 가장 강력한 정치 세력으로 부상하는 데 결정적으로 기여했다. 그러나 8월혁명을 거쳐 베트민이 임시정부에 갈음할 만한 조직을 단기간 내에 갖출 수 있었음에도 불구하고, 호치민은 통킹을 벗어날 수 없었다. 영국군이 진주하기로 되어 있던 북위 16도 선 남부는 베트민의 영향력이 제한적이었다. 베트민을 지원했던 중국 국민당군이 진주한 북부와는 판이한 상황이었던 것이다. 1945년 9월 2일 하노이의 바딘 광장에서 독립과 공화국 수립을 선포했을 때에 호치민은 자신의 선언이 북위 16도 선 남부에까지 미치기를 진정으로 바라 마지않았지만, 하노이와 사이공의 거리는 결코 좁혀지지 않았다.

물론 호치민과 인도차이나공산당은 8월혁명에서 남부에도 조직을 확대했다. 사이공에 조직된 남부임시행정위원회는 그 결과물이었다. 남부 출신이었던 쩐반자우(Tran Van Giau)와 같은 인도차이나공산당의 지도급 인사들이 남부로 파견되었음은 물론이다. 그러나 인도차이나공산당과 베트민이 남부에서 조직을 확대하고 투쟁을 조직하는 데에는 많은 어려움이 뒤따랐다. 남부는 반스탈린, 반코민테른을 표방했던 공산주의 세력의 온상이자 근거지였다. 1930년대 호치민과 같은 스탈린주의자들과 심각한 갈등을 겪었던 남부의 공산주의자들, 예컨대 노동자계급의 혁명을 앞세운 라 뤼트(La lutte) 그룹 등은 호치민이 코민테른의 2단계 혁명론을 앞세우는 것에 대해 신랄하게 비판적이었다. 전후 연합국에 대한 방침에 있어서도 호치민이 극도로 유화적이었던 반면 이들은 비판적이었다. 더욱이 이 공산주의 세력들은 남부에서 상당한 대중적 기반을 구축하고 있었다. 1939년 프랑스 식민당국의 야만적인 탄압으로 지도부의 대부분이 악명 높은 풀로콘도르(Poulo Condor, 콘다오) 섬 등의 유형지에 갇혀야 했지만, 1945년 일본의 패망을 전후로 풀려나오면서 사이공과 그 주변 지역을 중심으로 독자적인 노선을 펴며 세력을 확대하고 있었다. 9월 22일 이후 사이공과 남부 전역에서 벌어졌던 파업 등의 봉기는 베트민이 아니라 이들에 의해 주도되고 있었다. 뿐만 아니라 이들이 조직한 사회주의노동자당과 인민위원회 세력은 남부뿐 아니라 북부의 광산 지역과 부두 지역의 노동자 밀집지역으로까지 그 영향력을 확대하고 있었다.

남부를 근거로 한 이들 공산주의 세력은 북부에 기반을 둔 인도차이나공산당과는 현격한 노선의 차이를 보이고 있었다. 이들은 코민테른의 2단계 혁명론을 추종하지 않았으며, 인도차이나공산당이 8월혁명을 민주혁명으로 설정하고 노동자 농민의 역할을 축소시키는 것을 용납하지 않았다. 예컨대 인도차이나공산당의 지도자 중 하나인 응우옌반따오(Nguyen Van Tao)가 공공연하게 "지주의 농지를 넘보는 자들은 가혹하게 처벌될 것이다"라고 경고하면서 "우리의 정부는 공산주의자들에 의해 영도되지만 민주적인 중간계급의 정부이다"라고 선언한 것을 인정하지 않았다. 베트민의 연합군에 대한 태도, 특히 남부에 진주한 영국군과 프랑스군에 대한 초기의 유화적인 태도와 민주혁명을 앞세워 중간계급을 치켜세우는 노선은 1945년 8월 일본 패망 당시 인도차이나에서 가장 산업화된 남부의 노동자들과 농민 등 기층 민중을 설득하기에는 역부족이었다. 농민을 근거로 한 통킹에서의 무장투쟁과 해방구의 경험으로 호치민과 인도차이나공산당, 베트민은 강력하게 조직된 무력을 앞세울 수는 있었지만, 사이공을 비롯한 남부의 조건과 정세를 읽어내지는 못했던 것이다.

한편 자신들의 노선에 동조하지 않는 남부의 공산주의 세력에 대한 호치민과 인도차이나공산당의 대응은 의심할 바 없이 스탈린식이었다. 트로츠키주의자이면서 라 뤼트 그룹을 이끌었던 저명한 공산주의 지도자인 따투타우(Ta Thu Thau)의 운명은 상징적인 것이었다. 1944년 말 유형지인 풀로콘도르 섬에서 풀려난 후 사회주의노동자당의 건설에 총력을 기울였던 그는, 1945년 중순 통킹에 닥친 심각한 기근 실태를 조사하고 사이공으로 돌아오던 길에 안남 중부에서 베트민에게 체포되어, 1945년 9월 총살되었다. 이 사건은 후일 호치민 자신의 발언으로 그 배후가 인도차이나공산당인 것이 확인되었다. 인도차이나공산당과 베트민의 공격 대상이었던 국제공산주의자연맹(LCI)과 사회주의노동자당, 인민혁명위원회 등은 확실히 심대한 타격을 입었다. 1945년 9월 15일 사이공의 인민혁명위원회를 급습해 조직원들을 모두 체포한 것을 비롯해 베트남 전역에서 베트민에 의한 공격과 살해, 위협이 계속되었다.

그러나 더욱 심대한 타격은 10월 이후 프랑스군의 탄압이 본격화되면서 가속화되었다. 남부 각 지역에서 파업과 무장봉기를 조직했던 이들은 프랑스군이 내세운 제1의 토벌 대상이었다. 프랑스군이 북부로 진군하면서 베트민은 북부로 몰려갔지만 북부로 갈 수 없었던 이들 남부의 공산주의자들은 잔혹한 탄압을 피할 수 없었다.

하노이에서의 독립선언은 프랑스군의 재침략과 북부의 주둔을 허용함으로써 통킹의 한계를 벗어나지 못했고, 뒤이어 1차 인도차이나 전쟁으로 이어졌다. 남과 북의 장벽은 높아졌으며 1954년 제네바협정에서 회담 당사자들이 북위 17도 선을 경계로 한 분단에 합의함으로써 고착되었다. 하노이에서의 독립선언이 사이공에까지 미치기 위해서는 지옥의 전쟁을 관통해야 했던 30년의 세월이 필요했다.

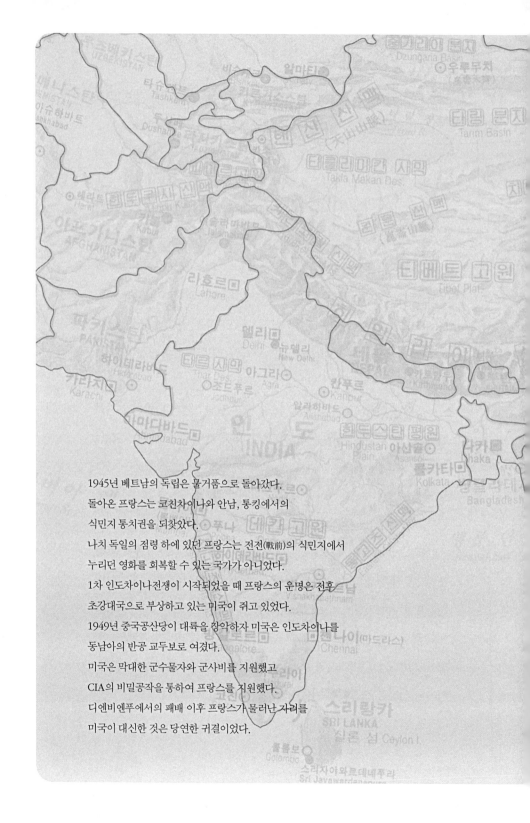

1945년 베트남의 독립은 물거품으로 돌아갔다.
돌아온 프랑스는 코친차이나와 안남, 통킹에서의
식민지 통치권을 되찾았다.
나치 독일의 점령 하에 있던 프랑스는 전전(戰前)의 식민지에서
누리던 영화를 회복할 수 있는 국가가 아니었다.
1차 인도차이나전쟁이 시작되었을 때 프랑스의 운명은 전후
초강대국으로 부상하고 있는 미국이 쥐고 있었다.
1949년 중국공산당이 대륙을 장악하자 미국은 인도차이나를
동남아의 반공 교두보로 여겼다.
미국은 막대한 군수물자와 군사비를 지원했고
CIA의 비밀공작을 통하여 프랑스를 지원했다.
디엔비엔푸에서의 패배 이후 프랑스가 물러난 자리를
미국이 대신한 것은 당연한 귀결이었다.

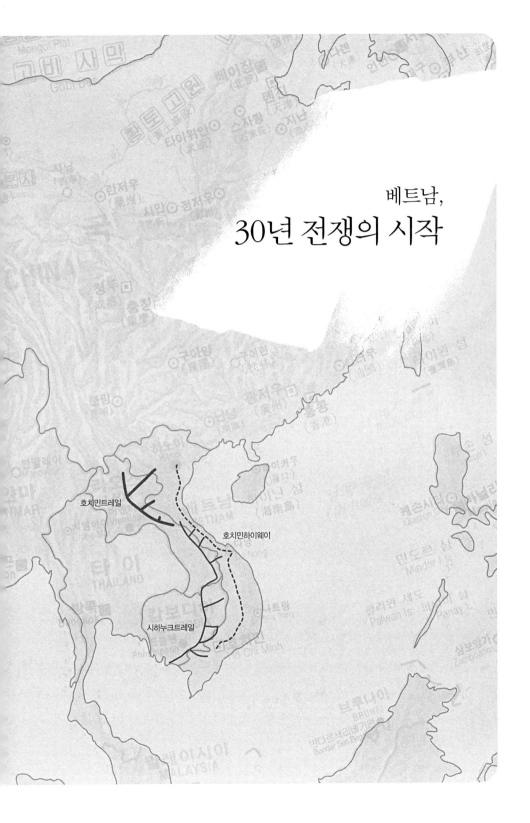

베트남,
30년 전쟁의 시작

1차 인도차이나전쟁 당시의 프랑스군   유럽 제국주의 국가들에 예외 없이 심대한 상흔을 입
힌 2차대전은 그 후 아시아와 아프리카에서 식민지의 독립으로 이어졌다. 영국은 1947년
자신들의 보고인 인도의 독립을 인정할 수밖에 없었다. 2차대전 발발 1년 만에 독일 점령
치하에 들어가 연합국에서도 괄시를 받던 프랑스가 그 허약한 국력에도 불구하고 인도차
이나의 독립을 인정하는 대신 1차 인도차이나전쟁을 치렀던 것은 미국이 없었다면 불가
능한 일이었다. 물론 프랑스는 제국주의의 꿈을 버리지 못한 탐욕스러운 국가였다. 1954
년 알제리에서는 독립전쟁이 시작되었고 프랑스가 알제리에서 증명한 잔인무도함은 프
랑스 제국주의의 야만성을 고스란히 지금까지 증명하고 있다.

첫번째 전쟁이 시작되다

• 1차 인도차이나전쟁과 미국 •

1946년 12월 베트남 북부의 민주공화국에 대한 전면적인 군사 공격으로 1차 인도차이나전쟁이 시작되었을 때, 이 전쟁은 확실히 프랑스와 베트민의 전쟁이었다. 하지만 호치민의 베트민은 프랑스군이 우려할 만한 적은 아니었다. 프랑스가 호치민과 베트민을 하노이에서 몰아내기로 작정하는 순간, 그것은 곧 현실로 나타났다. 호치민과 베트민은 하노이를 버리고 통킹 북부의 산악 지역으로 패주할 수밖에 없었다.

1949년이 지나면서 호치민과 그의 무장 세력인 베트민에게는 더 없이 좋은 소식이 전해졌다. 중국 대륙에서 마오쩌둥의 공산당이 마침내 장가이섹의 국민당군을 대만으로 쓸어내 버린 것이었다. 1950년 1월 18일 중화인민공화국은 베트남민주공화국을 승인하고 원조를 선포했다. 1월 30일에는 소련이 같은 조치를 선언했다. 이로써 1차 인도차이나전쟁은 새로운 국면에 접어들게 되었다. 전쟁은 더이상 프랑스와 베트민의 전쟁이 아니었다.

소련은 멀고도 멀었지만 중국은 베트민의 근거지인 통킹과 국경을 접하고 있었다. 이제 막 대륙에서 승리를 거둔 중국공산당은 자신감에 넘쳐 있었으며, 프랑스 제국주의와 힘겹게 투쟁을 벌이고 있는 이웃의 형제당인 베트남노동당을 외면할 생각은 추호도 없었다. 중국은 국민당군이 버리고 도망간 소총과 포들을 기꺼이 베트민 전사들의 손에 전달했다. 비록 낡은 무기들이었지만 프랑스군과 비교해 무(無)

에 가까웠던 베트민의 전력은 질적으로 향상될 수 있었다. 1950년에 들어 베트민이 중국 국경지대의 까오방와 랑손 등을 공격해 점령할 수 있었던 힘의 원천은 이렇게 만들어졌다.

　그러나 중국이 이처럼 베트민에 대한 지원에 나섰던 그 순간, 다른 한편에서는 중국과 비교할 수 없는 거대한 존재가 이 전쟁에 개입하고 있었다. 중국과 소련이 베트남민주공화국을 승인한 그 다음 달인 1950년 2월 미국은 "(공산화 된) 중국과 소련이 호치민 정부를 지원하고 있는 것은 호치민 정부가 공산 정부라는 것을 의미한다"라는 브리핑과 함께 프랑스에 대한 군사지원을 공공연하게 선언했다. 인도차이나에 대한 미국의 본격적인 개입이 시작된 것이다. 이는 의미심장했다. 1차 인도차이나전쟁은 미국이 아시아에서 개입한 첫번째 전쟁이었으며, 1950년 2월은 한반도에서 전쟁이 발발하기 불과 4개월 전이었고, 애치슨방위선이 발표되기 한 달 전이었다.

• 애치슨라인의 밖 •

1950년 1월 12일 미 국무장관 애치슨은 태평양 지역의 방위선에서 대만과 한반도를 제외하는 애치슨선언을 발표했다. 그러나 제외된 것은 대만과 한반도만은 아니었다. 이른바 애치슨라인은 필리핀과 일본, 알류샨 열도를 잇는 방위선으로, 인도차이나 역시 방위선의 밖에 위치하고 있었다. 인도차이나는 애치슨라인이 의미하는 바를 분명히 해주는 시금석이었다.

　애치슨라인은 미국이 정치적, 군사적으로 선 밖을 침략하지 않겠다는 것을 의미하지 않았다. 애치슨라인은 다만 군사적 마지노선으로서 (공세적 시기에는 별다른 의미가 없는) 방위선(Defense line)일 뿐이었다. 종전 후 미국은 유일의 초강대국으로서 세계의 각 지역, 특히 유럽 제국주의의 유산이 되어버린 구식민지 지역에서 예외 없이 적극적으로 공세적인 국가였으며 침략적인 국가였다. 요컨대 국무장관 애치슨이 밝힌 미국의 방위선이란 정치적으로는 이미 자신의 것이 확실한 영토와 (아직) 자신의 것이 아닌 영토를 구분하는 '라인'일 뿐이었다. 방위선 안에 위치한 필리핀과 일본은 이미 미국의 점령지 또는 식민지와 마찬가지인 처지였다. 미국의 식민지였던 필리핀은 시혜적인 독립을 얻기는 했지만 미국의 지원 아래 친미 정권이 들어서고 공산주의 세력이 탄압당하는 전형적인 미국의 신식민지였다. 패전 일본은 미군정이 실시되고 있던 나라였다.

물론 애치슨라인이 중국의 공산화와 소련의 약진을 염두에 둔 방위선이었다고 주장할 수는 있지만, 1950년 미국이 이른바 방위선이라는 이름으로 그 선을 유럽 제국주의 국가들이 여전히 기득권을 주장하고 있던 동남아시아 안쪽이나 한반도를 관통해 긋는 행위가 의미하는 것은 얄타협정의 심각한 위반이었을 것이며, 그것은 결코 미국이 원하는 바가 아니었다.

한편 애치슨라인의 바깥쪽, 인도차이나에서 벌어진 전쟁에 있어서 그 당사자인 프랑스는 인도차이나로 돌아오기는 했지만 군사적으로, 경제적으로 전쟁을 수행할 여력을 갖고 있지는 못했다. 이런 형편은 2차대전의 승전국인 서유럽의 국가들 모두에 해당하는 것으로, 오랜 전쟁으로 폐허가 되어버린 본국의 전후 재건에 나서야 할 조건에서 식민지에 대해 전전(戰前)의 지배력을 행사하기란 역부족이었던 것이다. 하물며 독일의 침략으로 속국의 처지에 놓여야 했던 프랑스의 경우는 더 말할 것이 없었다. 종전 후 아시아 각 지역에서 민족해방운동이 더욱 가열차게 벌어지고 결국 유럽 제국주의 국가들로부터 독립을 쟁취할 수 있었던 조건 중의 하나는 이처럼 쇠약해진 유럽 제국주의 국가들의 궁색한 처지였다. 그러나 미국은 정반대의 상황이었다. 하와이라는 작은 섬에서 항공모함 몇 척을 잃기는 했지만, 미국 본토는 전쟁과는 무관하게 자본주의를 발달시킬 수 있었고, 오히려 전쟁으로 발달한 군수산업의 비약적인 발전에 힘입어 전후 초강대국의 입지를 확고부동하게 굳힐 수 있었다.

때문에 인도차이나에서 전쟁이 시작되었을 때, 미국은 기꺼이 그 전쟁을 지원할 태세를 갖추고 있었다. 동남아시아 지역에서 미국의 지배 전략은 연합국의 일원이기도 했던 유럽 제국주의 국가들의 기득권을 노골적으로 침해하는 것처럼 보이지 않으면서 결국은 독립, 친미 정권의 수립, 공산주의 세력의 섬멸로 대표되는 필리핀의 길을 걷게 하는 것이었다. 인도차이나에서의 프랑스는 그런 미국의 이해를 대변하고 있었다. 미국은 프랑스가 버마나 인도네시아에서처럼 공산주의 세력이 독립을 주도하거나 또는 그들을 강력한 세력으로 남겨둔 영국이나 네덜란드처럼 되기를 원하지 않았다.

물론 프랑스에게는 미국이 원하는 바를 자력으로 이룰 수 있을 만한 여력이 없었다. 미국은 그런 프랑스에게 막대한 달러를 쏟아 부었다. 군사 지원을 선언한 1950년에만 1억 달러를 프랑스에 지원했으며, 이듬해인 1951년에는 3억 달러, 1952년에는 11억 달러, 1953년에는 13억 달러 등 모두 28억 달러에 달하는 군사원조를 쏟아 부었다. 이는 전쟁 기간을 통틀어 소요된 총 전비(戰費)의 80%에 달하는 금액이었다. 또한 미국은 1950년부터 미군 준장을 단장으로 하는 군사고문단을 파견했으며, 인도차이나에서 맹렬하게 암약하고 있던 CIA의 역량을 총동원해 프랑스를 지원했다. 1차 인도차이나전쟁은 어떤 의미에서 프랑스가 수행한 미국의 대리전에 가까웠다.

• 프랑스, 발을 빼다 •

중국과 소련의 지원에도 불구하고 전쟁 초기 호치민의 베트민은 중국과의 국경지역을 예외로 한다면 별다른 군사적 성과를 거두지는 못했다. 1951년 1월 보응우옌지압(Vo Nguyen Giap)이 이끈 하노이 북부의 빈옌(Vinh Yen) 공격은 6천여 명이라는 막대한 전사자와 5백여 명의 포로를 내고 실패로 돌아갔다. 3월에는 다시 하이퐁 북방인 마오케(Mao Khe)를 공격했으나 이번에도 3천여 명의 전사자를 내고 물러서야 했다. 참패는 그것에서 그치지 않았다. 5월에는 베트민군 3개 사단을 동원해 하노이 남쪽의 닌빈(Ninh Binh)을 공격했지만 1개 사단 병력을 고스란히 잃고 물러서야 했다. 1951년의 군사작전을 지휘했던 것은 모두 보응우옌지압으로 후일 디엔비엔푸전투의 영웅으로 전쟁의 신으로까지 칭송되었던 인물이었다.

　그러나 베트남 전역에서 프랑스의 식민지 통치에 저항하는 기운은 수그러들지 않았다. 베트민은 항불의 상징이 되었으며 베트남 전역에서 광범위한 민중적 호응을 얻고 있었다. 특히 농촌 지역을 근거로한 베트민의 게릴라 투쟁은 북부에 국한되지 않고 베트남 전역으로 확산되어 나갔다. 그러는 동안 프랑스군은 1951년 말부터 베트남인으로 구성된 부대를 조직하기 시작했고, 1952년에는 30만 대군의 육성을 목표로 박차를 가해, 1953년에는 병력을 18만 7천여 명까지 증강시켜 놓고 있었다. 이에 대항해 베트민은 북부 산악지대와 남북의 농촌 지역을 근거로 전형적인 마오쩌둥식의 게릴라전을 펼치고 있었다. 프랑스군은 물을 가진 고기들을 결코 섬멸할 수 없었다. 전쟁은 장기전으로 발전하고 있었으며, 시간이 지날수록 1만 킬로미터나 떨어진 곳에서 프랑스는 바닥을 알 수 없는 수렁에 빠져들고 있었다.

1953년 5월 인도차이나에 새롭게 부임한 프랑스 장군 앙리 나바르(Henri Navarre)는 전쟁을 끝내라는 압력을 받고 있었다. 공세적인 작전을 펼치기로 작심한 나바르는 지도를 앞에 두고 대단한 작전을 구상한 후 실천에 옮겼다. 베트민의 북부 거점인 통킹 북부와 라오스를 잇는 산악 지역의 중간에 위치한 디엔비엔푸를 전략적 거점으로 만들어 베트민군을 양분시킨 후, 서북부의 베트민군을 협공해 괴멸시킨다는 작전이었다.

1953년 11월 프랑스군은 디엔비엔푸에 비행장을 건설했고, 공수부대를 투입해 요새를 구축했다. 비행장부터 건설한 것은 디엔비엔푸가 산악 지역의 오지로, 험준한 산악과 밀림을 헤쳐나가지 않는 한 병력을 이동할 수 없었기 때문이었다. 나바르는 바로 그 이유 때문에 비행기가 없는 베트민군 역시 디엔비엔푸를 공격할 수 없을 것이라고 생각했다. 적을 알지 못한 패착이었다. 보응우옌지압은 프랑스군이 제 발로 함정에 걸어 들어온 것을 놓치지 않았고, 결전을 준비했다.

디엔비엔푸 북쪽의 라이쩌우(Lai Chau)를 공격한 베트민군은 디엔비엔푸로 철수한 프랑스군을 쫓아 진공했다. 무기를 머리에 이고 등에 지고 끌면서, 험준한 산을 넘고 밀림을 헤치고 물을 건너 디엔비엔푸로 진격한 베트민군은 마침내 디엔비엔푸를 포위하는 데에 성공했다. 비행기가 아니면 들어갈 수도 나올 수도 없는 디엔비엔푸에는 1만 6천 명의 프랑스군이 주둔해 있었고, 3단계로 총공세를 펼친 베트민군은 1954년 5월 7일 마침내 디엔비엔푸의 프랑스군 지휘소를 점령했다. 5천여 명의 프랑스군이 전사했고 1만 1천 명은 포로가 되어야 했다. 미군은 CIA가 비밀리에 운영하는 에어아메리카를 동원해 프랑스 공수부대를 디엔비엔푸로 수송하는 등 지원을 아끼지 않았지만 이 처참한 결과를 막을 수는 없었다. 프랑스 본국이 디엔비엔푸에서의 패전으로 달아오른 냄비처럼 뜨거워진 것은 당연한 일이었다. 더욱이 1만 명이 넘는 포로가 보응우옌지압의 손에 넘어가 있었다. 프랑스의 좌파들은 인민전선의 경험을 되살려 한 목소리로 프랑스의 제국주의 전쟁을 비난하고 나섰다. 마침내 프랑스는 인도차이나에서 발을 빼기로 결심했다. 프랑스에게 이 전쟁은 얻을 것은 없고 오직 잃을 것밖에 없는 전쟁이었다. 1954년에 이르러서야 프랑스는 그 점을 뼈저리게 깨달을 수 있었다.

1954년 디엔비엔푸에서 패주하는 프랑스군 1954년 베트민은 마침내 프랑스를 패퇴시켰다. 제네바협정은 그들에게 첫 시험대였다. 이 협정에서 베트남은 북위 17도 선의 분단과 2년 후의 통일총선에 합의했다. 그로써 베트남은 한반도에 만들어진 피의 궤적을 그대로 따라가기를 선택했다. 1945년 한반도는 북위 38도 선을 경계로 분단되었으며 통일총선은 1948년 5월 남한의 단독선거를 계기로 물거품이 되었다. 1948년 8월 15일 남한에 단독정부가 수립되었고 9월 9일에는 북한의 단독정부가 수립되었다. 1950년 6월 15일 한국전쟁이 발발했다. 1953년 한국전쟁은 2백만 명 이상의 목숨을 빼앗은 채 휴전되었다. 1년 뒤인 1954년 베트민은 베트남의 분단과 통일총선에 합의했다.

프랑스가 디엔비엔푸라는 진흙 수렁에 빠져 허우적거리던 1954년 4월, 스위스 제네바에는 국제회담이 개최되었다. 의제는 '한반도와 인도차이나에 있어서의 평화 정착'이었다. 주요 참가국은 미국, 소련, 영국, 프랑스, 중화인민공화국, 조선민주주의인민공화국, 베트남국(프랑스 괴뢰국), 베트남민주공화국(베트민), 캄보디아, 라오스였다.

한반도에 있어서 평화 정착을 위한 논의는 휴전협정을 평화협정으로 발전시키는 문제에 있어서 결론을 얻지 못했다. 디엔비엔푸가 함락된 5월 7일 이후 뜨겁게 진행된 인도차이나에 있어서의 평화 정착은 휴전과 정치적 합의를 명시한 3개의 협정을 체결하는 데에 이르렀다. 합의된 주요 내용은 베트남·캄보디아·라오스에서의 적대적 행위의 중단, 북위 17도 선을 경계로 베트남의 남북을 분단한 후 1956년 7월 남북 통일 총선거의 실시 등이었다. 협정에 따라 프랑스군은 캄보디아와 라오스에는 요청이 없는 한 군대를 주둔시킬 수 없었지만, 베트남에는 제한된 지역이나마 병력을 주둔시킬 수 있었다. 그러나 프랑스는 전혀 그럴 의사가 없었다. 국내적으로 알제리 문제가 더욱 시급했으며, 10년을 계속해온 인도차이나에서의 전쟁을 더는 끌고 싶지 않았다. 1955년 5월 15일을 기해 프랑스군은 인도차이나에서 완전히 철수했다. 다음 날인 5월 16일 베트민군은 남부에서 북부로 철수했다.

미국은 회담에 참가했던 9개국과 달리 1954년의 제네바협정에 결국 서명하지 않았고 협정에 구애받지 않겠다는 입장을 분명히 했다. 그럼에도 불구하고 "협정에서 정한 합의사항들을 무력으로 바꾸지 않겠다"는 입장을 발표했지만, 인도차이나에 있어서의 평화 정착에 대한 미국의 불편한 심기와 불만을 그대로 드러낸 것이었다. 협정에 서명하지 않은 것은 미국뿐 아니라 베트남국(남베트남)도 마찬가지였다.

　미국에 체류하고 있던 응오딘지엠(Ngo Dinh Diem)은 1954년 6월 귀국한 뒤, 제네바협정이 체결된 후 베트남국의 수상에 취임하고 전권을 위임받았다. 응오딘지엠은 프랑스의 완전한 허수아비였던 바오다이와는 달리 프랑스가 아닌 미국의 이익을 대변하고 있었다. 같은 해 10월 미국을 방문한 응오딘지엠에게 아이젠하워는 전폭적인 원조와 지원을 약속했다.

　제네바협정은 일시적이라는 단서가 붙기는 했지만 베트남의 '분단'을 명시한 것이었다. 그것은 당시의 누구에게도 완전히 낯선 사태는 아니었다. 1945년 해방과 함께 소련군과 미군이 진주한 한반도는 사실상 분단으로 나아가고 있었고, 1948년 남북한의 단독 선거와 정부 수립에 따라 통일정부 수립이 수포로 돌아가면서 결국 전쟁으로까지 치달았던 것이다. 만약 호치민이 제네바협정이 정한 1956년 통일 선거를 통해 베트남을 통일시킬 수 있다고 믿었다면, 그것은 한반도가 피로 증명한 사실을 외면한 것이었다. 또한 호치민이 북부를 확실히 장악하기 위해 협정에 서명한 것이라면, 남부를 외면한 것이었다. 호치민은 명백하게 김일성의 뒤를 따라가고 있었다(남베트남민족해방전선은 뒤늦게 1960년 결성되었지만, 아마도 태중에 결정된 운명은 1954년에 예비된 것이며 그건 한반도의 남로당과 크게 다른 것이 아니었다).

　1955년 10월 응오딘지엠은 미국의 지원 아래 단독 선거를 통해 베트남공화국의 수립을 선포하고 대통령에 취임했다. 이미 1954년 2월 7백 명 규모로 군사고문단을 확대하고 있던 미국은, 1955년부터 남베트남군의 조직과 훈련에 개입하고 있었다. 이로써 미국은 인도차이나에 직접적이고 전면적인 개입을 시작했다.

1950년대 말에 이르기까지 분쟁은 노골화되지 않았다. 이 시기 동안 남과 북은 공히 체제 굳히기에 몰두하고 있었다. 베트남노동당은 1955년 휴전 직후 북베트남에서의 급속한 개혁에 착수했다. 1945년 호치민이 그토록 내세우기를 꺼려했던 토지개혁이 이번에는 그야말로 급진적으로 단기간 내에 이루어졌다. 그 폐단은 심각한 것이어서 농촌 지역에서는 5만 명에 달하는 지주들이 살해되는 결과를 초래했다. 도시 지역에서는 인텔리들이 농촌의 협동농장으로 보내지는 등 내용적으로는 급진적 사회주의 개혁이 빠른 속도로 이루어졌다. 분단 상황에서의 이런 급진적 사회주의화는 당연히 남부로의 피난 행렬을 급증시켰다. 휴전 후 1년 동안 무려 90만 명에 달하는 피난민들이 남부로 쏟아져 들어갔다. 지주, 가톨릭 신자, 지식인, 자본가, 소자산가였던 이들은 고스란히 남부에서 미국과 응오딘지엠 독재정권의 튼튼한 버팀목 역할을 했다. 이 또한 한반도가 1945년 이후 실증했던 바였다.

1955년에서 1959년에 이르기까지 베트남노동당이 북부에서 진행했던 일련의 실험들은 중국의 경험을 답습한 것으로, 그다지 성공적인 것이 아니었다. 특히 농업을 비롯한 경제 분야에 있어서 빈곤이라는 문제를 해결할 조짐조차 보이지 못했다. 서투른 사적 부문의 철폐와 국영화, 농업의 협동화 등은 생산성 악화를 초래했고, 급진적 정책들은 경제발전과 국가관리에 필요한 인력들을 남부로 쫓아내고 있었다. 노동당 조직은 단기간 내에 50만 명에 이를 정도로 급격히 확대되고 있었지만, 기실 1955년 이후 국가경영을 지도했던 베트남노동당은 1930년의 인도차이나공산당 이래 통킹 북부에서의 소규모 해방구에 대한 경험을 예외로 한다면 오직 전쟁에만 복무하던 조직이었다. 이 점에 있어서는 중국공산당도 사정이 크게 다르지는 않았지만, 중화인민공화국은 분단된 국가가 아니었다. 대만은 이미 본토에서 쫓겨나간 장가이섹의 국민당 잔당들만으로도 북적거릴 만큼 작은 섬이었다.

1954년의 제네바협정은 부득이한 선택이었다고 해도, 휴전보다는 그 이후가 중요한 협정이었다. 특히 한반도에서 진행된 일련의 순서들은 베트남으로서는 그대로 선행적인 경험이었으며, 휴전과 분단 이후 남베트남에서 어떤 일이 벌어질 것인지에 대한 예측은 그리 어려운 것이 아니었다. 그러나 유감스럽게도 1955년 이후 베트남노동당은 그 모든 것들을 진지하게 고민하지 않았거나, 또는 그럴 능력이 없었거나, 또는 그럴 의지도 없었다.

남베트남에서는 응오딘지엠 정권에 의한 반대 세력 탄압이 극심해졌다. 공산주의자와 사회주의자는 최우선의 탄압 대상이었으며 그 밖에도 정권에 위협적인 모든 세력들, 예컨대 카오다이, 호아하오, 불교 등의 종교 세력은 물론 각계각층의 민주 세력들을 탄압했다. 탄압은 자연스럽게 저항으로 이어졌고, 반미 · 반독재 민주 세력들의 다양한 투쟁이 촉발되었다.

• 다시 전쟁으로 •

1959년 베트남노동당은 호치민트레일의 건설에 착수했다. 이를 위해 인민해방군 산하에 제559수송단이 창설되었다. 호치민트레일은 국경을 넘어 라오스에서 남베트남의 사이공까지 향하는 군수물자와 병력의 보급로로, 이는 본격적인 전쟁 준비를 의미했다. 아마도 베트남노동당은 자신들이 가장 잘할 수 있는 일을 먼저 하기로 결정한 것이었다. 1954년 이후 베트남노동당의 좌편향 실책으로 취약해진 기반을 다지고 자신들의 권력을 강화하기 위해서는 전쟁만큼 적당한 방편이 없었다. 베트남노동당은 전시체제의 강화에 나섰다. 그건 미국 또한 원하는 바였다.

1960년 북베트남은 '남북 통일'을 명시한 새로운 헌법을 공표했다. 같은 해 12월 20일에는 남베트남민족해방전선(NLF, Vietnamese National Liberation Front)이 결성되었다. 민족해방전선은 응오딘지엠 정권과 미국에 반대하는 연합전선이었지만, 그것을 주도하고 조직한 것은 베트남노동당이었다.

미국 역시 화답했다. 1961년에는 미군 항공중대가 파견되었고, 미 군사고문단은 3천2백 명으로 늘어났다. 1962년 2월 사이공에는 남베트남군사원조사령부(MAC-V)가 실체를 드러냈으며 미국 대통령 케네디는 '베트남에 지상군을 파병하겠다'는 성명을 발표했다. 곧이어 6천 명의 미지상군이 남베트남으로 밀려들어왔다.

2차 인도차이나전쟁의 본격적인 시작이었다.

1968년 베트남, 피로 물든 설날

• 너무도 전형적인 미국의 괴뢰정권 •

1962년 존 F. 케네디의 결정으로 6천 명의 미 지상군이 (공식적으로는) 최초로 남베트남에 발을 딛었을 때, 세계의 그 누구도 베트남 민족이 자력으로 이들을 물리칠 수 있을 것이라고는 예상하지 못했을 것이다. 그도 그럴 것이, 2차대전 후 괴물로 등장한 미국은 한반도에서 이미 최강의 현대적 군사력을 증명한 바 있었다.

미국은 제네바협정을 준수할 의도가 전혀 없었고 실제로 단독 선거를 지원함으로써 이를 증명했다. 미국은 남베트남(나아가 베트남)에 강력한 친미 반공정권을 세움으로써 동남아시아 본토에 친미 반공의 전초기지를 만들고자 했으며, 공산화된 중국의 잠재적인 위협으로부터 동남아시아를 지키고자 했다. 그런 의미에서 인도차이나는 미국의 진정한 방위선이었다. 응오딘지엠 정권은 미국의 이런 이익에 절대적으로 복무했으며, 그럼으로써 지주·자본가계급의 절대적인 지지를 얻어냈다. 응오딘지엠 정권의 탄생은 마치 해방 후 미군정하에서의 남한의 경험이 복제되는 것과 같았다.

미국에 의해 베트남 역사상 최초로 민주적인 선거에 의해 집권한 인물로 치켜세워진 응오딘지엠은 진정한 의미에서 이승만의 복제품이었다. 1901년 가톨릭 집안에서 태어난 그는, 프랑스 식민지 치하에서 관리로서 스물다섯 살에 군수를 지내는 등 출세 가도를 달렸고, 1933년에는 프랑스의 꼭두각시 바오다이 황제의 정부에서 내무상을 지내기도 한 친불파였다. 1차 인도차이나전쟁이 시작된 후 1950년 미국으로 도피(또는 망명?)했던 그는, 1954년 베트남으로 돌아왔고 바오다이 정부의 수상으로 임명되었다. 우리에게 너무나도 익숙하게 느껴지는 이 인물은 이승만과 마찬가지로 미국에 의해 선택되어 금의환향한 것이었다. 응오딘지엠을 선택했던 아이젠하워는 그가 가톨릭을 배경으로 하고 있다는 점을 십분 고려했다. 프랑스가 가톨릭을 식민지 통치에 활용했던 것처럼 미국 역시 그 기반을 이용하기로 했다. 개신교를 배경으로 하고 있었던 이승만과 응오딘지엠의 가톨릭 배경은 활용 가치에 있어서 비교할 수 없었다. 남한과 달리 베트남에서 가톨릭은 프랑스 식민지 통치 아래 제일의 종교로서 국교와 다름없는 대우를 받고 있었다. 미국이 자신들의 이해를 대변할 수 있는 강력한 친미 반공 성향과 경력을 가지고 있으면서도, 동시에 일정한 정치적·대중적 기반을 갖출 수 있는 인물을 스카우트하고자 했을 때, 그건 어려운 일이 아니었다. 출신지인 훼 교구의 가톨릭 추기경을 형제로 두고 있으며, 식민지 정권의 관료로 출세의 길에 올랐고, 공산주의자를 혐오했던 응오딘지엠이란 이름의 베트남인이 미국의 수중에 있었다.

1954년 베트남으로 돌아와 바오다이 정부에서 수상으로 임명된 응오딘지엠은, 1955년 미국이 조종한 단독 선거에서 대통령의 자리에 올랐고, 미국의 지원 아래 확고한 실권자가 될 수 있었다. 1957년 아이젠하워는 미국을 방문한 응오딘지엠에게 '전폭적인 지원'을 약속함으로써 대내외적인 지지를 공식적으로 과시했다. 바로 그 지원을 기반으로 응오딘지엠은 남베트남의 체제 안정과 군사력 강화에 전력을 질주했다. 응오딘지엠 정권의 안정에는 북베트남에서 밀려 내려온 피난민들이 크게 기여했다. 대부분 가톨릭 세력이었던 이들 1백만에 달하는 피난민들은 빠르게 정권의 든든한 기반이 되었다. 응오딘지엠 정권은 남베트남의 공산주의 세력과 민족종교 세력의 일소에 나섰다. 특히 남베트남에서 강한 영향력을 갖고 있던 카오다이, 호아하오, 불교 세력을 탄압한 것은 이들 종교 세력들이 민족주의적 성향을 띠고 있었기 때문이었다. 물론 공산주의와 사회주의 등 좌익 세력 또한 더욱 무자비한 탄압에 직면해야 했다.

친미 독재정권의 기반 강화에 필수적인 무력에는 응오딘지엠의 비밀경찰이 동원되었지만 충분하지 않았다. 미국은 경찰이 아닌 강력한 군대를 원했다. 프랑스군의 철수 직후 미국이 틈을 비우지 않고 미 군사고문단을 증강한 이유 또한 그 때문이었다. 1954년 7월 제네바협정 후 베트남을 떠난 프랑스군에 뒤이어 미 군사고문단은 1955년 1월부터 이미 남베트남군의 훈련을 담당하고 있었다.

• 군부의 등장 •

프랑스군이 철수한 후 프랑스군이 조직했던 군대가 지리멸렬해진 후, 남베트남의 가장 강력한 무장조직은 경찰과 사병이었다. 경찰은 마약과 도박, 매춘 등에 관계하면서 일종의 특권계층을 형성하고 있었다. 카오다이와 호아하오와 같은 종교 세력들 역시 사병을 조직하고 있었다. 이들은 모두 미국과 응오딘지엠이 원하는 무력이 아니었다. 사업에 눈이 밝은 경찰 조직은 상대가 호치민이라고 해도 돈이 된다면 마다하지 않는 불철저한 조직이었고, 카오다이와 호아하오와 같은 세력은 민족적 성향을 강하게 띠었으며 동시에 가톨릭을 배경으로 하는 응오딘지엠과 개신교 국가인 미국의 정책에 쉽사리 참여하지 않을 세력이었다. 응오딘지엠은 사이공 경찰서장인 레반비엔을 처형하고, 카오다이와 호아하오의 무장조직들을 탄압하는 도구로 이제 막 탄생한 남베트남 정부군을 동원했다. 결과는 성공적이었고 군부의 육성에 대한 필요성을 직접적으로 웅변했다.

미국의 전폭적인 지원을 후광으로 남베트남군은 유일한, 최강의 권력으로 급속하게 성장할 수 있었다. 그러나 미국과 응오딘지엠 정권이 그토록 심혈을 기울여 육성하고 있었던 군부가 정작 응오딘지엠 자신에게는 비수가 되어 돌아오고 있었다. 1959년 말, 브엉반동(Vuong Van Dong) 대령의 쿠데타 음모가 적발된 것은 그 예고편이었다.

1960년에 접어들면서 북베트남은 남베트남에 대한 군사적 공격을 강화하기 시작했다. 민족해방전선이 결성되었으며 남베트남의 농촌 지역과 밀림 지역을 거점으로 한 마오쩌둥식 게릴라전쟁이 본격화되기 시작했다. 미국은 이에 맞서 남베트남군에 대한 지원을 더욱 확대하고 군사고문단을 대폭 증강했다. 1962년 마침내 존 F. 케네디가 미 지상군의 남베트남 파병을 실천에 옮겼을 때, 응오딘지엠은 이미 용도가 폐기된 인물이었다. 1955년 이래 일관된 억압정책으로 정권에 대한 민중적 불만은 높아져 있었고, 민족·민주 세력에게 있어서 응오딘지엠 정권은 일차적인 표적이었다. 미국은 더욱 강한 정권 즉, 군부 독재정권을 원했고, 이런 미국의 속내는 누구보다 남베트남 군부가 정

불교 승려 틱꽝득의 분신 1963년 6월 불교 승려 틱꽝득의 분신은 남베트남 응오딘지엠 정권의 파멸을 예고하는 조종(弔鐘)이었다. 응오딘지엠의 독재는 남베트남에서 광범위한 저항에 직면하고 있었다. 틱꽝득의 분신은 1963년 11월 응오딘지엠의 실각으로 이어졌지만, 친미 응오딘지엠을 대신한 것은 친미 군부 세력이었다. 그것은 단지 손 바꿈일 뿐이었다.

확하게 읽어내고 있었다.

응오딘지엠 정권은 파멸의 길을 향해 치닫고 있었다. 미국이 파병을 결정한 다음 달, 남베트남 공군기가 대통령궁을 폭격하는 사건이 터졌다. 1963년 6월에는 불교 승려인 틱꽝득(Thich Quang Duc)이 사이공 시내에서 분신을 결행했고, 전세계로 타전된 이 사건은 남베트남을 뒤흔들어놓았다. 남베트남 전역은 대대적인 저항의 불길에 휩싸였다. 1963년 11월 1일 즈엉반민(Duong Van Minh)이 주도한 군부쿠데타가 일어났고 응오딘지엠은 호송 중에 누군가(?)의 손에 살해되었다. 권력은 베트남 최초의 민주적인 선거로 집권했다는 응오딘지엠에서 군부의 손으로 넘어갔다. 1960년 4월 19일의 혁명으로 독재자 이승만이 하와이로 쫓겨난 후, 1962년 5월 16일 육군 소장 박정희가 쿠데타를 일으킨 이듬해였다.

• 본격적 전쟁 •

1963년 응오딘지엠의 축출 및 살해 후, 남베트남은 심각한 정치적 불안에 빠져들었다. 응오딘지엠의 집권 기간 동안의 억압적 통치에 대한 민중적 불만이 고조되기도 했지만, 무엇보다 민족해방전선이 본격적인 게릴라 투쟁에 나서면서 남베트남은 전시 상태와 다를 바 없는 형국으로 빠져들고 있었다. 응오딘지엠 정권의 축출과 군부독재정권의 성립은 이 같은 정치적·군사적 상황을 무력으로 극복하려는 측면이 강했지만, 군부가 전면에 나선 후에도 상황은 호전되지 못했다.

한편, 북베트남과의 전쟁은 격화일로를 걸었다. 미 지상군의 파병

1966년 미 공군의 북베트남 폭격 한국전쟁에서 증명된 융단폭격의 위력은 2차 인도차이나 전쟁에서 베트남과 캄보디아, 라오스를 불바다로 만들었다. 미군은 인도차이나에서 1,899,688회의 폭격기 출격으로 6,727,084톤의 폭탄을 퍼부었다. 2차대전에서 사용되었던 270만 톤의 2.5배에 달했다. 캄보디아에서의 불발 폭탄 제거를 위하여 미 공군이 제공한 컴퓨터 데이터베이스의 분석결과에 따르면 캄보디아를 대상으로 이루어진 미군의 비밀폭격은 23만 회 출격에 폭격지는 113,716곳에 이르고 있으며 투하한 폭탄의 총량은 2,756,941톤이었다.

이후 미국의 전쟁 노선은 도발적이었다. 1964년 8월, 미 구축함이 북베트남 어뢰정의 공격을 받았다고 날조해 대대적 폭격을 감행한 통킹만 사건을 신호탄으로 이른바 길고 긴 북폭(北爆)이 시작되었다. 마침내 북베트남 또한 전쟁의 참담한 수렁으로 직접 빠져 들어가고 있었다. 한반도를 초토화시켰던 융단폭격이 북베트남 전역을 유린했으며 고엽제가 밀림을 황폐화시켰다. 그렇지 않아도 허약해진 농업은 전쟁과 전시 동원으로 붕괴 직전이었다. 확실히 미국은 천문학적 액수의 달러로 이 전쟁을 머지않은 시기에 끝장내고 베트남 전역을 손에 넣을 수 있을 것이라고 믿었다. 아니, 지나치게 빨리 끝나는 것을 바라지도 않았다. 2차대전 후 미국은 대통령의 암살까지 마다하지 않았던 군산복합체의 왕국이었으며, 전쟁으로 양분을 취하는 자들이 지배하는 흡혈귀 국가였다. 베트남은 미국 군산복합체에게 포연이 향긋한 금고로 여겨졌다.

1965년에는 이른바 '자유진영 국가'들이 참전을 선언했다. 대부분은 정치적, 외교적 의미 이상이 되기는 힘들었지만 남한만큼은 예외였다. 1965년 1개 사단을 파병한 남한은, 이듬해인 1966년 다시 병력을 증강했고, 1973년 베트남에서 철수할 때까지 군사적으로 특별한 의미를 가질 만한 병력을 유지하고 있었다.

• 민족해방전선 •

전쟁은 유의미한 전선(戰線)을 갖고 있지 않았다. 북폭과 게릴라 투쟁은 베트남 전역을 전선으로 만들었다. 특히 남베트남에서는 민족해방전선의 게릴라 투쟁으로 완전히 전선이 실종된 전쟁이 벌어지고 있었다. 1960년 12월 결성된 민족해방전선은 북베트남의 절실한 필요 때문에 조직되었지만, 시간이 지날수록 세력을 확장하면서 그야말로 광범위한 연합전선 투쟁체로 발전할 수 있었다. 1960년대 중반에 이르면 민족해방전선은 공산주의자들뿐 아니라 민족주의자들까지를 포괄하는 명실상부한 연합전선이 되어 있었다. 이들이 주력했던 것은 군사적 투쟁으로서의 게릴라전뿐만 아니라 다양하고 일상적인 정치적 활동이었다. 남베트남 전인구의 85%를 차지하는 농민들에게 있어 민족해방전선은 자신들을 대변하는 유일한 정치적 조직이었다. 1964년 미국 공보원은 남베트남의 전체 촌락 중 45%가 민족해방전선의 영향력 아래 있다고 밝혔다. 이 수치는 1962년부터 시작된 미군의 전략촌작전(strategic hamlet)이 완전한 실패로 돌아갔음을 자인하는 것이었다. 1961년에서 1968년까지의 이른바 인민전쟁(People's War)에서 민족해방전선이 거두었던 혁혁한 성과는 이처럼 광범위한 민중적 지지에 힘입은 것이었다. 빨치산이 지리멸렬하고 괴멸의 길을 걸었던 한국전쟁과는 너무도 다른 상황이었다. 마침내 미군은 장가이섹의 고통과 번뇌를 진정으로 이해할 수 있었다.

1965년 미군에 의한 전쟁의 확대는 민족해방전선에 대한 군사적, 정치적 섬멸이 실패로 돌아간 후 이루어진 것이었다. 1965년 미군은 최초의 지상군 전투부대를 다낭에 상륙시켰고 한국군을 비롯한 소위 자유진영의 지상군 병력을 남베트남에 파병시켰다. 12월 말이 되자 미 지상군 병력은 18만 5천 명에 달했으며, 1966년에는 30만 명을 넘어섰다. 미군은 북베트남 정규군과도 전투를 벌이기도 했지만 대개는 남베트남의 민족해방전선과 싸워야 했다. 미군의 일차적인 목표는 남베트남을 안정화시키는 것이었다.

전쟁 기간 동안 미군은 2차대전에서 사용된 폭탄의 3배에 가까운 막대한 양의 대부분을 북베트남 전역에 퍼부었다. 그 본격적인 시작은 1965년이었다. 북베트남에 대한 야만적인 폭격은 남베트남의 민족해방전선에 대한 지원의 철회를 강요하는 군사적 압력과도 같은 것이었다. 미군은 또한 이른바 수색·섬멸 작전(search and destroy)을 대대적으로 전개해 민족해방전선의 세를 위축시키고자 했지만 별다른 성과를 거두지는 못하고 있었다. 그러나 확대·심화된 미군의 북폭은 북베트남으로서는 점차 고통스러운 것이 되었다.

· 1968 구정공세 ·

1968년 1월 31일 저녁 사이공을 비롯해 남베트남의 주요한 36개 도시들에서 일제히 무장봉기가 시작되었고, 북베트남 정규군 병력 역시 비무장지대(DMZ)를 넘었다. 구정공세(Tet Offensive)로도 알려진 이 무장봉기를 계획한 것은 북베트남이었고 최고책임자는 디엔비엔푸전투에서의 영웅이었던 보응우옌지압이었다. 물론 죽음을 목전에 두고 있었지만 호치민 역시 이 군사작전을 승인했다.

북베트남 정규군이 참여하기는 했지만 봉기의 실질적인 주체는 민족해방전선이었고, 해방전선은 모든 역량을 집중했다. 봉기의 하이라이트는 사이공과 케산, 그리고 훼였다. 결론부터 말한다면 봉기는

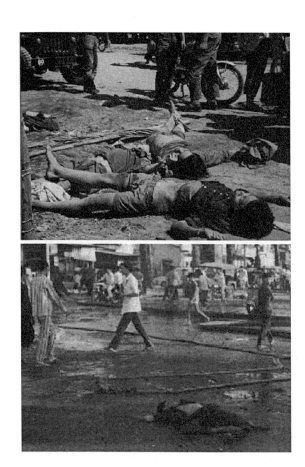

1968 구정공세 당시의 사이공 1968년 북베트남과 남베트남민족해방전선의
구정공세는 2차 인도차이나전쟁의 분수령이었다. 1968년 이후 미국은 평
화협정으로 끌려나왔고 결국 1970년 철군을 시작한다. 그러나 구정공세는
군사적으로는 완전히 실패한 전투였다. 이 공세로 남베트남 민족해방전선
은 궤멸 직전의 처지로까지 내몰려야 했다. 실패한 군사적 공세가 승리로
이어지는 데에는 미국과 전세계에서 벌어진 격렬한 반전운동이 결정적으
로 기여했다.

성공하지 못했다. 4만 명의 북베트남 정규군의 공격으로 시작되었던 비무장지대 인접의 케산전투는 북베트남 병사 1만여 명이 전사하고 패퇴하는 것으로 끝났다. 미군 전사자 수는 5백 명이었다. 사이공의 봉기는 2월 5일에야 실패로 돌아갔지만 대단한 정치적 성과를 거둘 수 있었다. 특히 해방전선 게릴라들의 미국대사관 점령은 전세계에 센세이션을 불러일으킬 수 있었다. 미군은 폭격기까지 동원해 사이공의 봉기를 진압했으며, 이 과정에서 1만 5천 명의 민간인들이 사망했다. 중부 도시이며 한때 훼 왕조의 수도였던 훼의 경우는 더욱 극적이었다. 2월 1일 민족해방전선은 훼를 해방구로 만들었고, 2월 25일까지 버틸 수 있었다. 케산과 달리 시가전 양상이었던 훼전투에서는 민족해방전선 5천여 명, 미군 142명, 남베트남 정부군 450여 명이 전사했다. 구정공세 기간을 통틀어 4~5만으로 추산되는 민족해방전선 조직원들과 북베트남군 병사가 전사했고, 미군 1,864명, 남베트남 정부군 4천여 명이 전사했다. 결산에 있어서 남베트남 전역을 피로 적신 구정공세는 이처럼 군사적으로는 완벽한 실패였다.

물론 이 점에 대해서 다른 의견들이 더 많다. 그 중의 하나는 이 봉기를 계획하고 시달했던 보응우옌지압이 직접 제출하고 있다. 전쟁이 끝난 후 20여 년이 지나서 하노이를 찾아 보응우옌지압을 만났던 미국인 기자들에게 그는 구정공세의 성과를 군사적으로만 평가하는 것은 잘못된 것이라고 말하면서, 정치적·역사적 의의를 살펴야 한다고 조언했다. 그의 이런 의견은 1968년 구정공세 후 미국 내에서 고조된 반전 여론과 이를 계기로 미국의 베트남전쟁에 대한 노선이 '전쟁의 베트남화'로 선회한 것을 염두에 둔 것으로 보인다.

그러나 군인인 보응우옌지압은 구정공세에서 두 가지를 목표로 하고 있었다. 최소한의 목표는 북베트남에 대한 미군의 북폭을 중단시키는 것이었고, 최고의 목표는 베트남에서 미군을 몰아내고 남북을 통일하는 것이었다. 현실적으로 보응우옌지압의 목표는 최소한의 목표에 머물렀을 것이다. 그렇다면 보응우옌지압에게도 구정공세는 실패한 작전이었다. 미국은 구정공세 후에도 북폭을 중단하지 않았다. 잠시 부분적인 단폭을 발표하기도 했지만, 오히려 북베트남은 구정공세 후 1973년에 이르기까지 전례 없는 미군의 맹폭에 시달려야 했다. 뿐만 아니라 이 무모한 봉기로 4~5만 명의 전사들을 잃어야 했던 민족해방전선은 그야말로 회복할 수 없는 타격을 받아야 했다. 공개적인 봉기로 인해 비밀스럽게 유지되었던 조직의 근간이 노출되었고, 무엇보다 군사력에 결정적인 타격을 입어야 했다. 민족해방전선은 구정공세 이후 활동의 침체기에 빠져 들어갔으며 이전과 같은 모습을 다시는 보여주지 못했다.

그럼에도 불구하고 1968년 구정공세가 베트남전쟁에 있어서 중요한 전기를 마련한 것은 부인할 수 없는 사실이다. 미국 내의 반전 여론이 들끓기 시작했으며 대중들은 전쟁을 비판적으로 보기 시작했다. 3월 7일 베트남 주둔 미군 사령관인 웨스트모어랜드는 구정공세 후 20만 명의 미군 증파를 요구했지만, 3월 17일 대통령 존슨은 3~5만 명만을 증파할 것이라고 발표했다. 전쟁 주도 세력들은 정치적으로 위기에 빠졌다. 진정한 터닝포인트는 미국과 세계의 반전운동이 1968년을 기점으로 클라이맥스를 향해 치달음으로써 마련되었다. 1964년 고작 수백 명이 모이던 미국 내 반전운동 집회는 1968년을 거치면서 대규모로 발전하기 시작했고, 1968년 혁명을 거치면서 유럽과 남미, 아시아, 아프리카 등지에서 베트남전쟁을 반대하는 시위가 세계적 차원에서 조직되기 시작했다. 미국의 군산복합체와 그들의 이익을 대변하는 전쟁 세력들은 미국에서 불타오르고 있는 광범위한 대중적 반전운동과 세계 각지에서 터져 나오고 있는 반전운동의 압력에 직면해 전술을 수정하지 않을 수 없었다.

물론 1968년 전세계를 휩쓸었던 혁명은 베트남에서의 구정공세로 인해 촉발된 것은 아니었다. 그러나 68혁명은 구정공세의 군사적 실패로 인해 심각한 타격을 받아야 했던 북베트남과 남베트남의 민족해방전선, 나아가 베트남 민중의 해방운동을 결정적으로 지원하는 결과를 낳았다. 물론 더욱 중요한 사실은 베트남 민중이 결코 투쟁을 포기하지 않았다는 점이다. 베트남전쟁은 미국과 세계의 진보적 운동의 뜨거운 이슈로 등장했고, 마침내 베트남 민중의 반제국주의 해방투쟁은 군사적으로는 결코 승리할 수 없었던 전쟁의 터널 끝에서 한 줄기 빛이 흘러들어오고 있는 것을 발견할 수 있었다.

1970년 7월 미군은 1개 사단을 시작으로 베트남에서 철수하기 시작했다. 1973년 1월 23일 평화협정이 조인되었고 미군은 베트남에서 완전히 철수했다. 1975년 4월 30일 북베트남군과 민족해방전선은 사이공을 함락했다.

시하누크와 캄보디아, 그리고 베트남

2004년 10월 7일 시하누크(Norodom Sihanouk) 캄보디아 국왕이 퇴위했다. 당시 외신은 베이징에 머물고 있는 시하누크 국왕이 아들인 라나리드 국회의장에게 보낸 서한에서 이미 자신이 퇴위했다고 밝혔으며, 훈센의 인민당 당수이며 국가수반인 체아심에게는 국왕으로서의 모든 업무를 정지했다고 밝힌 서한을 보냈다고 전했다. 1991년 평화협정과 1993년의 총선 후 제정된 캄보디아의 입헌군주제 헌법은 국왕의 퇴위를 허용하지 않고 있다. 국왕은 죽음을 통해서만 그 자리에서 물러날 수 있다. 그런데도 시하누크는 여러 차례 퇴위 의사를 표명했고, 결국 자리에서 물러났다. 직접적인 계기는 2003년 총선 이후의 정치적 상황에 대한 불만과 우려 때문이었다. 그러나 1997년 훈센의 쿠데타 이후 정치적 영향력이 현저히 약화된 그의 퇴위를 건 협박은 별다른 효과를 거두지 못해왔다. 시하누크의 퇴위 선언은 마지막 항거이자 도박이었다.

지병인 결장암으로 지난 10여년 간 투병하고 있는 시하누크는 이미 죽음을 눈앞에 두고 있다. 반세기 동안 캄보디아의 고통스럽고 지난했던 현대사에서 단 한순간도 투쟁하지 않은 때가 없었던 이 왕족 출신의 정치가는 세계가 인정하는 시대적 인물이었다. 그가 역사의 뒤안으로 사라지는 순간, 캄보디아의 현대사는 그야말로 한 세기와 이별을 고하게 될 것이다.

1941년 18세의 어린 노로돔 시하누크에게 왕위를 선물한 것은 프랑스 제국주의였다. 베트남의 바오다이와 다를 바 없는 꼭두각시 왕으로 추대된 것이었다. 그러나 시하누크는 프랑스가 기대했던 인물로 성장하지는 않았다. 10년 뒤 청년 시하누크는 프랑스에 맞서 유럽과 미국을 돌며 캄보디아의 독립을 주창했고, 별다른 호응을 얻지 못하자 1952년 앙코르와트가 있는 시엠리아프에서 망명을 선언하는 것으로 프랑스와 투쟁했다. 1953년 프랑스는 캄보디아의 독립을 인정했다. 국왕보다는 정치가가 되기를 원했던 시하누크는 1955년 왕위를 아버지인 노로돔 수라마리트에게 물려주고 자청해 퇴위했다. 이후 그는 시하누크 왕자라고 불리며 험난한 캄보디아 현대사의 주역으로 반세기를 보냈다.

　이 야심만만한 권력 지향의 정치인 시하누크는 국내 정치에 있어서 반대 세력에 대한 탄압을 서슴지 않는 철권통치를 선호했다. 그런 점에서 그는 의회제를 받아들였지만 여전히 왕이었다. 그의 정적은 민주당으로 대변되는 신흥 부르주아 세력이었으며 그들을 견제하기 위해 시하누크는 좌파를 가까이하기도 했다. "나의 공산주의자들"(Mon Khmer Rouge)은 그런 시하누크의 좌파 공산주의자들에 대한 애칭이었으며 후일 크메르루주의 어원이 되기도 했다. 시하누크는 후일 크메르루주의 지도자가 되었던 키우삼판과 호우유온, 후님과 같은 공산주의자들을 내각과 의회에 등용하기도 했다. 그러나 1962년 캄푸치아노동당의 서기장인 토우사모스의 (시하누크의 비밀경찰의 소행으로 여겨지는) 실종으로 폴포트가 신임서기장에 임명되고, 그가 호감을 표시했던 프랑스 유학파 공산주의자들이 실권을 장악하면서 시하누크 정권

1950년대의 시하누크 노로돔 시하누크. 인도차이나의 근현대사를 증명하는 인물이다. 프랑스 식민지 보호령인 캄보디아에서 꼭두각시인 왕이 되었지만 청조의 푸이(溥儀)와 같은 인물은 아니었다. 독립을 위해 프랑스에 대항했고 독립 후에는 왕위를 아버지에게 물려주고 자신은 왕자가 되어 정치인이 되고자 했던 시하누크는 근대적 인물이었다. 비동맹 운동의 주창자이기도 했던 시하누크는 미국이 사주한 론놀 쿠데타 후 미국과 싸웠고, 크메르루주 시대에는 연금 신세를 면치 못했으며, 베트남의 침공 뒤에는 다시 베트남과 싸웠다. 평화협정 뒤의 총선에서 자신이 만든 푼신펙이 승리하는 것을 보았지만 훈센의 쿠데타를 겪어야 했다. 늙고 병든 그는 더 이상 싸울 수 없는 처지가 되었지만, 여전히 고통스러운 캄보디아의 근현대사를 증언하고 있다.

에 대한 투쟁이 본격화되자, 시하누크 역시 공산주의자들에 대한 본격적 탄압으로 대응했다. 그런 가운데 베트남노동당은 폴포트의 캄푸치아노동당보다 시하누크를 선호했다. 1966년 캄푸치아공산당으로 당명을 바꾼 캄보디아 공산주의자들은 베트남노동당과 결별하다시피하고 독자적인 투쟁을 펼치기 시작했다.

한편, 전후 세계질서의 재편에 있어서 시하누크는 비동맹운동의 주창자이기도 했다. 1954년 제네바회담 이후 1955년 인도네시아에서 열린 반둥회의(아시아아프리카회의)에서 시하누크는 주도적 역할을 자임했고 비동맹노선을 천명했다. 그럼에도 불구하고 같은 시기 시하누크는 미국과도 우호적인 관계를 맺었으며, 군사원조협정에 서명했고, 미 군사고문단을 프놈펜에 불러들이기도 했다. 경제적 원조 또한 시작되었다. 시하누크가 원했던 것은 달러였다. 1960년대 초 미국의 군사원조는 캄보디아 국방비의 30%를 차지했으며 미국의 원조는 총국가예산의 14%를 차지할 만큼 성장하고 있었다. 그러나 시하누크 정권과 미국과의 불화는 그만큼 심화되어가고 있었다. 격화일로에 접어든 북베트남과의 전쟁에서 미국은 캄보디아를 후방기지로 활용하고자 했지만 비동맹노선의 시하누크는 이를 받아들이지 않았다. 1963년 남베트남과 외교적 관계를 수립한 시하누크는 이듬해 북베트남과도 동일한 협상을 천명하는 등 줄타기를 시작했다. 반미로 선회한 시하누크 정권은 북베트남에 군수물자 루트인 시하누크트레일을 제공했고, 캄보디아는 1969년 6월에는 이제 막 구성된 남베트남임시혁명정부(PRG, Provisional Revolutionary Government)를 인정한 최초의 국가가 되었다. 시하누크는 또 같은 해 호치민의 장례식이 열린 하노이에 등장한 유일한 외국 국가수반이기도 했다. 그 결과는 1970년 3월 CIA가 배후조종한 론놀의 쿠데타였다.

1970년 시하누크의 외유를 틈타 벌어진 론놀 쿠데타 이후 시하누크는 베이징으로 망명했고, 저우언라이의 중재로 캄푸치아공산당과 함께 임시정부를 수립하고 미국과 론놀 정권에 맞서 투쟁했다. 국내에서의 군사적 투쟁은 캄푸치아공산당, 즉 크메르루주가 주도했다. 시하누크가 캄푸치아공산당과 연합전선을 형성함으로써 크메르루주의 세력은 빠르게 성장할 수 있었다. 시하누크의 망명 생활은 대부분 베이징과 평양을 오가면서 이루어졌다. 1972년 평양을 방문한 시하누크를 김일성 주석은 열렬히 환대했고 이후 양자는 돈독한 관계를 유지했다 (1979년 북한은 중국, 유고와 함께 베트남의 캄보디아 침공을 비난했던 몇 안 되는 나라 중의 하나였다).

1975년 크메르루주의 프놈펜 함락과 해방은 시하누크의 승리이기도 했지만 그보다 캄푸치아공산당의 승리였다. 망명지에서 프놈펜으로 돌아온 시하누크는 국가수반의 자리에 올랐지만 명목만의 자리라는 것을 깨닫기에는 오랜 시간이 필요하지 않았다. 시하누크에게는 망명보다 고통스러운 세월이었다. 1976년 시하누크는 국가수반의 자리를 키우삼판에게 양도하고 프놈펜의 왕궁에서 연금과 다름없는 생활에 들어갔다. 식량조차 제대로 공급되지 않아 왕비와 함께 뜰에서 바나나를 가꾸어야 했던 세월이었다. 그러나 그리 오랜 세월은 아니었다. 1978년 12월 25일 10만의 베트남군이 캄보디아를 침공함으로써 민주캄푸치아는 붕괴되었다. 1979년 1월 아직 프놈펜이 함락되기 전 베트남 특공대가 시하누크를 구출하기 위해 투입되었지만 실패했다. 시하누크를 괴뢰정권의 수반으로 세우기 위한 것이었지만, 성공했다고 해도 베트남의 의도대로 되지는 않았을 것이었다. 폴포트의 주선으로 프놈펜 함락 직전 비행기 편으로 베이징으로 날아간 시하누크는 베트남의 침공을 격렬하게 비난하고 투쟁을 선언했다. 두번째의 망명에서도 역시 시하누크는 캄푸치아공산당과의 연합을 선언했으며 서북부에서의 폴포트와 크메르루주의 게릴라 투쟁을 지원했다. 그는 민족주의자였다.

5년 만에 끝난 첫번째 망명과 투쟁과는 달리 두번째 망명은 13년이 지난 1991년 평화협상이 시작되면서 마침표를 찍을 수 있었다. 협상에는 베트남과 함께 캄보디아의 네 개 정파가 참여했다. 폴포트의 크메르루주, 손산의 크메르인민민족해방전선(KPNLF, Kmer People's National Liberation Front), 캄푸치아인민공화국에서 이름을 바꾼 훈센의 캄보디아국(State of Cambodia) 그리고 노로돔 시하누크가 이끄는 푼신펙(FUNCINPEC; 독립·평화·중립·협력 캄보디아를 위한 민족연합전선)이었다. 이들 중 푼신펙과 인민민족해방전선은 베트남 침공 이후 폴포트의 주도로 구성되었던 민주캄푸치아연합정부(CGDK, Coalition Government of Democratic Kampuchia)에 참여한 정파들이었다. 하나의 친 베트남 세력과 세 개의 반 베트남 세력이 머리를 맞댔다. 일부에서는 괴뢰정권의 수상인 훈센의 축출이 선행되어야 한다고 주장했지만 베트남의 비타협적인 반대로 성사되지 못했다.

시하누크는 평화협정이 체결된 1991년 프놈펜으로 돌아왔다. 평화협정이 명시한 1993년의 총선은 폴포트가 보이콧한 가운데 시하누크의 아들인 라나리드 왕자가 이끄는 푼신펙이 승리했지만, 결과는 2당인 훈센의 캄보디아인민당과의 연정의 수립이었다. 라나리드와 훈센은 각각 1총리와 2총리로 전면에 나섰다. 베트남 괴뢰정권의 계승자인 인민당과 훈센의 득세는 시하누크에게는 고통이자 치욕이었겠지만 무력은 훈센에게 있었다. 왕자의 신분에서 입헌군주제의 국왕으로 다시 왕이 된 시하누크는 이때 이미 일흔이 넘은 노인이었다.

시대는 반세기 동안 풍운의 왕자였지만 이제는 늙고 무력한 왕이 된 그를 편안하게 두지 않았다. 1997년 훈센 쿠데타로 라나리드는 망명길에 올랐고, 그는 독재자 훈센에게 아들의 사면을 간청해야 하는 치욕을 맛보아야 했다. 그러나 그와 비교할 수 없을 만큼 그를 고통스럽게 했던 것은 그가 평생을 위해 싸워왔던 그의 조국 캄보디아의 현실이었을 것이다. 쿠데타 후 훈센은 무소불위의 독재적 권력을 장악했다. 괴뢰정권의 적자인 자가 조국을 유린하고 있는 현실이 죽음을 목전에 둔 이 늙은 국왕의 심정에 어떻게 비수처럼 파고들었을지를 짐작하는 것은 어렵지 않다. 국왕의 자리를 두고 구차하게 보일지도 모를 마지막 협박을 던진 캄보디아의 국왕 시하누크의 모습에서 비애와 쓸쓸함 그리고 인간적 연민을 느끼는 것은 나만이 아닐 것이다.

시하누크가 퇴위를 발표한 직후 훈센은 하노이에서 열리는 아셈(ASEM)정상회의에 참가하고 있었다. 회의는 미얀마의 아웅산수치의 연금 해제와 미얀마의 민주화 진전 촉구라는 유럽연합의 요구를 의장

성명에 넣는 문제로 아세안 국가들과 분란을 겪었다. 미얀마는 유럽연합의 요구로 정상급이 아닌 장관급 참석을 조건으로 이 회의에 참가했다. 국가평화발전평의회(SPDC, State Peace and Development Council) 의장 탄쉐의 아셈 참가를 인정하지 않겠다는 유럽연합이 1970년대 남한의 박정희를 뺨치고 있는 훈센의 참가에는 아무런 이의도 제기하지 않았다. 그들에게 있어 민주주의는 단지 시장의 문제일 뿐이다.

훗날 역사가 그의 공과를 다시금 세밀하게 평가하겠지만, 오랜 세월 대개는 캄보디아 민중의 편에서 제국주의에 대항해 싸웠고 말년에는 독재에 저항해왔던 시하누크 국왕에게 위로를, 훈센 독재정권의 통치 아래 고통받고 있는 캄보디아 민중의 아직은 미약한 민주투쟁에는 뜨거운 격려와 지지를 보낸다.

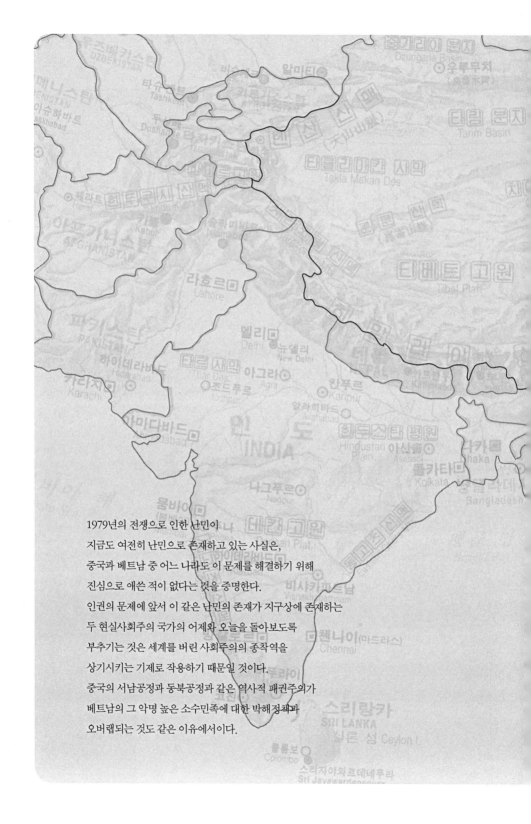

1979년의 전쟁으로 인한 난민이
지금도 여전히 난민으로 존재하고 있는 사실은,
중국과 베트남 중 어느 나라도 이 문제를 해결하기 위해
진심으로 애쓴 적이 없다는 것을 증명한다.
인권의 문제에 앞서 이 같은 난민의 존재가 지구상에 존재하는
두 현실사회주의 국가의 어제와 오늘을 돌아보도록
부추기는 것은 세계를 버린 사회주의의 종착역을
상기시키는 기제로 작용하기 때문일 것이다.
중국의 서남공정과 동북공정과 같은 역사적 패권주의가
베트남의 그 악명 높은 소수민족에 대한 박해정책과
오버랩되는 것도 같은 이유에서이다.

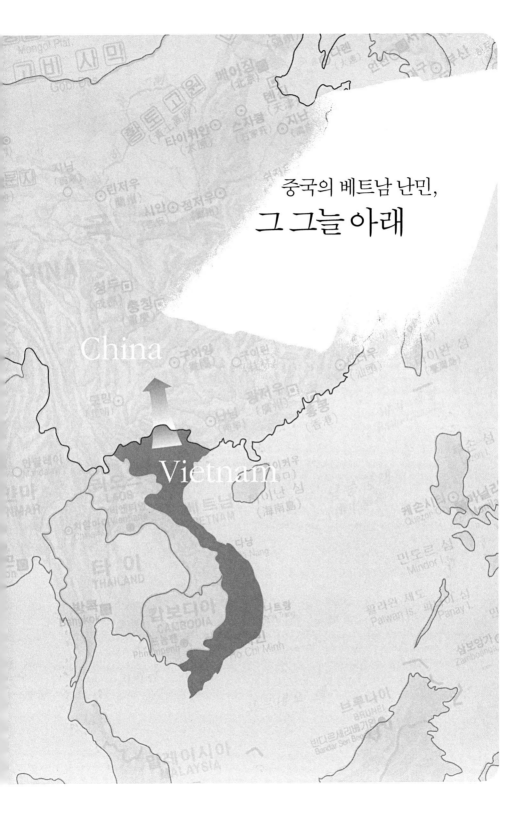

중국의 베트남 난민,
그 그늘 아래

베트남 보트피플 1975년 이후 남중국해로 흘러든 베트남의 보트피플은 1980년대 말까지
이어졌다. 초기의 난민 대부분은 중국 화교들이었다. 그러나 난민은 보트피플만이 아니
었다. 1979년 중국의 베트남 침공을 계기로 발생한 베트남 북부의 화교 난민들은 국경을
넘어 중국으로 피난했다. 상업에 종사하며 중산층 이상을 이루었던 남부의 화교들과 달
리 북부의 화교들은 농업과 어업, 광업에 종사했던 노동자, 농민이 대다수였다. 터전을 잃
고 중국으로 넘어간 이들 화교 난민들은 지금까지 난민의 신분으로 중국에서 살아가고
있다.

30년 난민

전 베이징대학의 신문방송학과 교수인 자오궈뱌오(焦國標)는 「중선부를 토벌하다」(討伐中宣部)라는 글로 세인의 관심을 집중시켰던 인물이다. 중국공산당의 권위를 등에 업고 무소불위의 언론통제를 행사하고 있는 중선부에 대한 그의 비판은 금기를 깨뜨린 것으로 평가받고 있다. 2004년 바로 그 자오궈뱌오는 한 국내 신문에 현재 30여만 명에 이르고 있는 중국 내 베트남 난민이 아직까지도 난민의 처지를 벗어나지 못하고 있다고 개탄하는 글을 실었다. 나 역시 그의 의견에 전적으로 동의한다.

중국의 베트남 난민은 1975년 베트남의 통일 직후부터 발생하기 시작했으며, 1979년 중국의 베트남 침공 전후 정점에 달했다. 난민 상태로 길게는 30년을 헤아리고 있는 것이다. 60년이란 세계 최장의 세월을 앞두고 있는 팔레스타인 난민들이 있기는 하지만, 30년의 중국 내 베트남 난민들도 그 대열의 선두에 꼽히기는 마찬가지일 것이다. 이 기록을 개탄할 수밖에 없는 이유는 같은 시기 발생해 다른 국가로 떠난 베트남 난민들의 처지와 비교하면 간단하게 이해할 수 있다. 1975년 이후 베트남을 탈출한 난민은 2백만 명에 이르는 것으로 알려져 있는데, 중국을 제외한 모든 지역에서 그들은 일정 기간 난민캠프에 수용된 후 세계 각국의 정착지로 옮겨졌고 이후 현지 국가로부터 국적 또는 영주권을 부여받아 난민의 지위에서 벗어날 수 있었다. 베트남 국수인 '퍼'를 세계 각국에 퍼뜨린 장본인이기도 한 이들 베트남 난민은 현재 북미와 유럽, 오세아니아, 아시아 각국에 거주하고 있지만 이미 난민이 아니다. 따라서 30만을 헤아리는 중국의 베트남 난민은 특별한 존재일 수밖에 없는데, 이들은 현재 광둥(廣東), 윈난(雲南), 푸젠(福建), 하이난(海南), 장시(江西), 광시(廣西) 등 6개 지역에 분포된 194개의 난민정착지에서 30년의 세월을 거주하고 있다. 중국 정부가 국적을 부여하지 않아 여전히 난민 신세를 벗어나지 못하고 있는 이들은 유엔난민기구(UNHCR, United Nation High Commissioner for Refugees)의 지원을 받으며 살고 있다.

현실적으로 별다른 차별을 하지 않고 있다지만, 자국이 받아들이고 정착하도록 한 난민을 30년 동안 난민의 신분으로 내버려둔 것은 충격을 넘어서 후안무치한 일이다. 국제법상 난민 지위의 부여가 보호국의 국적이나 영주권의 부여와 직결되지는 않지만, 받아들이지 않을지언정 받아들인 후에는 자국민과 동일한 지위를 부여하는 것이 난민에 대한 국제사회의 상례이기 때문이다. 게다가 이들 베트남 난민들은 피난 당시 베트남 중국 화교가 대부분으로 사실상 중국인이었으며, 이들 중 일부는 다름 아닌 중국 자신의 베트남 침공으로 전쟁 난민이 되어야 했던 당사자들이라는 점에서 중국의 몰염치한 태도가 점입가경의 경지에 도달한 지는 이미 오래이다.

베트남 차이나타운의 몰락

중국과 베트남이 역사적으로 오랜 구원(舊怨)을 쌓고 있었다고 해서 베트남에 중국인 화교가 없었던 것은 아니다. 간단히 말해서 2006년 현재 베트남 내 중국 화교의 수는 2백30만 명으로 베트남 내 소수민족 중 가장 많은 수를 기록하고 있다. 1975년 이후 된서리를 맞은 후 보트 피플이 되어 남중국해로 흘러들어 한 치 앞을 내다볼 수 없었던 처지를 고려한다면 베트남에서의 화교의 저력을 가늠할 수 있는 수치이다.

베트남에서 화교의 어제와 오늘은 호치민 시(사이공)의 촐롱에서 엿볼 수 있다. 프랑스는 식민지인 코친차이나의 중국인들에게 상업 중개에 종사할 수 있도록 허용했고 화교들은 사이공의 차이나타운인 촐롱을 근거로 코친차이나의 상업을 장악할 수 있었다. 1975년 베트남의 통일 직전에 촐롱의 화교들은 상업과 무역 분야에서 독점적인 위치를 차지하고 있었다. 공식적인 수치는 그야말로 놀라울 정도인데, 도매를 독점했고 소매의 50%를 점유했으며 수출입무역의 90%를 좌우했다. 상업뿐 아니라 식품, 섬유, 화학, 야금, 엔지니어링, 전기 산업부문의 80% 이상을 통제하는 파워 집단이 촐롱의 중국인들이었다. 적어도 남베트남에 관한 한 이들 화교 집단이 장악했던 경제적 위치는 독보적인 것이었다. 그러나 북베트남, 즉 프랑스 인도차이나연방에서 안남과 통킹이었던 지역의 사정은 같지 않았다.

북베트남의 화교들은 남베트남과 달리 상업이 아닌 농업이나 어업, 광업에 주로 종사하고 있었다. 때문에 1975년 이전까지 베트남의 화교 문제는 특별히 두드러지지 않았다. 게다가 중국혁명 직후인 1955년 북베트남과 중국은 베트남 내 화교에 대해 베트남 국적을 부여하는 것에 합의했다. 이건 이례적인 것으로 중국의 베트남에 대한 우호 의

사의 표현이었다. 후속조치로 중국은 베트남과의 국경을 폐쇄하고 화교들의 월경을 막았다. 혁명 후 중국은 프랑스와 미국과의 전쟁에서 베트남 공산주의 세력을 내내 물심양면으로 지원했던 만큼 화교의 존재에 대해서도 양측은 지극히 협조적이었다.

남·북베트남의 중국인 화교가 공히 몰락의 운명에 직면해야 했던 것은 1975년 베트남의 통일이 직접적 계기였다. 통일 후 베트남은 이미 중-소 분쟁으로 오래전에 틈이 벌어져 있던 중국과 소련 중 주저 없이 소련을 선택했다. 전쟁 중 양측으로부터 지원을 받으며 등거리를 지향했던 태도가 일변한 것이었다. 중국에 대한 역사적, 지정학적 경계심도 한몫을 했을 것이지만, 그보다는 코민테른에 절대복종하던 스탈린주의자인 호치민이 지도하던 베트남노동당의 당연한 선택이 우선했다. 통일베트남이 소련으로 빠르게 경도되고 중국과 불편한 관계가 시작되면서 중국인 화교는 그 불똥을 피할 길이 없었다. 특히 남부 지역에서 화교들은 부르주아지로 지목되었고(남베트남의 상업과 산업을 화교들이 장악하고 있었으므로 이건 사실이었다. 후일 하노이는 남부베트남의 부르주아지 계급의 60%는 화교들이었다고 밝혔다), 촐롱의 화교들을 보호할 수 있는 유일한 힘은 중국 본토의 공산당에게 있었지만 1975년 소비에트블록에 가담한 베트남의 화교들에게 중국공산당은 이미 끈 떨어진 연이었다.

먼저 촐롱의 화교들에게 재앙이 들이닥쳤다. 화교들은 베트남 국적을 취득하지 않으면 무거운 세금과 배급의 감축 등 각종 불이익과 차별을 감수해야 했다. 1977년에는 화교에게 공무원직과 공공기업의 취업이 금지되었으며 상업이 금지되었다. 거주 이전의 자유 또한 박탈되었다. 불량(?)한 화교에게는 '자발적 송환'이 강제되었으며 재산을 몰수당한 후 베트남을 떠나야 했다. 베트남 국적을 갖고 있는 화교에게도 불이익과 차별은 크게 다르지 않았다.

1977년 4월 통일 2주년을 때맞추어 베트남은 중국과의 국경지대에 거주하는 화교들을 국경 너머로 추방하기 시작했다. 개인상업을 폐지한 1978년 초 직후인 3월에는 촐롱에 3만여 명의 경찰이 들이닥쳐 5만여 곳의 상점에서 상품을 압수했다. 물론 촐롱에만 국한된 것은 아니었으며 베트남 전역의 주요 도시에서 같은 단속이 벌어졌다. 뒤이어 도매는 물론 사적 기업 활동 또한 폐지되었고, 직격탄으로 풍비박산한 것은 화교였다.

1978년 덩샤오핑이 주도한 개혁개방정책은 12월에 열린 중국공산당의 11기 3중전회(중국공산당 제11기 중앙위원회 제3회 총회. 덩샤오핑은 여기서 "사회주의를 핵심으로 하되, 경제는 사회주의 계획경제와 자본주의 시장경제 두 체제를 병행할 수 있다"는 논리를 폈다)에서의 '4개 현대화'(四個現代化)로 요약되는데 이 또한 베트남 화교의 상황을 더욱 악화시켰다. 해외 화교 자본의 유치를 위해 해외 화교에 대한 보호와 대우를 약속한 이 정책은, 화교에 대한 베트남의 불신을 더욱 심화시켰다. 통화개혁과 외화 사용의 금지정책은 특히 화교에게 타격을 가져왔다. 도시에서는 미화 250달러, 농촌에서는 150달러 이상을 초과하는 화폐를 소유한 자는 부르주아지 계급으로 지목되었다. 이제 화교들에게 남은 선택은 베트남 밖으로 탈출하는 길뿐이었다.

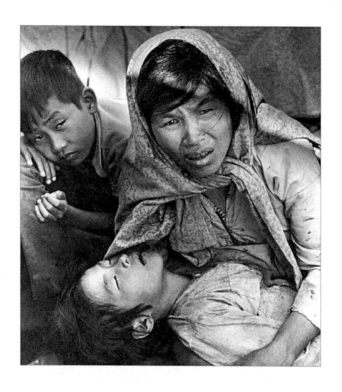

1977년 끌롱아이에 도착한 보트피플 남중국해로 흘러든 베트남 보트피플은 태국과 인도네시아로 향했고, 대만과 홍콩으로까지 흘러들어 갔으며, 심지어는 남한과 호주로까지 흘러들었다. 남중국해의 해적들에게 보트피플은 일용할 양식이었다. 이들은 보트피플의 재산을 갈취했고 심지어는 배를 침몰시키기까지 했다. 주변국들이 베트남 난민들의 상륙을 거부하는 일이 잦아지면서 이들은 해안에 이르기 전 자신들이 타고 온 배를 침몰시키기 시작했다.

난민과 전쟁 그리고 난민

통일베트남 정권은 화교들의 탈출을 묵인하거나 조장했다. 무엇보다 일석이조였다. 의심스러운 화교들을 내쫓을 수 있었고, 그들의 재산을 털 수 있었다. 금전을 대가로 보트피플이 되거나 국경을 넘는 것을 사실상 묵인하는 일은 혼하게 벌어졌다. 보트피플의 경우 공인된 시가는 일인당 5~10량(兩)의 금화로 1천5백~3천 달러에 해당했다. 1978년과 1979년 두 해에 화교 난민의 수는 17만 명에 달했는데 베트남 북부의 중국 국경을 넘은 난민이 하루 4~5천 명에 달했고, 남부에서는 보트피플이 된 화교들이 월 5천 명을 기록했다. 국외로 벗어나기 위한 돈을 마련하기 위해 베트남의 화교들은 국외의 끈이 닿는 화교들에게 급전을 쳤고, 1979년 4월에만 2억 4천2백만 달러가 베트남으로 쏟아져 들어왔다. 이 금액은 1978년 베트남 총수출의 절반에 해당했다.

난민의 월경을 두고 중국과 신경전이 벌어졌고, 중국은 난민 송환을 위한 비무장선박을 보낼 것을 제안했지만, 화교에 대한 탄압을 공식적으로 인정하지 않았던 베트남은 송환을 신청한 화교들의 합법적 출국을 허용하지 않는 것으로 화답했다. 때문에 급증한 것은 보트피플이었다. 그럼에도 불구하고 월경은 계속되었고 중국 본토로 흘러든 난민의 수만 단기간에 20만 명에 이르렀다.

1978년 12월 베트남이 캄보디아를 침공해 1979년 1월 7일 프놈펜을 함락한 후 불과 한 달이 조금 넘어 중국이 베트남에 선전포고를 한 명분은, 바로 베트남의 중국인들에 대한 부당한 탄압과 난사 군도

(南砂群島)의 점령이었다. 특히 덩샤오핑은 베트남을 용서할 수 없었다. 자신의 개혁개방정책의 성패를 가를 수도 있는 해외 화교 자본의 유치에 있어 베트남의 화교에 대한 극단적인 탄압은, 한편으로는 세계의 모든 화교들이 지켜보고 있는 시험문제이기도 했다. 덩샤오핑이 베트남의 화교에 대한 탄압을 외면한다면 4개현대화의 관건인 외자유치의 봇물을 터줄 해외 화교 자본의 유치를 위한 정책 개혁의 본심을 의심받을 수 있었다.

그러나 중국의 베트남 침공으로 이제 베트남 내 화교의 운명은 돌이킬 수 없이 오직 한 길만을 향하게 되었다. 난민의 길이었다. 전쟁은 짧았지만 베트남을 탈출하는 화교 난민의 행렬은 이후 1980년대를 넘어 90년대 초까지 이어져야 했다.

현재 30만 명에 달하는 중국 내 베트남 난민은 이들 중 중국 본토로 향했던 난민들이다. 직접적으로는 베트남이 그들의 등을 밀었지만 사실상 중국 또한 그들의 뒤를 민 장본인이다. 오늘 이들 중국의 베트남 난민들이 "베트남 사람들은 우리를 중국인이라고 불렀고, 중국인들은 우리를 베트남인이라고 부른다. 중국에서 20년 넘게 살았지만 우리가 도대체 누군지 모르겠다"라고 한탄한 것은 이들의 등에 짊어져 있는 역사의 고단한 무게를 잘 설명해주고 있다. 베트남에서도 소수민족이었던 이들이 중국에서도 소수민족보다도 못한 난민이라는 지극히 불안정한 신분으로 전락한 채 살아가고 있는 것이다.

이들 중국의 베트남 (화교) 난민의 신분에서 구원하지 않는 중국의 태도를 이해하기란 거의 불가능에 가깝다. 우선 이들은 대부분 북부베트남 출신으로 코친차이나의 부르주아지 화교들과 비교한다면 그 야말로 돈이 없어 배를 구하지 못하고, 때로는 목숨을 걸고 부대식솔하여 국경을 넘은 난민들이다. 말하자면 이들은 대부분 농민·노동자 계급에 속했고 난민정착지에서도 대개는 농업에 종사하고 있다. 유엔 난민기구가 흘리는 돈이 아쉬웠다면, 적어도 1990년대 이후의 중국에게는 정말 합당하지 않은 이유이다. 중국이 이들 베트남 난민들이 베트남으로 돌아가기를 바라고 있다면, 국적의 부여와 상관없이 이들은 어쨌든 난민으로서 돌아갈 권리(Right to return)를 주장할 수 있다. 가진 것 없는 떨거지 화교들이 난을 핑계로 본토로 쏟아져 들어올 가능성을 염려하는 것이라면 그야말로 후안무치하고 비인간적인 짓이다. 기름진 화교만 중국인이고 가난한 화교는 중국인이 아니라면, 중국이 내걸고 있는 세계 화교들의 본국 또는 조국이라는 번지르한 선전은 다만 자본을 유치하기 위해서인가?

아시아 현실사회주의의 희생양

이들 난민들의 어깨에 대를 이어 짊어져 있는 역사적 무게를 가늠하는 것은 의외로 간단하지 않다. 그 역사를 직시하기 위해서는 짧게는 중-소 분쟁에서부터 시작해, 인도차이나에 대한 지역적 패권주의의 충돌, 전쟁, 이념적 배반과 같은 아시아 현실사회주의의 음습한 그늘 아래 피어난 온갖 부정적 과거의 역사를 들추어내야만 한다. 그 그늘 아래에는 난민 이상의 역사적 의미가 숨겨져 있다.

1950년 2월, 바로 전해에 공산주의 혁명을 승리로 이끈 중국과 소련은 30년짜리 우호조약을 체결했다. 이 조약의 비밀의정서에서 중국 공산당은 세계공산주의 운동에 있어서 소련공산당의 지도적 역할을 인정하고 있었다. 중국혁명의 과정에서 코민테른이 미쳤던 실질적 영향력을 고려한다면 이것은 당연한 것이었다. 그러나 1953년 스탈린의 사망과 흐루시초프의 집권은 중소의 우호관계를 갈등으로 발전시키는 계기로 작용했다. 1956년 12월 마오쩌둥의 소련 방문에도 불구하고, 갈등은 해소되지 못했으며 오히려 긴장은 고조되기 시작했다. 혁명 후 중국의 경제적 난관에도 불구하고 미흡하기 짝이 없었던 소련의 지원은 흐루시초프의 등장과 스탈린 격하운동 이후 중단되다시피 했으며, 이는 마오쩌둥이 대약진운동을 벌이게 된 직접적인 계기 중의 하나였다. 이후 중국은 대약진운동의 실패와 문화대혁명을 거치면서 정치적 격변으로 점철된 1960년대를 보내게 된다. 중-소 분쟁은 이 기간을 통해 내내 격화되었으며, 1969년의 국경분쟁은 중국과 소련이 이념적 동지가 아니라 적이라는 것을 보여준 상징적인 사건이었다. 그러나 적어도 아시아 공산주의 운동에 대해서 중국과 소련은 자신들의 갈등과 대립에도 불구하고 이념적 대의를 배반하지는 않았다. 인도차이나는 대표적인 사례로 1차 인도차이나전쟁은 물론 2차 인도차이나전쟁의 전 기간에 있어서 중국과 소련은 공히 이 지역의 공산주의 운동을 지원하고 있었다. 특히 중국은 베트남노동당은 물론 캄푸치아공산당에 대한 군사적·경제적 지원을 아끼지 않았으며, 소련 또한 지리적 한계에도 불구하고 동일한 지원을 계속하고 있었다.

1975년 인도차이나에서 공산주의 혁명이 승리를 거두자 상황은 일변했다. 베트남과 라오스는 친소 블록에 가담했으며 캄보디아는 친중국 노선을 견지했다. 혁명 후 인도차이나에는 중-소 분쟁의 갈등이 고스란히 재현되고 있었다. 베트남의 친소 노선은 중국과의 역사적인 구원을 배경으로 설명할 수도 있겠지만, 전쟁 기간 동안의 양국 공산주의당 간의 협력 관계를 고려한다면 중국공산당에게는 배반에 가까운 것이었다. 중소 간의 갈등을 고려한다 해도 베트남노동당의 이런 선택은 이념적 대의를 벗어나는 것이었다. 중소와 국경을 맞대고 있는 북한의 경우에는 이미 등거리 외교 노선을 취하고 있었던 것을 고려한다면 베트남노동당의 노골적인 반중·친소 노선의 표방은 외교적으로도 많은 무리를 감수해야만 하는 것이었다. 혁명 후 단기간 내에 화교에 대한 탄압을 본격화해 전역에서 재산을 몰수하고 화교를 나라 밖으로 축출한 것은 단적인 예였다. 이 중 적지 않은 수는 국경을 넘어 중국으로 흘러들어갈 수밖에 없었고, 1977년 베트남이 소련과 25년짜리 우호협력조약을 체결하면서 양국 관계는 최악의 상태로 치달고 있었다. 1978년 소련은 4천 명의 군사고문단을 베트남에 파견함으로써 중국의 신경을 극도로 자극했다. 상황은 마오쩌둥의 사망과 덩샤오핑의 전면적 등장으로 더욱 악화되었다. 실용주의자를 자처했던 덩샤오핑에게 이념과 계급은 뒷전이었다. 저우언라이까지 사망한 이후 이 오뚝이를 자리에 뉘일 수 있는 자는 존재하지 않았으며, 권력을 장악한 덩샤오핑은 베트남 못지않게 지역의 패권을 중시하는 인물이었다. 결국 이념은 국가와 지역의 패권에 밀려 쓰레기통에 처박혀버렸다.

1979년 랑손을 공격하는 중국인민해방군 덩샤오핑의 '버릇고치기'는 고루한 인해전술로 불과 한 달 만에 2만 명의 인민해방군을 시체로 만들었다. 오늘의 중국 대륙을 자본주의의 늪에 빠뜨린 덩샤오핑의 세련된 개혁개방은 수억의 중국 인민을 도탄에 빠뜨리고 있다.

1978년 12월 25일 베트남의 캄보디아 침공은 패권주의적 야욕의 분출이기도 했지만 한편으로는 중-소 분쟁의 대리전이기도 했다. 1979년 1월 프놈펜이 함락된 직후인 2월 15일 중국은 베트남 침공을 선언했다. 1950년 체결된 소련과의 30년짜리 우호조약이 만료되는 날이었다. 널리 알려진 것처럼 이 전쟁은 덩샤오핑의 말에 따르면 베트남의 '버릇을 고칠' 전쟁이었다. 3일 뒤인 2월 17일, 8만 5천 명의 중국인민해방군이 베트남과의 국경을 넘었다. 2월 27일 까오방을 점령한 인민해방군은 이틀 뒤에는 랑손을 점령했다. 3월 5일에 이르자 중국은 자신들이 목적을 달성했다고 선언했고, 3월 16일에는 베트남에서의 철군을 완료했다. 2만여 명의 인민해방군이 이 전쟁에서 목숨을 잃어야 했다. 중국은 베트남의 버릇을 고쳤다고 선언했지만 정작 버릇을 고친 쪽은 중국이었다.

중국의 베트남 침공을 주도한 것은 덩샤오핑이었다. 그는 침공 직전인 1979년 1월 28일 미국을 방문했다. 비망록은 덩샤오핑이 미국 측에 베트남 침공을 사전에 알렸으며 협력을 부탁한 것으로 기록하고 있다. 덩샤오핑이 우려한 것은 소련의 참전이었고, 그는 미국의 소극적 지원의 약속으로 소련에 대한 견제를 확인할 수 있었다. 실제로 미국은 중국의 베트남 침공 기간 동안 순양함을 통킹 만으로 보내 소련을 견제하는 행동을 취하기도 했다. 또한 덩샤오핑의 전쟁의 목적은 처음부터 제한전이었다. 후일 '적극적 방어'(Active Defense)로 명명된 이 전쟁은 아시아에서의 중국의 지역적 패권에 대한 소련의 위협을 중국이 용납하지 않을 것이라는 점을 과시하는 것이었다.

1979년 미국 방문한 덩샤오핑과 카터(위) / 1984년 베이징 인민대회에서 덩샤오핑과 레이건(아래)
베트남을 침공하기 전 중국의 덩샤오핑이 했던 일은 미국과의 관계 개선이었다. 미국의
엄질을 챙긴 중국은 베트남을 침공했고, 미국은 통킹 만에 순양함을 보내 소련을 견제했
다. 중국과 미국의 밀월관계는 이를 계기로 본격화 되었다. 베트남의 침공으로 태국 국경
을 넘어간 크메르루주에게 중국과 미국, 태국은 자금과 군수물자를 지원했다. 그 대가로
중국은 태국공산당에 대한 지원을 끊었고, 태국공산당은 군부의 노골적인 탄압이 시작되
면서 몰락의 길을 걸었다.

덩샤오핑은 침공에 앞서 1978년 11월 태국과 말레이시아, 싱가포르를 순방하면서 중국에 대한 지원을 호소하는 실용주의자다운 행보를 보이고 있었다. 1978년 덩샤오핑의 동남아 순방은 이들 국가의 정부들에게 공산주의자들에 대한 중국의 지원이 철회될 것임을 암시하고 있었다. 실제로 1979년에 들어서 중국은 태국 군사독재정권에게 태국공산당에 대한 일체의 지원 철회를 약속하고, 그 대가로 캄보디아의 크메르루주에 대한 태국의 지원을 얻어냈으며 태국에 대한 무기 수출을 시작했다. 동시에 인도네시아와 말레이시아의 공산주의 운동에 대한 지원도 철회되었다. 그 결과는 1980년대에 들어서 동남아시아 지역의 공산주의 운동이 괴멸되는 것으로 나타났다. 후일 남순강화에서의 흑묘백묘(黑猫白猫)론은 결코 새로운 것이 아니었다. 그것은 덩샤오핑의 철학이었으며, 그가 권력을 장악하고 있는 동안 그의 철학은 중국의 철학이기도 했다.

중국과 베트남의 공산주의당은 서로 다른 방식으로 이념을 배반하고 있었지만 그 뿌리는 코민테른으로 거슬러 올라가 스탈린의 일국사회주의론에 두고 있는 것이었다. 마오쩌둥이 스탈린의 사망과 소련방문 후 '계속혁명'을 주장했던 것은 적어도 스탈린주의에 대한 반기를 의미하는 것이었으며, 이는 중소 간의 이념분쟁이 내포하고 있었던 긍정적 측면이기도 했다. 1960년대 서유럽에서 특히 마오쩌둥에 대한 인기가 드높았던 것은 마오쩌둥이 표방했던 노선이 반스탈린주의로 비추어졌기 때문이었다. 물론 대약진운동의 실패와 문화대혁명의 급진적 과격성은 의심할 바 없는 마오쩌둥의 실책이었지만, 그럼에도 불구하고 세계공산주의 운동에 있어서 중국혁명이 미친 영향은 지대한 것이었다. 1978년 덩샤오핑의 등장과 중국의 실용주의 노선으로의 본격적 선회는 소련과 중국의 현실사회주의가 스탈린주의와 실용주의에 의해 맞게 될 비참한 운명을 예고하는 것이었다. 그리고 중국의 베트남 침공은 군사적 사건이었지만 그 모든 미래를 시사하고 있었다.

1980년대 초반의 '민주화의 봄'을 압살하고 덩샤오핑이 개혁개방의 이름으로 자본주의의 초석을 닦기에 여념이 없던 1986년, 베트남 역시 '도이모이'라는 이름의 개방정책을 들고 나왔다. 도이모이를 계기로 화교들도 돌아오고 있다. 고르바초프의 등장을 전후해 소련으로부터의 지원이 끊긴 베트남으로서는 경제적 파국을 피할 방법이 없었다. 중국과 베트남은 1989년 소련과 동구권의 붕괴로 상징되는 현실사회주의의 몰락 이후에도 살아남아 있다. 그러나 엄밀하게 말한다면 현실사회주의는 이미 그때 지구상에서 완전히 몰락했음을 현재의 중국과 베트남은 보여주고 있다.

1979년의 전쟁으로 인한 난민이 지금도 여전히 난민으로 존재하고 있는 사실은, 중국과 베트남 중 어느 나라도 이 문제를 해결하기 위해 진심으로 애쓴 적이 없다는 것을 증명한다. 인권의 문제에 앞서서 이 같은 난민의 존재가 지구상에 존재하는 두 현실사회주의 국가의 어제와 오늘을 돌아보도록 부추기는 것은 세계를 버린 사회주의의 종착역을 상기시키는 기제로 작용하기 때문일 것이다. 중국의 서남공정과 동북공정과 같은 역사적 패권주의가 베트남의 그 악명 높은 소수민족에 대한 박해정책과 오버랩되는 것도 같은 이유에서이다.

지난 한 세기를 고난과 실패로 점철한 사회주의에 대한 인류의 실험은, 혁명이 세계가 아닌 국가와 민족 앞에 무릎을 꿇을 때 봉착하게 될 거대한 장벽을 실증했다. 자본의 세계화 앞에 일국사회주의는 더더욱 무력할 수밖에 없다. 중국과 베트남의 자본주의화는 스스로 그것을 웅변하고 있는 참이다. 자본주의의 쓴맛을 제대로 경험한 적이 없었던 이 두 나라의 인민은 이제 자본주의 체제의 난민이 되어 그 결과를 온몸으로 경험하고 있다.

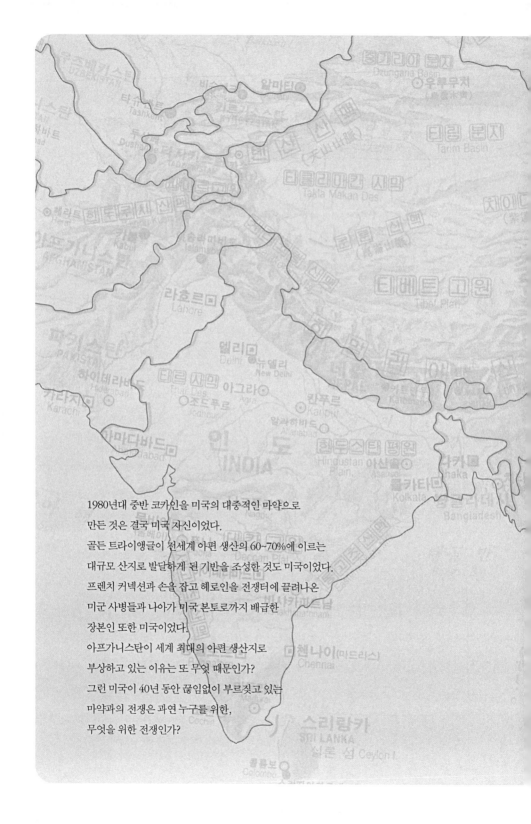

1980년대 중반 코카인을 미국의 대중적인 마약으로
만든 것은 결국 미국 자신이었다.
골든 트라이앵글이 전세계 아편 생산의 60~70%에 이르는
대규모 산지로 발달하게 된 기반을 조성한 것도 미국이었다.
프렌치 커넥션과 손을 잡고 헤로인을 전쟁터에 끌려나온
미군 사병들과 나아가 미국 본토로까지 배급한
장본인 또한 미국이었다.
아프가니스탄이 세계 최대의 아편 생산지로
부상하고 있는 이유는 또 무엇 때문인가?
그런 미국이 40년 동안 끊임없이 부르짖고 있는
마약과의 전쟁은 과연 누구를 위한,
무엇을 위한 전쟁인가?

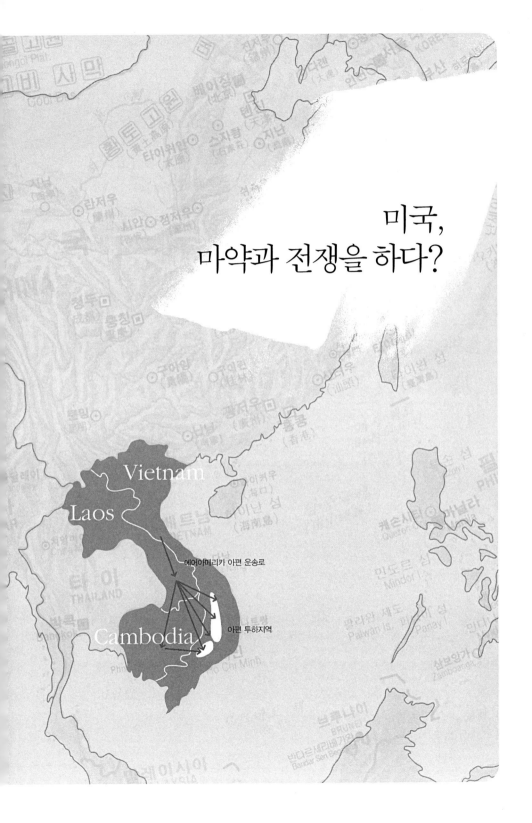

미국,
마약과 전쟁을 하다?

Vietnam

Laos

에어아메리카 아편 운송로

아편 투하지역

Cambodia

CIA의 라오스 지도 산악지대와 구릉이 국토의 70%를 차지하는 라오스의 식민 통치에서 프랑스는 양귀비 재배와 아편 생산에 힘을 기울였다. 1949년 중국혁명이 승리하자 미국은 국민당군 잔당들과 라오스의 몽족을 동원해 중국 남부에 반공전선을 형성했다. CIA는 이들에게 아편 밀매 루트를 제공함으로써 반공전선에 동참한 이른바 장군들의 탐욕을 만족시켰다. 후일 버마(현 미얀마)와 태국, 라오스의 국경지대에 형성된 아편 삼각주인 골든 트라이앵글은 이때 탄생한 것이다.

마약과의 전쟁 혹은 워 비즈니스(War Business)

1961년 체결된 마약단일협약(Single Convention on Narcotic Drugs)은 국가 간 또는 지역별 협정 수준으로 존재했던 마약 문제를 국제적 차원에서 단일한 협약으로 끌어올린 최초의 성과였다. 이 협약은 유엔이 주도했다곤 하지만 사실상 미국이 주도한 협약이었다. 예컨대 아편과 헤로인으로 대표되던 마약에 대마초가 포함된 것은 오로지 미국의 힘이었다.

1971년 미국 대통령 닉슨은 '마약과의 전쟁(War on Drug)'을 공식적으로 선포하면서 기묘한 시대를 열었다. 통합기구로 DEA(Drug Enforcement Administration; 마약단속국)이 등장했고 천문학적인 예산을 소모하면서 현재에까지 이르고 있다. '전쟁'을 불사했지만 그 성과는 보잘 것이 없었다. 미국의 마약 단속 사범은 꾸준한 증가 추세에서 벗어나 본 적이 없다. 2005년의 경우 연방 또는 주 정부의 감옥에 수감된 마약 단속 사범의 수는 1백44만 6천2백69명에 이르렀다. 인구 10만 명 당 737명에 달하는데, 이 수치는 1995년의 601명에서 20%나 증가한 것이다. 그럼에도 불구하고 DEA는 CIA를 뺨칠 만큼의 국제적인 활동으로, 세계경찰 미국의 위용을 지키는 전투부대 중의 하나로 여겨지고 있다.

더불어 마약 문제는 미국의 군사적 간섭에 활용되어왔던 단골 빌미 중의 하나였다. 예컨대 파나마, 콜롬비아, 예전의 베네수엘라와 같은 나라들은 마약 단속을 앞세운 미군의 침입에 속수무책이었으며, 심지어는 대대적인 공습조차 피할 수 없었다. 미국의 허수아비였던 파나마의 노리에가는 용도가 폐기되었을 때 마약을 빌미로 미군의 손에 끌려가 미국 법정에서 심판을 받는 처지가 되기도 했다.

마약과의 전쟁이 제3세계에서 미국의 군사적 패권주의를 관철시키는 데에 일조하고 있다는 사실이 드러난 전형적인 사건은 1986년 레이건 시대에 불거진 '이란-콘트라 스캔들'이었다. 1979년 소모사 독재를 붕괴시킨 니카라과의 산디니스타혁명을 분쇄하기 위해 미국이 콘트라반군을 양성하던 중에 터진 '이란-콘트라 스캔들'은, 니카라과의 콘트라반혁명군을 지원하기 위한 자금을 이란에 무기를 팔아 조달한 사실이 폭로되면서 미국을 떠들썩하게 한 사건이었다. 당시 국가안전보장회의(NSC, National Security Council)의 올리버 노스(Oliver North) 중령을 일약 청문회 스타로 끌어올린 이란-콘트라 스캔들의 시작은 CIA가 주도했던 레이건의 비밀전쟁(Secret War)이었다. 1982년 CIA가 1천9백만 달러의 예산을 레이건에게 승인받아 시작된 니카라과와 온두라스 국경에서의 콘트라반혁명군 양성 및 지원 작전인 비밀전쟁은, 별로 비밀스럽지 않아서 도처에서 정보가 새어 나간 공공연한 비밀전쟁이었다. 레이건과 CIA는 이를 개의치 않았지만, 민주당이 다수를 점하고 있던 미 의회를 자극했다. 몇 차례 공방 끝에 미 의회는 1973년 제정되어 대통령에게 특별한 권한을 보장했던 '전쟁권한법'(War Power Act)의 수정안인 '볼랜드 수정안'(Bolland Amendment)을 통과시켜버렸다. 이 수정안으로 콘트라에 대한 돈줄이 막혀버린 것이 이란-콘트라 스캔들이 터진 배경이었다(3년 뒤인 1986년 미 의회는 콘트라반혁명군에 대한 1억 달러의 자금 지원을 승인해 볼랜드 수정안을 유명무실하게 만들었다). 그런데 1983년에 돈줄이 막혀버린 콘트라반혁명군을 먹여 살리기 위해 레이건이 벌인 일은 이란에 무기를 파는 것에 그치지 않았다.

올리버 노스가 이란에 무기를 팔아 돈을 대기 전까지 미국으로부터의 돈줄이 끊긴 콘트라반혁명군이 생존할 수 있었던 방법은 콜롬비아의 코카인을 미국으로 밀반입하는 사업이었다. 이 사업에 콘트라의 어머니인 CIA가 무관할 수 없었다. 1988년 5월 23일자 『뉴스위크』의 기사에 따르면 이 사업에는 CIA뿐 아니라 주무단속기관인 DEA까지 가담하고 있었다. 이 커넥션에 줄을 대고 사업을 벌이던 마약 조직들이 코카인을 푼 지역이 남부 캘리포니아와 마이애미였는데, 1980년대 중반 이 지역에서 코카인 중독자 수가 급증한 이유는 그 때문이었다. CIA와 DEA 그리고 콘트라의 합작으로 벌어진 이 더러운 사업 때문에 1980년대 중반 이전까지 부유층의 전유물이었던 코카인은 단숨에 대중적 마약으로 자리를 잡게 되었다. 1970년대 중반 1그램 당 200달러를 호가하던 코카인의 소매가격은, 1980년대 중반에는 최상품의 경우에도 1그램 당 10달러면 족했다. 고등학생들까지 애용할 수 있는 수준의 마약이 된 것이다.

이란-콘트라 스캔들로 불거져 나온 미국의 마약 사업은 1980년대에만 이루어진 것이 아니었다. 그 시작은 이미 2차대전 직후인 1949년, 남미가 아닌 아시아에서 움트고 있었다.

골든 트라이앵글의 탄생

1949년 중국공산당의 승리로 장가이섹은 대만으로 쫓겨가야 했지만 모든 희망을 버린 것은 아니었다. 중국 후난(湖南) 서남부의 고원 산악지대로 밀려난 국민당군은 장가이섹의 마지막 희망이었다. 국공내전과 일본과의 전쟁에서 줄곧 장가이섹을 지원했던 미국 역시 중국공산당에 맞서는 보루로 이들 후난 산악지대의 국민당군 잔당들을 지원했다. 결과는 신통치 않았고 잔당들은 이윽고 버마(현 미얀마) 동북부로 거점을 옮기게 된다. 공산화된 중국으로부터 동남아시아를 보호한다는 명분은 이제 막 등장한 도미노이론이 뒷받침했다. 미국에게 그 거점은 버마 동북부의 국민당군 잔당들, 라오스의 몽족 부대인 방파오 부대, 그리고 태국이었다. 2차대전 후 태국에 대한 미국의 군사적·경제적 지원이 본격화하는 것은 이런 배경에서이고, 태국이 친미 군부독재정권으로 화답했던 것은 이미 널리 알려진 사실이다. 문제는 버마 동북부와 라오스 북부였는데 이들에 대한 지원은 2차대전 당시 이 지역에서 활동한 OSS(미 전략정보국)의 후신인 CIA가 맡았다.

공산화된 중국의 남진에 맞서는 반공 벨트인 버마 동북부와 라오스 북부, 그리고 태국 북부. 다름 아닌 후일 골든 트라이앵글로 일컬어지는 마약 삼각주와 정확하게 일치한다. CIA는 국민당군 잔당과 방파오 부대가 생존할 수 있도록 군수물자와 자금 등 모든 지원을 아끼지 않았지만, 이들이 필요한 백 퍼센트를 조달할 수는 없었다. 게다가 이들이 거점으로 한 험준한 산악지대는 자생력을 갖추기에는 최악의 조건이었다. 이 딜레마를 해결한 것이 아편 생산이었다. 양귀비는 산악지대에서도 재배할 수 있었고, 아편은 수익성이 높았다. 버마 동북부의 국민당군 잔당들과 방파오는 산악지대의 원주민들을 부려 아편 생산에 나섰다. 특히 버마 동북부 산간 오지의 원주민들에게는 일대 재앙이었다. 포악한 군벌과 다를 바 없던 국민당군 잔당 부대는 게으름을 부린다는 이유로 원주민들의 팔목을 자르고 손가락을 잘랐다. 아편 생산으로 원주민들에게 돌아오는 이익은 전무했고, 그들은 오직 혹심한 강제노동에만 시달려야 했다. 그러나 아편 생산은 비약적으로 성장가도를 달렸다. 1949년 이전 아편 생산은커녕 필요한 소량의 아편조차도 인도에서 건너온 것을 사용해야 했던 이 지역은 짧은 기간 동안 대량의 아편을 생산하는 기지로 발전하면서 훗날의 골든 트라이앵글을 준비하고 있었다. 미국은 CIA를 통해 이들이 지역을 군사적으로 장악하고 거점으로 활용할 수 있도록 지원함으로써 골든 트라이앵글의 탄생을 지원했다. 그것에 그치지 않고 자신들이 직접 아편 사업에 뛰어든 것은 1차 인도차이나전쟁을 계기로 해서였다.

인도차이나와 프렌치 커넥션

프랑스에게 있어 식민지 인도차이나연방에서 가장 중요한 것은 두 말할 나위 없이 직접통치를 실시했던 코친차이나(현재의 남부베트남)였다. 인도차이나에서 프랑스의 금고는 고무로 채워졌고, 고무 플랜테이션과 그 관련 산업이 가장 발달했던 지역이 코친차이나였다. 다음으로

롱치엥의 에어아메리카(위) / 항아리 고원의 CIA기지(아래) 2차 인도차이나전쟁에서 CIA는 라오스에서 몽족을 포섭해 라오스의 공산주의 게릴라인 파테트라오와 북베트남과 맞서게 했다. CIA는 에어아메리카를 동원해 이들에게 군수물자를 제공함과 동시에 아편 밀매를 지원했다. 에어아메리카의 기지이자 CIA의 거점이기도 했던 항아리 고원의 롱치엥에는 처음으로 헤로인 공장이 만들어졌다. 이렇게 생산된 롱치엥의 헤로인은 전쟁에 동원된 미군에게는 물론 미국 본토로까지 공급되었다.

안남, 캄보디아, 통킹이 뒤를 이었다. 인도차이나연방에서 라오스는 가장 덜 중요한 지역이었다. 메콩 벨리의 저지대 일부를 제외하고는 전역이 험준한 산악지대인 라오스는 우선 고무나무를 재배할 수 없었고 또 생산된 고무를 운반할 도로도 마땅치 않았다. 더불어 면적은 넓었지만 인구는 적었다. 그러나 라오스에도 프랑스의 이익을 실현할 수 있는 적합한 식민지형 작물이 없는 것은 아니었다. 양귀비였다. 라오스 산악지대에서도 양귀비는 무리 없이 재배할 수 있었고, 양귀비에서 추출한 생아편은 부피를 크게 차지하지 않았던 반면 가격은 높았기 때문에, 프랑스는 아편 사업을 전매화해 적잖은 수입을 올릴 수 있었다.

아편의 전매가 불법적인 것은 아니었다. 생아편은 모르핀의 제조 원료였고 모르핀은 합법적인 약물이었다. 프랑스의 아편 전매는 모르핀의 제조 원료에 대한 전매이기도 했다. 그러나 프랑스가 라오스의 아편을 모르핀을 제조하는 데에만 이용했다고 볼 수는 없다. 그 배경에 그 유명한 '프렌치 커넥션'이 버티고 있다.

프렌치 커넥션은 1971년 개봉된 진 해크먼 주연의 영화 「프렌치 커넥션」으로 귀에 익다. 70년대 아메리칸 뉴시네마를 대표한다고는 하지만 스토리는 간단하다. 프랑스에서 밀반입된 대량의 헤로인을 두고 뉴욕 시경의 마약반 형사들이 뛰어들어 마약 조직에 맞서 손에 땀을 쥐게 하는 터프한 활약을 펼친다는 것이 대강의 줄거리를 이룬다. 이 영화에서처럼 미국으로 반입되는 헤로인은 전통적으로 프랑스 마르세이유 항에서 출발해 뉴욕 항을 종착지로 했다. 마르세이유를 근거지로 미국은 물론 유럽 전역으로 헤로인을 배급하는 범죄 조직은 코르시카 갱단(마피아)이었는데, 이들은 터키와 레바논 등지에서 생아편을 밀수해 마르세이유의 공장에서 헤로인으로 가공한 후 밀수출하는 것으로 막대한 이익을 창출하고 있었다. 마르세이유가 거점이 된 것은 원료의 수입과 완제품의 수출에 가장 적합한 항구도시였기 때문이다. 1930년대부터 시작하는 이들의 역사는 1970년대까지 이어지는데 이게 바로 프렌치 커넥션의 실체이다.

프랑스의 인도차이나와 프렌치 커넥션이 무관했을 리 없다. 라오스에서 생산되는 생아편 역시 마르세이유의 코르시카 마피아에게로 흘러들어 갔고 1946년 1차 인도차이나전쟁이 본격화 국면에 접어들게 되자 프렌치 커넥션에는 프랑스의 SDECE(Service Documentation Exteriener et de Contre-Espionage ; 대외정보방첩국)까지 개입하게 된다. 미국이 대규모 군사원조에 나섰다고는 하지만, 프랑스는 전쟁을 수행하기에는 빈한하기 짝이 없는 국가였다. 독일 점령 치하에서 가까스로 해방된 프랑스 본국은 잿더미 신세였고, 다시 돌아온 식민지 인도차이나에서는 전쟁을 해야 했다. SDECE는 코르시카 마피아와 손을 잡고 아편 사업, 정확하게는 헤로인 사업에 나섰다. SDECE와 코르시카 마피아의 밀월관계는 마르세이유에서 공산주의자들을 탄압하는 데에 코르시카 마피아가 물심양면의 지원을 아끼지 않음으로써 돈독한 협조관계를 구축했는데, 이로써 사이공에는 코르시카 마피아 조직이 활개를 치기 시작하게 되었다.

1953년 디엔비엔푸전투에서의 대패와 1954년 제네바협정으로 프랑스가 발을 뺀 인도차이나에는 본격적으로 미국이 등장하게 된다.

이 시기 CIA는 SDECE로부터 사이공의 코르시카 마피아 조직을 인수받게 되는데, 미국은 사이공의 프렌치 커넥션을 분쇄하는 대신 이들을 활용하는 쪽을 택했다. 마르세이유에서와 마찬가지로 사이공에서도 이들은 암살과 테러, 반공시위 조직과 같은 분야에서 요긴한 존재였다. 코르시카 마피아의 아편 사업 역시 그대로 존속될 수 있었다. 1949년 이후 버마와 라오스에서 아편 사업을 경험한 바 있는 CIA는 프렌치 커넥션에 몸을 담고 본격적인 아편 사업에 나섰다. CIA가 그럴 수밖에 없었던 이유는 라오스의 방파오 몽족 부대 때문이었다. 1차 인도차이나전쟁에서 베트민은 라오스의 북동부로까지 거점을 확대했다. 또한 라오스의 공산게릴라인 파테트라오도 힘을 키워가고 있었다. 중국의 공산화 이후 미국에게 인도차이나의 가치는 더욱 높아졌고, 제네바협정으로 북베트남이라는 거점을 가지게 된 공산주의 세력이 라오스로까지 영향력을 확대하는 것을 저지해야 했다. 때문에 별 희망이 엿보이지 않았던 버마 동북부의 국민당군 잔당들에게 손을 뗀 미국도 라오스의 방파오에 대한 지원은 중단할 수 없었다.

에어아메리카, 인도차이나의 하늘을 날다

인도차이나에서 미국이 아편 사업을 방관하고 조장하는 입장에 그치지 않고 직접적으로 개입했다는 사실은 에어아메리카(Air Ameica)가 증명한다. 에어아메리카는 1949년부터의 인도차이나에 대한 미국의 직접적 개입을 증명하기도 하는데, 그 시작은 버마 동북부의 국민당 잔당들에 대한 군수물자 지원을 CAT(Civil Air Transport)라는 민간항공사의 수송기들이 담당하면서부터로 기록된다. 민간이란 이름을 강조한 이 수상한 항공사는 실소유주가 CIA였고, 동아시아에서 전개된 CIA의 공작에 동원된 항공수송 전문 항공사였다. 특히 디엔비엔푸전투에서 CAT의 활약은 눈부신 것이었다. 디엔비엔푸의 고립된 프랑스 공수부대에 군수물자와 식료품 등을 수송했고, 또 병력을 수송하기까지 했다. 이 과정에서 한 대의 수송기가 추락하기도 했지만 후일 디엔비엔푸에서의 활약을 인정받아 이 작전에 동원된 일곱 명의 조종사들이 프랑스로부터 공로훈장을 수여받기도 했다.

왜 이런 정체불명의 항공사가 필요했던 것일까? 미국이 지상군을 파병한 1962년 이전까지 인도차이나에서의 미국의 군사적 개입은 비밀의 영역이자 공작의 영역이었다. 지상군 파병 이후에도 캄보디아와 라오스에서의 미군의 활동은 역시 비밀의 베일 안쪽이었다. 심지어는 수십만 명의 사망자를 초래한 캄보디아와 라오스에서의 비밀폭격 또한 미국은 인정한 적이 없었다. 때문에 군사적 개입의 주체 또한 정보기관인 CIA가 될 수밖에 없었고, 작전의 수행 또한 은밀할 수밖에 없었다. CAT는 그 필요에서 탄생한 CIA의 군사작전 지원 전문 항공사였던 것이다.

이 점은 한국전쟁에서 CAT가 중국으로의 첩보원 침투 등에 동원된 것에서도 드러난다. CAT는 한국전쟁에서도 만주를 넘나들며 활약을 펼쳤다. 주 임무는 중국에 첩보요원이나 CIA요원들을 비밀리에 침투시키고 또 송환시키는 것이었다. 한국전쟁 중 CAT가 동원된 작전

중 가장 유명한 것은 1952년 11월 중국 지린성(吉林省) 안투(安圖)에 두 명의 CIA요원을 침투시키던 C-47 수송기가 중국인민해방군에 의해 격추된 사건이다. 조종사 두 명은 사망했지만 요원이었던 존 다우니와 로버트 팩터 두 명은 천행으로 살아남아 인민해방군에게 체포되었다. 억세게 운이 좋았던 이 두 명의 첩보원들은 1972년 닉슨의 중국 방문을 계기로 석방될 때까지 20년을 중국의 감옥에서 지내야 했다.

1957년은 CAT가 에어아메리카로 이름을 바꾸고 다시 태어난 해인데, 에어아메리카의 주 임무는 라오스의 방파오 부대에 대한 군수물자와 인력 수송이었다. 라오스에서 에어아메리카의 역할은 절대적인 것이었다. 라오스 북부의 산악지대는 육로로 이동하기가 어려운 험로였고, 더욱이 군수물자 수송에 있어서는 치명적이었다. 에어아메리카의 수송기들은 인도차이나의 하늘을 누비며 자신들의 임무를 수행할 수 있었다.

1959년 북베트남이 호치민트레일을 건설하기 시작하고 이 트레일이 라오스의 북부를 통해 우회하는 것이 확실해지자 방파오의 가치는 더욱 높아졌다. 더불어 에어아메리카의 가치 역시 함께 높아졌고 더욱 활발한 활동을 보였다. 1960년대는 인도차이나에서의 아편 사업 역시 질적으로 발전한 시기였다. 먼저 에어아메리카가 험준한 산악지대의 곳곳에서 헬리콥터를 이용해 아편을 수거하는 임무에 투입되었다. 다음으로는 라오스에서 헤로인이 생산되기 시작한 것이다. 생아편의 생산에 그쳐온 산지에서 완제품인 헤로인까지 생산하게 된 것은 획기적인 전환이었다. 이로써 아편 사업의 수익성은 더욱 높아질 수 있었다. 에어아메리카의 기지가 있던 롱치엥(Long Chieng)은 아편의 집결지였고, 헤로인의 생산지였으며, 생산된 헤로인이 사이공을 향하는 출발지가 되었다.

미국, 미국의 자식들에게 바늘을 꼽다

그런데 왜 인도차이나에서 완제품인 헤로인까지 생산되고 있었던 것일까? 전통적으로 라오스의 생아편은 마르세이유에서 헤로인으로 가공되었고, 그게 프렌치 커넥션이었다. 헤로인 생산에는 기술이 필요했다. 단순히 설비만 가진다고 되는 일은 아니었다. 또한 가치는 높아지지만 그만큼 위험도 뒤따랐다. 헤로인의 생산과 공급에 개입하는 것은 그게 누구든 마약 조직으로 낙인이 찍혀야 했다. 프랑스는 라오스의 마약을 전매했지만 헤로인까지 생산하지는 않았다. CIA는 그걸 감수했다. 그 이유는 CIA의 공작이 비밀공작이었기 때문이다.

다음으로 인도차이나에서의 헤로인 소비가 급증하고 있었다. 그 비밀은 1962년부터 대규모로 남베트남에 밀려들어 오기 시작한 미군에 있었다. 생사를 넘나드는 전쟁터에 서게 된 미군 사병들에게 헤로인은 전쟁의 공포를 잠시라도 잊을 수 있는 유일한 도피처였다. 원래의 프렌치 커넥션을 이용한다면 라오스의 생아편은 마르세이유로 운반된 후 헤로인으로 가공되어 다시 사이공으로 돌아와야 했다. 남베트남이 거대한 헤로인 소비처로 바뀐 후에는 심지어 사이공의 코르시카 마피아들조차도 그것을 원하지 않았다. 그들은 에어아메리카로부터 헤로인을 직접 공급받았고, 이렇게 공급된 메이드 인 라오스의 헤로인은 프렌치 커넥션을 타고 결국은 뉴욕 항으로까지 흘러들었다. 뉴욕뿐만이 아니었다. 1959년 쿠바혁명 이전까지 프렌치 커넥션은 뉴욕과 동시에 쿠바를 통해 헤로인을 미국에 공급하고 있었다. 마이애미의 마피아들은 쿠바를 통해 프렌치 커넥션의 헤로인을 공급받아 판매해 배를 불리고 있었다. 쿠바혁명으로 이 공급선이 끊기자 마이애미의 마피아들은 사이공을 기웃거리려기 시작해 1960년대 후반이면 사이공발 헤로인은 마이애미로까지 흘러들어 가고 있었다.

1980년대 중반 코카인을 미국의 대중적인 마약으로 만든 것은 결국 미국 자신이었다. 골든 트라이앵글이 전세계 아편 생산의 60~70%에 이르는 대규모 산지로 발달하게 된 기반을 조성한 것도 미국이었다. 프렌치 커넥션과 손을 잡고 헤로인을 전쟁터에 끌려나온 미군 사병들과 나아가 미국 본토로까지 배급한 장본인 또한 미국이었다. 아프가니스탄이 세계 최대의 아편 생산지로 부상하고 있는 이유는 또 무엇 때문인가? 그런 미국이 40년 동안 끊임없이 부르짖고 있는 마약과의 전쟁은 과연 누구를 위한, 무엇을 위한 전쟁인가?

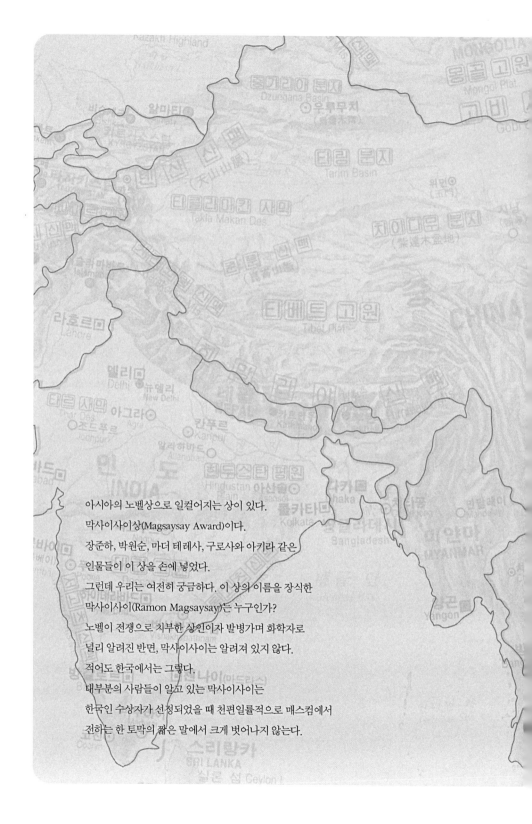

아시아의 노벨상으로 일컬어지는 상이 있다.

막사이사이상(Magsaysay Award)이다.

장준하, 박원순, 마더 테레사, 구로사와 아키라 같은

인물들이 이 상을 손에 넣었다.

그런데 우리는 여전히 궁금하다. 이 상의 이름을 장식한

막사이사이(Ramon Magsaysay)는 누구인가?

노벨이 전쟁으로 치부한 상인이자 발병가며 화학자로

널리 알려진 반면, 막사이사이는 알려져 있지 않다.

적어도 한국에서는 그렇다.

대부분의 사람들이 알고 있는 막사이사이는

한국인 수상자가 선정되었을 때 천편일률적으로 매스컴에서

전하는 한 토막의 짧은 말에서 크게 벗어나지 않는다.

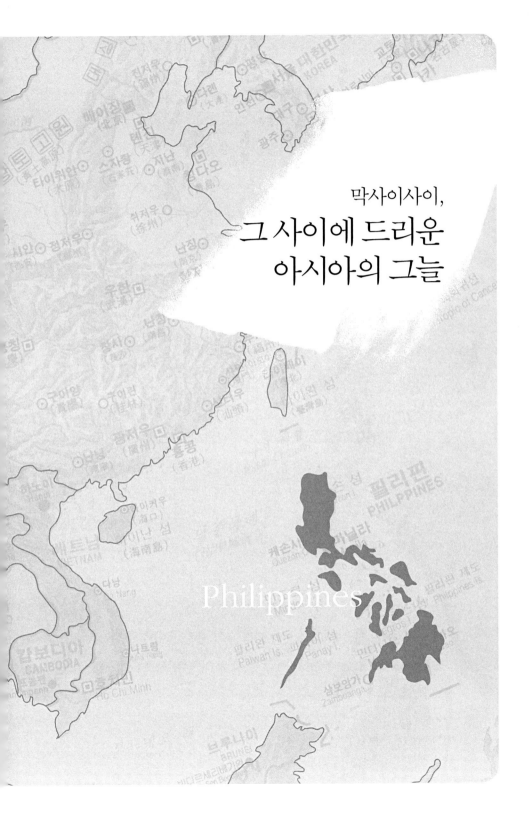

막사이사이,
그 사이에 드리운
아시아의 그늘

2006년 막사이사이상 공공부문 수상자 박원순 노벨은 절대 노벨평화상을 받을 수 없는 인물이었다. 노벨은 전쟁으로 돈을 벌었고 그 돈으로 사후의 명예를 사고자 했을 뿐이다. 막사이사이상은 어떨까? 미국의 재단들은 돈을 댔고 막사이사이는 이름을 댔다. 아시아의 노벨상으로 일컬어지고 있는 막사이사이상은 그렇게 태생부터 간단하지 않다.

노벨과 노벨상 그리고 막사이사이

노벨상을 만든 것은 스웨덴의 노벨이다. 대부분의 사람들은 세계적으로 제법 권위를 자랑하는 이 상의 창설자인 노벨이 다이너마이트를 발명해 팔아 막대한 부를 쌓은 전쟁 상인 또는 죽음의 상인이었던 것을 알고 있다. 사실 노벨상의 권위가 만만치 않게 된 계기는 이 상이 더불어 수여하는 상금이 다른 어떤 상금보다 높았기 때문이고, 그건 노벨이 부자였기에 가능했다. 사람들은 그 사실도 알고 있다.

오늘날 노벨상의 권위는 이 상의 태생과 어울리지 않게 하늘로 치솟아 있지만, 별로 개의하는 사람도 없다. 노벨이 이 상을 위해 내놓은 돈은 노벨재단이 관리하고 있지만, 상에 대해서는 스웨덴 한림원(왕립과학아카데미)이 전적으로 권한을 갖고 있다. 돈 낸 자의 영향력이 일소되어 있으므로, 상의 권위는 그만큼 높아질 수밖에 없었을 것이다. 노벨이 돈으로 사후 자신과 가문의 명예를 산 것은 분명하지만, 그렇다고 그 이상으로 비난받을 이유가 없는 것도 그 때문이다.

아시아의 노벨상으로 일컬어지는 상(賞)이 있다. 막사이사이상(Magsaysay Award)이다. 필리핀의 제3공화국 3대 대통령이었으며 역대 일곱번째 대통령이었던 라몬 막사이사이(Ramon Magsaysay)는 임기 마지막 해에 재선 운동을 벌이다 비행기 추락 사고로 세상을 떠난 비운의 인물이다. 독립 후 지금까지 변변한 대통령을 가져본 적이 없는 필리핀에서 그는 역사상 가장 청렴했던 대통령으로 추앙받는 인물로 알려져 있다. 막사이사이상은 바로 그 막사이사이를 위해 만들어진

상이다. 노벨상을 알고 있는 사람들은 한 가지 의문을 가질 것이다. 막사이사이도 노벨처럼 부자였을까? 그가 부자였는지는 모르겠지만, 자신의 이름을 딴 상을 만들 만큼 부자는 아니었거나, 그 후손들에게 그럴 의지가 없었거나 둘 중의 하나로 답을 할 수 있겠다.

1957년 3월에 비행기 사고로 목숨을 잃은 막사이사이를 기념하여 (바로 다음 달인) 4월에 제정된 이 상을 위해 돈을 댄 것은 태평양을 건너고 미 대륙을 횡단해야 만날 수 있는 뉴욕의 '록펠러형제기금'(Rockfeller Brothers Fund)이었다. 부연한다면 다섯 개 부문으로 나뉘어 수상자를 찾는 막사이사이상은 2001년에 수상 부문 하나를 더 추가했는데, 이때 필요한 돈을 댄 것은 미국의 '포드재단'(Ford Foundation)이다.

하지만 펀딩(Funding)이 수상쩍다고 해서 막사이사이상을 비난할 수는 없다. 돈을 미국인들이 댄 것은 마뜩찮지만, 노벨상과 마찬가지로 막사이사이상 역시 록펠러형제기금이나 포드재단이 상을 관리하지는 않는다. 또한 이 상을 수상했던 아시아 각국의 저명한 인물들을 떠올리면 의구심을 갖는 것도 적절치 않아 보인다. 예컨대 장준하, 박원순, 마더 테레사, 구로사와 아키라와 같은 인물들이 이 상을 손에 넣었다. 256명에 달하는 수상자들 중 마음에 들지 않는 인물이 있을 수는 있지만, 노벨상은 그렇지 않은가?

그런데 우리는 여전히 궁금하다. 이 상의 이름을 장식한 막사이사이는 누구인가? 노벨이 전쟁으로 치부한 상인이자 발명가이며 화학자로 널리 알려진 반면, 막사이사이는 알려져 있지 않다. 적어도 한국에서는 그렇다. 대부분의 사람들이 알고 있는 막사이사이는 한국인 수상자가 선정되었을 때 천편일률적으로 매스컴에서 전하는 이런 한 토막의 짧은 말에서 크게 벗어나지 않는다.

막사이사이상은 57년 항공기 사고로 사망한 라몬 막사이사이 필리핀 대통령을 기리기 위해 제정되었고 아시아의 노벨상으로 불린다. 지금까지 한국인으로서는 장준하, 장기려, 법륜 스님, 제정구 전 의원 등이 수상했다. ─ 김명수 기자, 「시민운동 윤혜란씨 막사이사이상」, 『한국일보』(2005년 8월 1일)

역시 막사이사이가 누구인지를 말해주지는 않는다. 조금 더 노력한다면 이런 종류의 좀더 자세한 내용을 찾아볼 수는 있다.

막사이사이상(Magsaysay Award)은 1957년 비행기 사고로 급서한 필리핀의 전 대통령 라몬 막사이사이의 품격과 공적을 추모하고 기념하기 위하여 설치된 국제적인 상입니다. 라몬 막사이사이(Ramon Magsaysay; 1907~1957)는 필리핀 국민들의 영웅이며 우상입니다. 일본이 필리핀을 침략했을 때 그는 자진해서 군에 입대하여 일본군과의 전투에서 리더십을 유감없이 발휘했습니다. 비록 일본군에게 패했지만 막사이사이 게릴라부대는 많은 공헌을 세웠습니다. ……
그는 수많은 업적을 남겼지만 1957년 3월 15일 불의의 비행기 추락 사고로 세상을 떠났습니다. 위대한 지도자를 잃은 필리핀은 일본에 이어 아시아 2위의 경제 선진국 자리에서 내려 경제적 추락을 계속하고 있습니다. — 정충영, 「필리핀의 자존심 막사이사이」, 『크리스천투데이』(2007년 1월 27일)

누군가에게는 귀에 익다. 그건 1970~80년대에 발간된 어린이들을 위한 세계위인전집에는 대개 막사이사이가 한 자리를 차지하고 있었고, 모든 막사이사이 전기들이 천편일률적으로 담고 있었던 내용이 이런 식이었기 때문이다. 간디나 네루가 고작이었던 당시의 세계위인전집에 인색하게나마 등장하는 아시아의 위인들에 막사이사이가 포함되었던 이유는, 돌이켜보면 아시아의 강직한 반공주의자로서 그의 이미지 때문이었다. 당연히 전기의 내용도 천편일률적인 반공 활약이 중심이었다. 때문에 반공의 광기가 지배했던 시대가 저물면서 아이들의 전집류에서도 막사이사이는 힘을 잃었고 막사이사이상의 수상자에 한국인이 선정될 때에만 가끔 입에 오르는 이름이 되었다.

개인적으로 막사이사이가 위인전을 뛰어넘어 다가온 경험은 장준하가 막사이사이상의 수상자였던 것을 알았던 때였다. 백범 김구의 이미지를 가진 장준하가 이 상을 받은 것을 알았을 때는 이미 머리가 약간 굵은 다음이었는데, 여전히 위인전의 막사이사이가 기억에 남아 있었기 때문에 좀 혼란스러웠다. 장준하와 막사이사이 사이에는 뛰어넘을 수 없는 이미지의 불일치가 존재했다. 그리곤 궁금해졌다. 막사이사이가 누구야? 소년소녀 세계위인전집의 막사이사이가 말하지 않는 막사이사이의 정체가 문득 궁금해졌던 것이다.

2006년의 공공 부문 수상자로 박원순이 선정되었을 때, 문득 나는 오래전에 가졌던 그 물음을 다시 떠올렸다. 내 기억 속에 남아 있던 위인전의 막사이사이와 박원순이 일치하지 않기는 마찬가지였다. 막사이사이는 누구일까? 그는 장준하이기도 하고 박원순이기도 했지만, 장준하일 리가 없었고 박원순일 리도 없었다. 나는 막사이사이에게로 걸어갔다. 퍽이나 오랜 세월을 함께 했던, 그러면서도 무심했던 인연이었기 때문에 내게는 뒤늦게나마 그럴 이유가 충분히 있었다.

1950년, 아시아의 미국

막사이사이는 1953년 필리핀의 대통령의 자리에 올라 1957년 비행기 사고로 목숨을 잃었다. 막사이사이가 필리핀의 대통령이 된 1950년대 초반은 전후 세계체제가 아직 요동하고 있던 때였다. 아시아에서는 한국전쟁의 포연이 이제 막 걷히고, 대신 2차 인도차이나전쟁을 준비하고 있었다(때문에 막사이사이에 대해 말하려면 1950년대 (동남)아시아부터 말해야 하고, 그러기 위해서는 1945년의 필리핀을 피해 갈 수 없다).

아시아에서 1945년 2차대전의 종전은 일본이 도발한 태평양전쟁의 종말을 의미했다. 1941년 진주만의 폭격과 함께 시작된 태평양전쟁 초기, 일본군은 동남아시아에서 유럽 제국주의의 식민지였던 지역 대부분을 점령하고 대동아공영권을 구축하는 혁혁한 성과를 거두었다. 유일하게 미국의 식민지였던 필리핀도 예외는 아니었다. 1941년 12월 일본군은 필리핀을 침공했고, 이듬해인 1942년 1월에는 마닐라를 함락시켰다. 필리핀 군사고문(Military Advisor to the Common-wealth Government)을 마지막으로 전역했던 더글러스 맥아더(Douglas MacArthur)가 1941년 극동군 사령관이자 필리핀군 야전사령관에 임명되어 돌아와 있었지만, 그는 일본군의 침공을 막을 수 있는 인물이 아니었다. "나는 돌아온다"는 말을 남긴 맥아더는 오스트레일리아로 일찍 피신했고, 미군은 5월이 되자 필리핀의 모든 지역에서 패주했다.

1944년 10월 미군과 맥아더는 약속대로 필리핀으로 돌아왔고, 1945년 1월에는 마닐라를 함락시켰다. 떠날 때와 달리 미국은 전후 초강대국으로 변모해 있었다. 돌아온 것은 미국만이 아니었다. 전전(戰前)의 식민지 종주국이었던 유럽 제국주의 국가들도 승전국이 되어 아시아로 돌아왔다. 그러나 유럽과 미국 사이에는 넘지 못할 차이가 존재했다. 미국이 치솟는 태양이었던 반면, 유럽은 노을을 물들이며 떨어지는 해였다. 태평양전쟁으로 일본군의 점령 치하에 있었던 아시아 식민지에서는 반식민지, 반파시스트 해방투쟁이 가속화되었고, 1945년 8월 일본이 패망했을 때 어제의 식민지는 오늘의 독립국이었다. 전쟁으로 탈진한 유럽 제국주의에게는 자신들의 식민지에 불어 닥친 해방과 독립의 열기를 식힐 힘이 없었다.

1945년 자신의 식민지인 필리핀으로 돌아왔을 때, 미국은 필리핀이 아닌 아시아로 돌아온 것이었다. 잃어버린 필리핀을 되찾았고 새롭게는 일본을 점령했을 뿐이지만 전후의 패자(覇者)로서 미국의 원대한 야망은 아시아에서 유럽 제국주의를 대신하는 것이었다. 그러나 1950

년이 되자 미국은 유럽과 일본을 대신해 아시아의 패권을 장악한다는 자신의 야망이 쉽게 이루어지지 않으리라는 것을 알 수 있었다.

무엇보다 중국이 그랬다. CIA의 전신에 해당하는 OSS(미 전략정보국)가 2차대전 중 전력을 질주했음에도 불구하고, 장가이섹의 중국 국민당군이 종전 직후 시작된 공산당과의 내전에서 완패를 당하고 1949년 포르모사(대만)로 패주하면서, 미국은 광활한 중국 대륙이 공산주의자들의 손에 넘어가는 것을 경험해야 했다. 사정은 다른 지역에서도 낙관적이지 않았다. 인도차이나에서는 프랑스가 코친차이나를 재점령하고 안남과 통킹까지 회복했지만, 호치민의 베트민을 섬멸하지 못한 상태에서 1차 인도차이나전쟁의 발발을 목전에 두고 있었다. 종전 1년 전에야 겨우 OSS가 개입했던 버마에서는 미국의 영향력이 미치지 못했던 반파시스트인민자유연맹(AFPFL, Anti-Fascist People's Freedom League)이 독립을 주도했다. 민족주의자와 사회주의자, 공산주의자의 연합 세력이었던 반파시스트인민자유연맹은 아웅산과 같은 민족주의자들이 주도하고 있었지만 미국이 원하는 친미 반공 세력이 될 수는 없었다. 독립 직후 내전까지 치러야 했지만, 버마에서 미국은 거의 아무런 성과도 거둘 수 없었다. 일본군 점령에서 해방되어 1945년 독립을 선언했던 인도네시아는 영국과 네덜란드와의 독립투쟁을 거쳐 1949년 완전한 독립을 쟁취했다. 인도네시아의 반식민지, 반파시스트 투쟁에서 공산주의 세력은 확고한 지위를 차지하고 있었다. 독립 후 수카르노 정권이 탄생했지만, 공산당은 여전히 폭넓은 대중적 지지를 얻고 있었고 또 권력을 위해 투쟁하고 있었다. 그러나 수

카르노는 미국이 희망했던 것처럼 공산주의 세력을 잔인하게 섬멸할 의지도, 이유도 없는 인물이었다. 1946년 영국이 제안한 말레이인연합(Malayan Union)과 뒤이어 1948년 영국의 식민지 관리 세력의 통일말레이국민조직(UMNO, United Malayans National Organization)이 주도한 말레이연방에 맞선 광범위한 대중적 투쟁은 말레이공산당이 주도하고 있었다.

돌아온 미국과 필리핀

전후 미국의 대아시아 전략은 유럽 제국주의의 식민지 직접통치에 기반한 것은 아니었다. 현실적으로 전전의 식민지 지배 방식은 이미 불가능한 것이었고, 그것을 고집할 이유가 신흥 자본주의 강대국인 미국에게는 존재하지 않았다. 미국이 원하는 것은 자본주의적 제국주의 식민지, 즉 신식민지(neo-colony)였다. 1946년 7월 4일 미국은 자신의 독립기념일에 맞추어 아시아에서 가장 먼저 자신의 식민지인 필리핀의 독립을 승인했다. 필리핀의 독립을 7월 4일로 정한 것은 1935년 필리핀연방(Commonwealth of Philippine)을 등장시킨 미국의 타이딩스-맥더피법(Tydings-MacDuffie Act)이었지만, 1946년 미국은 그보다 더욱 중요한 법안을 독립 기념 선물로 준비하고 있었다.

독립 기념으로 미국이 필리핀에 선물한 것은 '필리핀무역법'(Philippine Trade Act)이라고도 불리는 '벨무역법'(Bell Trade Act)이었다. 미 의회를 통과한 이 법안은 독립 이틀 전인 1946년 7월 2일 필리핀 제헌의회에서 승인되었다. 벨무역법은 필리핀이 여전히 미국의 식민지임을 강조했다. 미국인 또는 미국 기업은 필리핀의 광물, 삼림 등 천연자원에 대해 필리핀인과 동일한 권리를 가질 수 있었다. 미국인과 미국 기업은 원한다면 어떤 상품도 관세 없이 수입할 수 있었고 자본의 투자에도 제약이 없었다. 반면에 필리핀의 주요한 수출 품목은 미국 이외의 국가에는 수출할 수 없었다. 2차대전 전 미국 기업이 점유하던 분야는 독점적으로 그 이익을 보장받았다.

또한 외환에 있어 필리핀 페소는 미국의 달러에 페그(peg; 한 나라의 화폐의 환율을 다른 화폐의 환율에 맞춰 고정시키는 것)되어야 했으며, 환율은 고정환율로 전전의 1달러당 2페소, 누구의 눈에도 고평가된 것이 분명한 환율을 유지해야 했다. 필리핀 페소화의 인위적 고평가는 미국 기업의 이익을 지키기 위한 것이었다. 그 결과 미국으로부터의 수입은 기하급수적으로 증가했고, 독립 2년 만에 국민경제의 23%가 수입에 지출되는 결과가 빚어졌다. 필리핀은 단지 미국 상품의 시장이었으며 천연자원의 공급지였다. 말하자면 명목상의 독립일 뿐 필리핀은 전쟁 전과 다를 바 없는 미국의 식민지였다.

군사적으로 필리핀은 미군의 대아시아 전진기지였다. 독립 이듬해인 1947년 수빅 만의 미군 해군기지와 클라크의 미군 공군기지에 대한 99년 임대조약이 체결되었다. 이 조약에 따르면 필리핀은 미국 외에는 어떤 외국군도 필리핀의 기지를 임대할 수 없으며, 두 개의 미군기지는 완전히 치외법권 지대였다. 독립 필리핀은 경제적으로는 물론 군사적으로도 여전히 미국의 (신)식민지였다. 정치는 정치대로 비

1944년 11월 반일 게릴라의 활약 태평양전쟁으로 미국이 아시아에서 유일한 식민지인 필리핀에서 패주하고 일본이 그 자리를 대신했을 때, 필리핀 민중은 일본에 대항해 투쟁했다. 일본 점령하에서 공산주의 게릴라들은 가장 강력한 반일 무장조직이었다. 지주계급은 스페인과 미국에게 그랬듯이 일본에게도 협조했다. 일본에 쫓겨 달아났던 미국은 돌아와서 그 지주계급을 다시 지배계급으로 앉히고 일본과 대항해 투쟁했던 공산주의 게릴라의 섬멸에 나섰다.

틀거렸다.

독립 필리핀의 초대 대통령인 마누엘 로하스(Manuel Roxas)는 3년을 채우지 못하고 1948년 사망했고, 권력을 승계한 엘피디오 키리노(Elpidio Quirino)는 1949년 후일 '더러운 선거'(The Dirty Election)로 이름 붙여진 노골적인 부정선거를 통해 다시 대통령의 자리에 올랐다. 로하스가 그랬던 것처럼 키리노 역시 공산주의 게릴라들을 몰아내는 데에는 무능하기 짝이 없는 인물이고 정권이었다.

1945년 일본의 패주 후 다시 필리핀으로 돌아온 미국에게 가장 큰 위협은 필리핀공산당(PKP, Partido Komunista ng Pilipinas)과 게릴라조직인 후크발라합(Hukbalahap, 후크[Huk])이었다. 1942년 일본군 점령하에서 필리핀공산당의 반일 무장게릴라 조직으로 건설된 후크는 일본군에 맞선 가장 강력한 무장조직이었고 미군이 돌아온 후에도 그것은 마찬가지였다. 후크는 필리핀 최대의 무장 세력으로 성장해 있었고, 필리핀공산당은 특히 농촌 지역에서 폭넓은 영향력을 행사하고 있었다. 1945년 필리핀으로 돌아온 미국에게 최대의 적은 의심할 바 없이 공산주의 세력이었다.

1948년 로하스에 의해 불법화된 후 중부와 북부 루손의 밀림지대로 근거를 옮긴 후크는 1950년에는 1만 5천여 명의 병력을 보유한 게릴라 조직으로 성장했다. 정부군은 5만 7천여 명에 달했지만 후크에 맞설 수 없었다. 지주계급의 가혹한 수탈과 토지개혁의 외면, 부정과 부패의 만연, 정부군의 횡포 등으로 농민은 친미 정권에서 일찍 이반해 공산당과 게릴라의 물이 되어 있었다. 1950년 3월 마닐라 주변의 다섯 개 지방에 대한 후크의 공격은 전과(戰果)가 미미했지만, 정부군의 사기를 저하시키고 게릴라의 사기를 드높이는 데에는 충분했다. 공산주의 게릴라의 반란은 정점을 향해 치닫고 있었다. 1952년 게릴라의 수는 17만 명에 달했고, 이른바 기반 대중의 수는 5백만 명을 넘어서고 있었다.

게릴라전쟁에서 별다른 성과를 거두고 있지 못했음에도 불구하고 1950년 8월 키리노는 7천5백에 달하는 전투병력의 한국전쟁 파병을 결정했다. 한국전쟁 참전국 중 4위의 규모였고 이 병력은 필리핀 정부군이 보유하고 있던 유일의 포병대대였다. 자신들의 발등에 떨어진 불도 변변히 대처하지 못하는 가운데, 이제 막 독립한 신생국이 2천4백 킬로미터 밖에서 벌어진 전쟁에 이제 막 조직된 군대의 전투병력을 파병하고 있는 이 기묘한 처지에 대해 대통령 키리노는 이렇게 말하고 있었다.

가난하기 때문에, 이 나라는 여러분들을 그곳(한반도)에 보내는 큰 희생을 치르고 있다. 그러나 여러분에게 지불되는 페소 한 푼 한 푼은 우리의 해방과 자유를 위한 적절한 투자가 될 것이다. ― 1950년 9월 2일 키리노의 제10전투대대 파병 환송사 중에서

1965년 베트남 파병을 두고 박정희가 말했음직한 키리노의 이 처량한 파병사(派兵辭)는 엄살이 아니었다. 독립한 지 불과 5년 만에 필리핀 경제는 붕괴 직전에 도달하고 있었다. 벨무역법이 목덜미를 움켜

권 필리핀 경제는 1949년 키리노가 재집권할 즈음에는 국가부도의 경지에 이르고 있었다. 그러나 권력층과 지주계급은 부른 배를 주체하지 못하고 있었다. 만연한 부정과 부패로 연 10억 달러에 달하는 정부의 돈이 권력층의 호주머니 속으로 빨려 들어가고 있었다. 공산주의 세력의 섬멸과 강력한 친미 반공정권의 수립은 점차 오리무중으로 빠져 들어가고 있던 반면, 공산주의 세력은 예측 이상으로 세력을 확장하고 있었다. 그 일차적인 주범은 다른 누구도 아닌 바로 미국 자신과 그들이 내세운 부정하고 부패한 친미 정권이었다. 2천4백 킬로미터 밖의 한반도가 전쟁으로 1950년대를 맞았을 때에, 필리핀은 경제도 정치도 만신창이인 채로 1950년을 맞고 있었다.

클린업맨(Cleanup Man) 막사이사이

1950년에 접어들었을 때 미국은 상황을 반전시킬 대안을 찾기 위해 혈안이 되어 있었다. 결과적으로 이 일의 적임자는 필리핀 합동미군자문단(JUSMAG, Joint United States Military Affairs Group) 대령 신분으로 정부군의 후크 게릴라 토벌을 지원하고 있던 CIA요원 에드워드 랜스데일(Edward Lansdale)이었다. 훗날 인도차이나에서 맹활약을 펼쳤으며, CIA부국장을 거쳐 국장이 된 윌리엄 콜비(Willian Colby)가 "필리핀에서 최고의 대통령을 만들어 낸 최고의 스파이"로 평가한 랜스데일은, 하원의 국방위원장이 된 막사이사이를 주목했고, 그가 국방장관을 거쳐 대통령의 자리에 오르는 전 과정을 지원했던 인물이었다.

랜스데일의 사나이 막사이사이. 그는 1907년 필리핀 삼발레스(Zambales)주의 주도인 이바(Iba)에서 철공소를 운영하던 아버지와 교사였던 어머니 사이에서 태어난 필리핀의 평범한 중산층 출신이었다. 대학을 졸업한 후 마닐라의 버스 회사에서 일하던 그는 2차대전이 발발했을 때 군에 입대했고, 일본군의 침공으로 바탄이 함락되었을 때 '서부 루손 게릴라군'을 조직해 일본군과 싸운 경력의 소유자였다. 1944년 10월 필리핀으로 돌아온 미군은 각 지역의 게릴라 조직과 접촉했고 특히 친공산주의적 후크가 아닌 게릴라 조직에 중점을 두었다. 이때 미군의 눈에 띤 막사이사이는 1945년 초 자신의 출신지인 삼발레스의 군정 주지사로 임명되었다. 민간 주지사에 행정권을 양도할 때까지 불과 두 달 동안이었지만 막사이사이의 정치적 이력은 이렇게 시작되었다.

독립 후인 1946년 막사이사이는 하원 선거에 출마해 당선되어 본격적인 정치적 경력을 쌓기 시작했다. 게릴라 출신이 그는 하원에서 '게릴라대책위원회' 위원장직을 맡을 수 있었고 1948년 그 자격으로 미국 워싱턴D.C.를 방문할 수 있었다. 대(對)일본 참전 병사들에 대한 보상 문제 협상이 주된 임무였다. 막사이사이는 훌륭하게 이 일을 처리해 미국과 로하스의 눈에 들었다(전후 필리핀 경제 부흥의 명목으로 미국은 1947~1950년 사이 1억 달러 이상을 지원했는데, 대부분은 필리핀 참전 병사들에 대한 보상금이었다).

1949년 막사이사이는 키리노의 '더러운 선거'에서 하원의원에 재선되었다. 이 두번째 임기에서 그는 국방위원장직을 맡았고 합동미군자문단의 소령 랜스데일과 빈번한 접촉을 가졌다. 하원의원과 국방위원장직만으로도 중산층 출신 막사이사이에게는 대단한 정치적 출세였지만, 그는 그것으로 자신의 정치적 야망을 접지 않았다. 랜스데일은 이 야망으로 가득찬 반일 게릴라 출신의 반공주의자가 미국에게 반드시 필요한 사내라는 것을 알 수 있었다.

1950년 막사이사이가 대통령 키리노에게 공산게릴라(후크)의 토벌에 관한 계획을 제출했을 때 막사이사이는 이미 '미국의 사내'였다. 키리노는 막사이사이를 국방장관으로 임명하지 않을 수 없었다. 그것은 파격적인 조치였다. 국방장관은 권력의 핵심을 상징했고, 권력은 대지주계급에 근거한 상류가문의 배타적 독점물이었다. 막사이사이의 권력 핵심부 진입은 오직 미국의 지원으로 가능했다. 국방장관이 된 막사이사이는 미국의 숙원인 공산게릴라 토벌에 혁혁한 성과를 보여줌으로써 이에 보답했다. 게릴라 출신인 그는 상류계급 일색인 필리핀 권력층에서 공산게릴라를 이해하고 있는 유일한 인물이었다.

군의 최고책임자가 된 막사이사이는 공산주의 게릴라 토벌이 지지부진할 수밖에 없었던 두 가지 조건의 발본색원에 나섰다. 막사이사이가 총력을 질주한 것은 게릴라와 직접 맞서는 병사들의 처우 개선과 사기 진작이었다. 병사들에게 돌아가야 할 식량과 급여를 빼돌리는 부정과 부패가 만연한 필리핀군에서 막사이사이의 이런 노력은 병사들로부터 즉각적이고 광범위한 지지를 얻을 수 있었다. 세 명의 장군이 자리에서 물러났고, 다수의 장교들이 부정부패를 이유로 축출되었다. 그와 함께 막사이사이는 농촌 지역에서 필리핀 정부군이 벌이던 악행

1951년 11월자 『타임』에 실린 '클린업맨' 막사이사이 빈한한 중산층 출신 막
사이사이는 필리핀 역사상 지주계급 출신이 아닌 단 두 명의 대통령 중 하
나이다. 막사이사이가 하원의 국방위원장, 국방장관을 거쳐 대통령이 될
수 있었던 것은 미국이 그를 필요로 했기 때문이었다. 그는 부패한 지주계
급 출신의 정치인과 군인들은 결코 할 수 없었던 일, 공산주의 게릴라를 토
벌하는 일에 발탁되었다. 막사이사이의 일이 끝났을 때 권력은 다시 지주
계급의 손으로 돌아갔다.

들을 줄여나가기 시작했다. 막사이사이가 주도한 게릴라 토벌 작전은 이전과는 비교할 수 없는 성과를 거두기 시작했다.

1951년 11월 미국 시사주간지 『타임』은 「청소부 사내」(Cleanup Man)라는 표지기사와 함께 막사이사이를 표지인물로 다루었다. 표지에는 막사이사이의 사진과 함께 "필리핀의 막사이사이 ─내 아버지라도 법을 어기면 감옥으로 보내겠다."는 타이틀이 선을 보였다. 그보다 앞선 4월, 「후크에 맞선 희망」이라는 장문의 기사가 『타임』에 실린 지 반년 만이었다. 『타임』은 막사이사이에 대한 미국의 기대를 정확하게 반영하고 있었다. 부패한 필리핀군은 공산주의 세력을 몰아낼 수 없었다. 공산주의 세력을 몰아내지 못한다면 필리핀에서 미국의 기대는 무산될 수밖에 없었다. 미국은 막사이사이와 같은 강직하고 전투적인 반공주의자가 절실하게 필요했다.

그런데 막사이사이는 왜 그토록 비타협적인 반공주의자였던 것일까? 필리핀 정부군의 장군들도 분명히 공산주의를 혐오하고 증오했다. 공산주의는 그들에게도 심각한 적이었다. 그들과 막사이사이 사이에는 어떤 간극이 존재했던 것일까? 그건 이렇게 말할 수도 있다. 부패한 필리핀 정부군 장군들에게는 반공도 중요했지만 그보다 항상 돈이 먼저였다. 그들은 게릴라들과 싸울 병사들의 식량과 담요 그리고 군복과 군화를 빼돌리는 데 주저하는 법이 없었고, 총을 이용해 이권을 찾는 일이 먼저였다.

그러나 막사이사이는 그렇게 행동하지 않았거나 한편으로는 그럴 수 없었다. 그는 스페인 식민지 시대부터 미국 식민지 시대를 거쳐 독립 후 필리핀의 정치, 경제 등 모든 분야를 지배하는 자리에 오른 대지주 기반의 상류가문 출신이 아니었다. 필리핀의 정치와 군에 만연한 부정과 부패는 이들 지배계급이 맺고 있던 강고한 카르텔의 산물이었다. 막사이사이는 원천적으로 그 계층에서 소외될 수밖에 없는 인물이었다. 때문에 막사이사이가 하원에 진출한 후 국방위원장을 거쳐 마침내 국방장관에 임명되었을 때, 그것은 상식을 넘어선 파격일 수밖에 없었다. 그리고 그 배후에는 미국과 CIA가 있었다. 그는 자신이 어떻게 그 자리에 설 수 있었는지, 또 어떻게 해야 자신의 정치적 야심을 실현할 수 있는지 알고 있었다. 그는 자신의 어떤 능력이 미국의 눈에 들었는지, 미국이 무엇을 원하는지 알고 있었다. 더욱 중요한 사실은 그가 그것을 잘 할 수 있는 능력의 소유자였다는 것이다. 같은 시기를 전후해 미국이 아시아에서 발탁했던 인물들, 예컨대 이승만과 응오딘지엠에 비교한다면 막사이사이는 윌리엄 콜비가 말했던 것처럼 그 중 최고의 인물로 손색이 없었다.

1952년 막사이사이는 두번째로 미국을 방문했고 따뜻한 환대를 받았다. 워싱턴은 막사이사이에게 당시 동부 최고의 육군병원인 월터 리드에서의 건강진단 기회를 제공함으로써 그 환대를 과시했다. 막사이사이는 이제 미국의 대안으로 부상하고 있었고, 대통령 키리노에게는 강력한 정적(政敵)으로 성장하고 있었다. 1953년 대통령 선거를 앞두고 국방장관직을 사임한 막사이사이는 대선 출마를 선언했다. 그리고 그는 키리노를 물리치고 3대 대통령에 당선되었다. CIA가 막사이사이의 대통령 당선을 위해 필요한 모든 일을 해치운 것은 의심할 여지가 없었다. 대통령 막사이사이는 강직하고 성실한 친미 반공주의자로서 필리핀공산당과 후크에게는 악몽이었지만 미국에게는 '최고의 대통령'이었다.

막사이사이와 1950년대 필리핀 경제의 성장

막사이사이의 등장과 함께 때를 맞추어 필리핀 경제는 독립 직후의 파탄 지경에서 벗어나 성장 가도에 진입했다. 1950년이 되었을 때 세계 최고의 빈국 대열에서 벗어나지 못했던 필리핀은, 50년대 말이 되자 일본에 뒤이어 아시아 2위의 경제 부국으로 성장할 수 있었다. 부도 직전의 위기에 몰렸던 키리노와 비교한다면, 막사이사이 시대는 필리핀의 경제 부흥 시대였다.

한편 막사이사이의 대중적 인기는 이전 어느 대통령과도 비교할 수 없이 높았다. 그건 막사이사이가 상류계급 출신이 아니었기 때문이기도 했다. 그는 식민지 시대에 상류계급을 형성했던 스페인과의 혼혈 가문이 아닌 순수한 말레이계로 진정한 필리핀의 자식이었다. 그는 또 평민에서 대통령의 자리에 오른 입지전적인 인물로서 필리핀 민중의 이해를 대변할 것처럼 여겨진 최초의 지도자였다. 무엇보다 막사이사이가 집권하면서 필리핀 경제가 나락에서 벗어나 발전 가도에 오르기 시작한 것이 결정적이었다.

막사이사이의 집권과 때를 맞추어 경제가 발전하기 시작한 것이 우연은 아니었다. 우선 1950년의 한국전쟁이 계기를 마련했다. 1950

년 6월 27일(한국전쟁이 발발한 이틀 뒤) 트루먼은 한국과 필리핀에 대한 군사원조를 강화하겠다는 성명을 발표했으며, 의회 또한 트루먼의 이런 요구를 거절하지 않았다. 한국과 필리핀에 대한 1천6백만 달러의 군사원조가 승인되었다. 의미심장한 것은 미국 의회가 이 원조금을 승인하면서 필리핀 항목에 공산게릴라인 후크를 언급했다는 것이다. 같은 해 국방장관에 임명된 막사이사이에게는 더없이 유리한 조건이었다. 미국은 한국전쟁을 계기로 필리핀에 대한 지원을 더욱 강화하지 않을 수 없는 형편이었다.

독립 직후인 1940년대 후반 필리핀의 현실은 지주계급과 지배계층의 사치와 낭비, 권력층의 부정과 부패로 경제가 파탄 지경에 이르고 있었다. 지주계급들이 토지개혁을 거부하고 사병을 동원해 농민들을 학살하고 수탈하면서, 농민들의 불만은 하늘을 찔렀고 중부 루손(Luzon)지역을 중심으로 농민반란이 잇달고 있었다. 대지주 중심의 식민지 플랜테이션 농업은 요지부동의 철옹성이었으며, 키리노는 물론 미국 역시 자신들의 절대적 기반인 지주계급의 이익에 반하는 토지개혁은 엄두를 낼 수 없었다. 필리핀 경제는 지주계급에게 발목을 잡혀 급락하고 있는 형국이었다. 경제의 붕괴와 함께 공산주의 세력의 확장은 더욱 가속화되고 있었다.

미국으로서는 한반도에서 공산주의와의 전쟁을 벌이면서 후방기지인 필리핀의 이런 상황을 묵과할 수 없었다. 한국전쟁을 계기로 미국의 필리핀 군사원조는 본격화되기 시작했으며, 필리핀 합동미군자문단은 막사이사이의 공산주의 게릴라 토벌에 대해 모든 지원을 아끼지 않았다. 이전까지 지지부진했던 게릴라 토벌이 막사이사이의 등장과 함께 괄목할 만한 성과를 보이기 시작했던 이면에는 이처럼 한국전쟁과 함께 급증한 미국의 필리핀 군사원조가 버티고 있었다. 군사원조로 흘러들어간 막대한 달러는 붕괴하고 있던 필리핀 경제에 생명수가 될 수 있었다.

또한 1949년 등장한 '외환·수입 통제 정책'은 미국이 독립과 함께 벨무역법으로 죄었던 고삐를 늦추는 신호탄이었다. 페그는 여전히 고수되고 있었지만 외환과 수입에 있어 통제 조치를 허용함으로써 부도 직전에 이른 필리핀 경제를 회생할 수 있는 탈출구를 열어두고 있었다. 이 정책은 1950년대에 들어 본격적인 경제적 효과를 필리핀에 안겨주었다. 직접적인 경제원조 또한 확대일로를 걸었다.

1949년에 시작된 외환과 수입 통제는 수입 품목과 자본을 통제하여 국내의 산업화에 유리한 조건을 조성할 수 있게 했다. 조치가 시행된 지 1년 만에 수입은 40%가 급감했고, 1950년대를 통틀어 수입이 1949년의 수준에 달한 것은 단 한 차례뿐이었다. 대다수 농민과는 여전히 무관한 것이었지만, 이 정책은 내수 품목을 위주로 한 산업화를 촉진시켰고 제조업 발달을 고무했다. 외국(미국) 기업의 과실송금(투자가들이 외국에 투자해서 얻은 이익을 본국에 송금하는 것)에 적용되는 환율을 불리하게 적용해 사실상 과실송금을 제한했다. 경제는 성장했다. 1950년대 국민총소득은 56% 성장을 기록했고, 1인당 국민소득도 1950년에 297페소에서 1958년에는 400페소로 증가했다. 제조업 부문은 연간 10~12%의 성장을 지속했고, 인플레이션은 2%대에 머물렀다. 외환보유고는 사상 최고를 기록했다. 외채는 감소했다. 후일 수입대체산업화(ISI, Imports Substitution Industrialization)로 명명된 이 시기는 필리핀 역사상 정치적·경제적으로 가장 안정된 시기였다.

바로 그 1950년대. 막사이사이의 화려했던 재임기와 정확하게 맞물리는 이 시대는 외형적으로 경제성장을 구가했고, 강력한 친미 반공정책으로 공산주의 세력을 위축시키면서 정치적으로 안정된 것처럼 보인 시대였다. 전에도 후에도 필리핀에는 이런 시대가 존재하지 않았다. 그러나 이 성장의 시대는 같은 기간 동안에 급증한 미국의 경제·군사원조가 버팀목 역할을 하고 있었다. 1952년에서 1961년에 이르는 기간 동안 미국은 필리핀 경제발전 지원의 87%를 부담하고 있었다. 미국의 군사원조와 경제원조는 1950년대는 물론 1960년대에 이르기까지 총원조의 3분의 2를 차지하고 있었다. 이후 세계은행과 IMF가 그 자리를 대신한다는 것을 고려한다면 이 시기에 있어서 미국의 군사·경제원조는 특별한 것이 아닐 수 없었다.

그럼에도 불구하고 경제성장의 과실은 여전히 소수의 지배계층에게 돌아갔다. 급속하게 발달하기 시작한 제조업의 자본은 모두 지주계급 등 지배계층으로부터 흘러나왔고, 이윤 또한 그들에게로 되돌아갔다. 인구의 절대적 다수를 차지하는 농민은 토지개혁의 실종과 지주계급의 혹독한 수탈과 탄압으로 산업화의 어두운 그늘 아래에서 신음만을 토해야 했다. 더욱이 1950년대에 달성된 이 모든 빛나는 성과들은 1960년대 이후 필리핀 경제를 다시금 위기에 몰아넣고, 정치적 혼란 속에서 결국 마르코스 친미 독재정권의 장기집권으로 이어지게 했던 그 모든 이유들을 배태하고 있었다.

1957년 막사이사이가 비행기 사고로 목숨을 잃지 않았어도 1950년대는 끝나가고 있었다. 한국전쟁과 공산주의 세력의 확장이 결과한 필리핀에 대한 미국의 비상한 경제적·군사적 원조와 경제적 양보(외환·수입 통제)는 1950년대 말이면 이미 시효가 끝나가고 있었다. 1950년대의 수입대체산업화는 국내 제조업을 발달시켰지만 농산물 수출을 억제하는 효과를 가짐으로써 지주계급의 반발을 사고 있었다. 또한 필리핀의 미국 자본 역시 10년을 넘기고 있던 불이익을 더이상 감내할 생각이 없었다. 막사이사이의 사망 후 1959년의 선거에서 집권한 세력은 1962년 자본에 대한 모든 통제를 철폐하기로 결정했다. 미국과 IMF는 즉각적으로 3억 달러의 차관을 증여하는 것으로 이 조치를 환영했다.

1950년대 필리핀 경제를 엄호했던 외환·수입의 통제가 사라지면서, 1960년대 중반 이후 외자의 도입이 급증했다. 전후 아시아의 경제대국으로 발돋움한 일본은 대필리핀 직접투자의 다크호스로 등장했다. 재정적자는 급증했고 이를 메우기 위한 외채는 다시 외채를 상환하기 위한 외채를 증가시키는 악순환으로 이어졌다. 1962년에서 1969년에 이르는 7년 동안 필리핀의 외채 규모는 2억 7천5백만 달러에서 18억 8천만 달러로 급증했다. 원자재와 농산물 무역업체, 다국적 기업들의 이익 역시 급증했다. 반면에 1950년대에 급속하게 발전했던 제조업 부문은 하루아침에 몰락의 길을 걸어야 했다. 필리핀 경제 또한 수렁에 빠져들기 시작했다. 노동자 농민의 투쟁이 격화되기 시작한 것은 자연스러운 귀결이었다. 쇠퇴의 길에 접어들었던 필리핀공산당은 마오주의 노선을 앞세워 재정비에 나섰고, 신인민군으로 무장게릴라 조직을 재편했다.

아시아의 다른 지역과 남미와 마찬가지로 미국의 선택은 민중의 투쟁을 폭력적으로 압살할 수 있는 자에게로 돌아갔다. 1965년 페르디난드 마르코스가 대통령의 자리에 올랐고, 1972년 계엄령을 선포하면서 필리핀에는 1인 장기 독재체제가 시작되었다. 이듬해인 1973년은 남미의 칠레에서는 아우구스토 피노체트(Augusto Pinochet)가 쿠데타를 통해 권좌에 오른 해였다. 미국의 눈으로 볼 때 필리핀의 마르코스와 칠레의 피노체트는 같은 필요에 의해 선택된 두 얼굴의 동일인물이었다.

1899년 필리핀공화국의 대통령 에밀리오 아기날도(Emilio Aguinaldo)로 시작되어 글로리아 아로요(Gloria Arroyo)에 이르는 열네 명의 필리핀 대통령 중 막사이사이는 빈민 출신이자 영화배우 출신인 조지프 에스트라다(Joseph Estrada)와 함께 대통령의 자리에 오른 단 두 명의 평민 중 하나였다. 그것만으로도 막사이사이는 필리핀 현대사에서 특이한 위치를 차지하는 인물이다. 더욱이 그는 결국 배타적인 지배계급의 손에 의해 축출당한 에스트라다와 달리 임기를 마치지는 못했을지언정 재임 기간 내내 권좌를 지켰으며 가장 폭넓은 인기와 지지를 누렸던 필리핀 제3공화국 이래 유일의 대통령이었다. 그는 식민지적 계급지배가 온존하고 고착되어 현대로까지 이어진 필리핀의 고단한 역사가 품에 안은 단 한 번의 신기루였다. 또한 그가 내세우고 실천했던 부정부패의 척결은 독립 필리핀 민중이 소망하는 바였지만 지배계급의 탐욕에 짓밟혀야 했던 꿈이었고, 막사이사이 전에도 후에도 이루어지지 못한 꿈이었다.

그는 완고하고 강직한 친미 반공주의자였다. 그는 식민지 지주계급이 토지개혁에 저항하며 농민들을 살해하고 수탈했던 필리핀을 군사적으로, 정치·경제적으로 예속시킨 미국을 외면했다. 그는 공산주의가 농민들 속에 뿌리를 내린 이유를 무시하고 공산주의를 군사적으로 섬멸하는 데 앞장선 맹목적 파시스트였다. 그는 본질적으로는 그의 전과 후에 존재했던 필리핀의 대통령들과 다를 바 없는 인물이었다.

막사이사이의 밝은 이미지가 막사이사이상을 오늘까지 유지될 수 있도록 만들고 그 수상자들에게 명예롭게 받아들여진다면 그로써 족한 일이다. 게다가 그는 현직을 포함한 필리핀의 역대 대통령들 중에서는 그래도 좀 나은 대통령인 것이 분명하다. 그러나 그 상에 붙여진 이름, 막사이사이에 대해 무심할 수는 없다. 그 이름 속에는 우리가 외면할 수 없는 아시아의 역사가 살아 숨 쉬고 있기 때문이다.

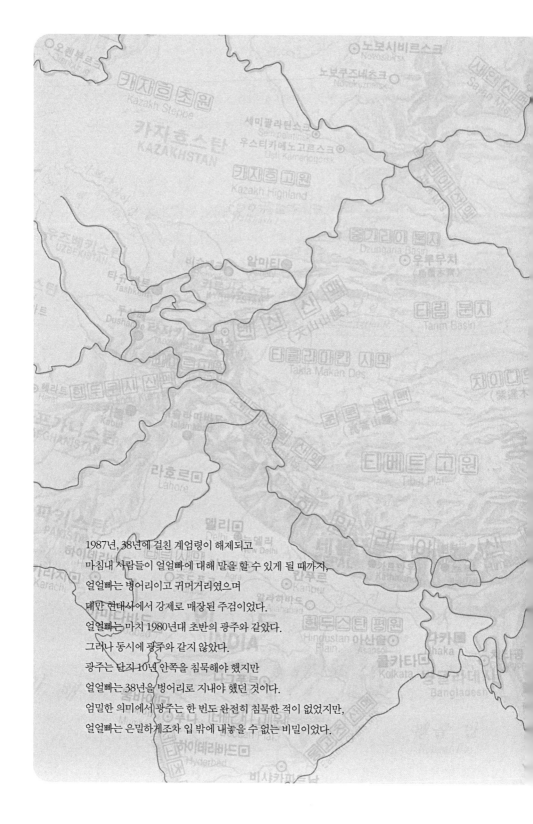

1987년, 38년에 걸친 계엄령이 해제되고
마침내 사람들이 얼얼빠에 대해 말을 할 수 있게 될 때까지,
얼얼빠는 벙어리이고 귀머거리였으며
대만 현대사에서 강제로 매장된 주검이었다.
얼얼빠는 마치 1980년대 초반의 광주와 같았다.
그러나 동시에 광주와 같지 않았다.
광주는 단지 10년 안쪽을 침묵해야 했지만
얼얼빠는 38년을 벙어리로 지내야 했던 것이다.
엄밀한 의미에서 광주는 한 번도 완전히 침묵한 적이 없었지만,
얼얼빠는 은밀하게조차 입 밖에 내놓을 수 없는 비밀이었다.

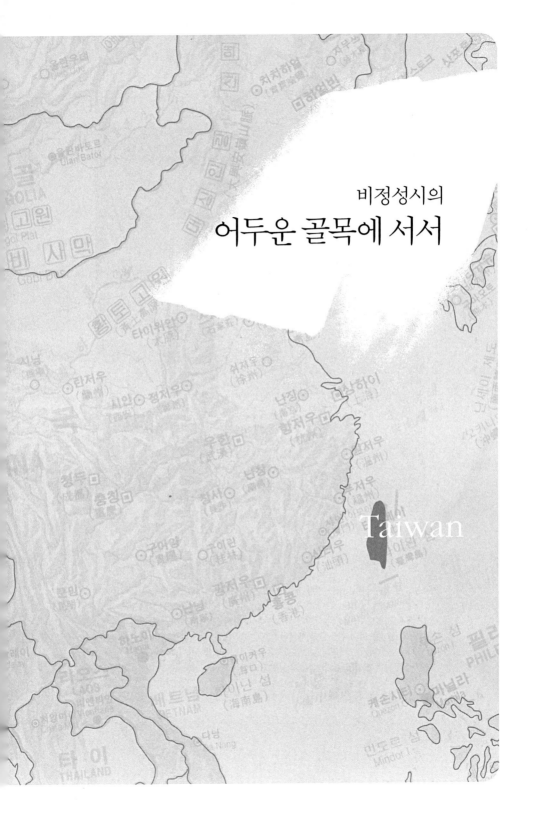

비정성시의
어두운 골목에 서서

Taiwan

비정성시 영화 「비정성시」는 비정(非情)을 말한다. 카메라의 렌즈는 일가족의 비극에서 한 순간도 벗어나지 않지만, 이 영화가 말하려고 하는 것은 일가의 비극이 아닌 역사의 비정 이다. 역사란 얼마나 비정한 것인가. 영화는 담담하게 그 비정한 역사를 그려내고 벙어리 사진사 임문청은 아내와 유일한 자식과 함께 마지막 사진을 찍는다. 태엽이 감긴 임문청 의 카메라는 셔터가 눌려질 때까지 즈르륵 소리를 내며 돌아간다. 태엽이 모두 풀리고 찰 칵, 셔터가 눌리는 그 순간, 당신은 임문청의 카메라가 되어 역사를 보고 있다. 이윽고 당 신은 인화된 비정한 역사가 당신의 손에 쥐어져 있는 것을 발견할 것이다. 그 비정을 어떻 게 할지는 당신의 몫이다.

임문청은 왜 벙어리가 되었을까?

> 제작사는 시장에서의 성공을 보장받기 위해 홍콩 배우를 기용하길 바
> 랐는데, 그 모든 배우 중에서 내가 탄복했던 사람은 둘이었다. 하나는
> 저우룬파(주윤발)이었고, 다른 하나는 결국 캐스팅하게 된 량차오웨
> 이(양조위)였다. 「비정성시」(非情城市)는 기존 대만 영화들과 달리 동
> 시녹음으로 찍었다. 량차오웨이가 만다린어와 대만어로 연기하는 게
> 불가능할 거라고 생각했고, 그 문제를 해결하기 위해 그를 귀머거리
> 에 벙어리로 만들었다.
>
> ─ 허우샤오시엔(侯孝賢)

허우샤오시엔의 영화 「비정성시」는 그렇게 벙어리가 된 량차오웨
이가 등장한다. 감독 스스로가 밝힌 것처럼 극 중의 임문청(林文淸)이
벙어리가 된 사연은 배역을 맡은 홍콩 출신인 량차오웨이가 만다린어
와 대만어를 할 수 없던 문제를 해결하기 위해서이다.

이때의 대만어(臺灣語)는 민난어(閩南語)에 속하는 언어로 대만
원주민의 토착어는 아니지만 광둥어(廣東語)가 쓰이는 홍콩의 량차오
웨이가 당장 할 수 있는 언어는 아니다. 서구에서 흔히 만다린
(Mandarin)이라 불리는 북방어(北方語)도 량차오웨이에게는 마찬가지
이다. 그런데 임문청이 벙어리가 된 이 재미있는 후일담에서 북방어는
논외가 되어야 한다. 왜냐하면 영화의 배경이 되는 1945년에서 1949
년에 이르는 시기, 대만이 일본 제국주의의 식민지 통치에서 해방된

직후를 말한다면 북방어는 이제 막 대륙에서 밀려들어온 장가이섹의 국민당 점령자들이 대만인들에게 폭력적으로 강요하던 언어이기 때문이다. 그러니 리얼리티를 위해서라면 「비정성시」의 주인공들 중 누구도 사용할 수 없는 언어이다.

하지만 량차오웨이가 민난어를 구사할 수 있다고 해서 임문청이 말을 할 수 있었던 것일까? 아니, 허우샤오시엔이 임문청을 벙어리의 처지에서 구할 수 있었던 것일까? 나는 허우샤오시엔이 임문청이 벙어리가 된 사연에 량차오웨이를 걸고넘어졌던 것은 그저 쓰고 떠들 거리를 하나라도 더 만들어주기 위한 영화 마케팅 차원의 홍보술, 말하자면 립서비스라고 본다. 그건 임문청이 없는 「비정성시」를 떠올릴 수 없고, 벙어리가 아닌 임문청을 상상할 수 없다는 결과론적 이유 때문이 아니라, 이 영화가 다름 아닌 2·28(二二八, 얼얼빠)에 관한 영화이기 때문이다.

허우샤오시엔의 영화 「비정성시」에는 어깨를 부딪혀야 하는 좁고 어두운 골목이 존재한다. 그 좁은 골목의 어두운 그늘 아래에는 얼얼빠라는 이름의 등 굽은 노파가 힘없이 벽에 기대어 웅크리고 있다. 이 등 굽은 노파가 당신의 손을 잡아주지 않는다면, 그래서 어두운 골목 밖으로 인도해주지 않는다면 당신은 골목의 밖으로 나갈 수 없다. 그런데 대만의 현대사는 바로 그 골목 밖에 존재한다. 「비정성시」는 바로 그 등 굽은 노파에 대한 허우샤오시엔의 영화이다.

「비정성시」에서 말하지 못하고 듣지 못하는 것은 임문청이지만, 사실을 말한다면 벙어리이고 귀머거리인 것은 임문청도 량차오웨이도 아닌 얼얼빠 자신이다. 이해를 돕기 위해서 「비정성시」의 가장 인상적인 두 장면을 떠올려보자.

1947년 2월의 마지막 날 길거리에서 벌어진 평범한 사건으로 촉발된 항쟁이 섬의 전역으로 퍼져 나가던 그때, 임문청이 갇힌 타이베이 헌병대의 감방에서 청년들은 하나둘씩 끌려 나가 총살에 처해진다. 감방 안의 누구도 끌려 나간 청년들이 목도한 운명을 눈으로 바라볼 수 없지만, 살인과 죽음은 날카로운 금속성 소리로 전달된다. 듣지 못하는 임문청은 창살 너머로 시선을 고정한 채 미동조차 할 수 없다. 또 다른 장면. 항쟁에 나선 청년들은 열차 안에서 외성인(外省人; 중국에서 건너온 사람)을 수색한다. 임문청을 발견한 그들은 외성인인지를 묻는다. 임문청은 아니라고 말하기 위해 안간힘을 쓰지만 그의 입에서는 아무 말도 튀어나오지 못한다. 다시 말하면 이건 대만 현대사와 얼얼빠에 대한 영화적 은유이다.

1987년, 38년에 걸친 계엄령이 해제되고 마침내 사람들이 얼얼빠에 대해 말을 할 수 있게 될 때까지, 얼얼빠는 벙어리이고 귀머거리였으며 대만 현대사에서 강제로 매장된 주검이었다. 얼얼빠는 마치 1980년대 초반의 광주와 같았다. 그러나 동시에 광주와 같지 않았다. 광주는 단지 10년 안쪽을 침묵해야 했지만 얼얼빠는 38년을 벙어리로 지내야 했던 것이다. 엄밀한 의미에서 광주는 한 번도 완전히 침묵한 적이 없었지만, 얼얼빠는 은밀하게조차 입 밖에 내놓을 수 없는 비밀이었다. 그건 남도의 한 지점에서 벌어진 광주학살에 대한 속삭임이 그 직후부터 물결처럼 사방으로 퍼져나갈 수 있었던 반면, 얼얼빠는 이 섬의 전역에서 자행되었고 모두가 당해야 했지만 그 누구도 말할 수 없는 학살이었기 때문이다. 비교한다면 얼얼빠는 광주학살이 아니라 한국전쟁에서의 양민학살에 더 가까웠다. 그러니 허우샤오시엔이 임문청을 듣게 하고 말하게 했다면 그가 「비정성시」를 만드는 것이 가능하기나 했을까?

「비정성시」에는 임문청이 벙어리인 이유 말고도 더 내밀한 비밀이 숨어 있다. 그건 허우샤오시엔 자신이다. 1947년 국공내전의 혼란 속에 대륙의 한구석인 광둥성의 메이샨에서 태어나 이듬해인 1948년 대만으로 이주한 허우샤오시엔은 말하자면 외성인에 속한다. 이건 아이러니이다. 왜냐하면 「비정성시」가 다루고 있는 2·28은 아주 간단하게 말하자면 섬에 들어온 외성인이 내성인(內省人; 대만 원 거주민)을 학살한 사건이기 때문이다. 그러나 이렇게 말할 수 있지 않을까? 1947년 4월에 태어난 허우샤오시엔은 1947년의 2·28학살과 동갑내기이다. 허우샤오시엔은 자신이 세상에 태어났던 바로 그 해에 일어났던 어떤 사건에 자신만의 운명적인 의미를 부여했을지도 모를 일이다. 또는 이 항쟁과 학살이 외성과 내성이라는 경계에서 폭발한 사건 이상으로 중요한 무엇을 감추고 있기 때문인지도 모른다.

2·28기념관을 찾아

2006년 타이베이의 2·28기념관을 두번째 찾았던 날은 아침부터 추적추적 비가 흩뿌렸다. 아열대 북방의 쓸쓸한 냉기가 섞여든 눅눅한 습기가 도시 전체를 휩싸고 있었다. 지하철역에서 나와 지상으로 빠져나왔을 때 비는 거의 그쳐 있었다. 역의 출구에서 멀지 않은 곳에 작은 공원이 있고, 기념관은 공원 한 모퉁이에 자리 잡고 있다. 노인 대여섯 명이 한구석에서 기공체조를 하고 있는 공원은 넓지 않아 아담했고 조용했으며 평화롭게 보였지만, 한편으로는 이유 없이 쓸쓸해 보였다. 빗물을 머금은 아열대 나무들의 가지에서는 빗방울이 떨어졌다. 공원 사이를 가로지르는 짧은 포도를 걷는 동안 불어온 바람에 푸른 활엽들은 빗방울을 머금은 채 툭툭 떨어졌다.

기념관을 찾는 것은 어렵지 않다. 대리석 여인상이 기념관 앞 작은 마당 앞에 세워져 있다. '2·28기념관'이라 쓰인 반원의 표석(標石)은 그 왼쪽으로 땅에 붙어 서 있다. 그 뒤로 일제 식민지 시대에 총독부 교통국 건물이었으며 그 뒤 라디오 방송국이기도 했던 ㄷ자 형태의 2층 건물이 보이면 그게 기념관이다. 처음 이곳에 왔을 때처럼 나는 기념관으로 먼저 발을 들여놓는 대신 한참 동안 표석 주변을 서성였다. 느낌은 변하지 않았다. 허전하고 심심했다. 항쟁이거나 학살이거나 민주이거나, 아무런 단어에 의해서도 수식되지 않고 단지 '2·28'이란 날짜를 가리키는 숫자로 수식되는 기념관이었다.

마침 건물 왼편의 작은 화단에 어른 키를 넘는 흰색의 말뚝이 박혀 있는 것이 보였다. '세계인류평화의 기원'(期望世界人類平和)이란 글자가 적힌 말뚝은 영구적인 전시물로는 보이지 않았지만 기념관을 묵묵히 둘러싸고 있는 침잠한 분위기와 어울렸다. 기념관 내부는 여전히 소박하고 깔끔했다. 2·28 전후, 그러니까 일제로부터의 해방 전후

2·28기념관의 판화 번쩍 손을 든 판화 속의 여인은 이제 막 트럭 뒤의 사내가 쏜 총알에 맞아 쓰러질 참이다. 이제 막 일본 식민지에서 해방된 대만의 그녀는 여전히 게다를 신고 있다. 총을 든 자들은 일본인들이 아닌 중국 본토의 외성인들이다. 허리를 굽혀 게다를 벗겨줄 것으로 기대했던 자들은 한껏 거만한 태도로 학살을 자행하는 살인자들이었다. 웃으면서.

와 1945년 대륙으로부터 장가이섹 국민당군이 진주한 후 2·28에 이르기까지의 정치적·경제적 배경이 잘 드러난 당시의 신문·잡지 자료들과 사진들, 잘 만들어진 설치물 등을 통해 '사건'은 제법 일목요연하게 정리되어 있었다. 2층에는 장가이섹 독재에 맞선 민주화투쟁을 2·28의 진상 규명에 초점을 맞추어 보여주는 얼마간의 비주얼한 전시물들이 전시되어 있었고, 그 한편에 작은 시청각실이 마련되어 있어 2·28 다큐멘터리를 상영하고 있었다.

천천히 기념관을 도는 동안 나는 어쩔 수 없이 한 가지 의문을 품었다. 이 기념관은 진상을 밝히려고 최선의 노력을 다하지만, 결론은 평화와 화합으로 모아지고 있었다. 나는 이것이 2·28에 대해 과연 온당한 자세인지를 확신할 수 없었다. 아무도 책임지지 않는 학살의 진상이라면 그걸 무엇을 위해 쓸 것인가? 책임을 묻기에는 너무도 오랜 세월이 지난 것일까?

2·28기념관을 찾기 전 날, 나는 중정(中正; 장가이섹의 호)기념당을 찾았다. 25만 평의 부지에 세워진 중정기념당은 직전에 찾은 국부(쑨원)기념관도 감히 비교할 수 없는 규모였다. 넓고 높은 홀에 25톤의 청동을 들여 만들었다는 6.5미터 높이의 장가이섹 좌상은 만만치 않은 기단의 높이까지 더해져 한껏 거만한 자세로 방문객들을 맞고 있었다. 둘러싼 돌담의 둘레만도 1.2킬로미터에 달하는 장대한 규모의 중정기념당에 비교하면, 2·28기념관은 기념당 한켠의 작은 화단보다 작았다. 마침 국민당 주석 선거 관련한 행사로 북적이던 중정기념당의 번잡함은 2·28기념관의 한적함과 고요 그리고 평화로움과 극적으로 대

비되었다. 그 대비는 학살의 주범과 희생자 사이에 놓인 지독한 불균형으로 다가왔다.

　타이베이 시내를 오가는 동안 나는 여러 대의 스피커를 매달고 사방을 대만 독립을 주장하는 구호로 치장한 승합차가 요란스럽게 구호를 외치며 지나가는 장면을 도심 한복판에서 마주칠 수 있었다. 이건 좀 이상한 일이었다. 장가이섹과 그 아들의 파쇼적 통치 아래 2·28이 매장되었다는 것은 이해할 수 있었다. 그러나 끝이 없을 것처럼 길고 길었던 계엄령 통치에서 겨우 벗어난 1987년 처음 2·28이 수면 위로 떠오른 지 20년 뒤인 1999년, 마침내 2·28기념관이 타이베이에 등장하고도 8년이 지난 지금, 대만 독립의 구호가 타이베이 시내를 울리는 오늘에도, 대만은 2·28학살의 주범격인 정치 세력이 그 주범을 기리는 거대한 기념당에서 떠들썩하게 정치 행사를 벌이는 그런 섬이었다. 그 한편에서는 2·28은 그저 평화와 화합을 상징하는 순결한 백합으로 존재하고 있었다. 그건 어쩌면 또 다른 침묵이었다. 1980년대를 거쳐 1990년대의 민주화투쟁 끝에 쟁취한 성과로 보기에는 너무도 미미하게 여겨졌다.

　학살이 침묵하는 한 누가 자유로울 수 있을까? 단 한 번도 책임을 묻지 못하고 다만 학살의 진상만을 밝힌다는 것에 무슨 의미가 있는 것일까? 이미 흙이 되어버린 주검의 살과 뼈들이, 오래전에 바람과 파도가 삼켜버린 비탄의 신음 소리들이, 구천을 헤매야 하는 그 수많은 영혼들이, 아니 그보다도 역사가, 그렇게 밝혀진 불완전한 진상만으로 자유를 얻을 수 있는 것일까? 나는 중정기념당에 있는 장가이섹의 그

오만한 좌상 앞에서 고개를 들고 물었던 똑같은 질문을 2·28기념관에서 다시 묻고 있었다. 그건 2·28학살에 대해서이기도 했지만. 1980년 한반도의 남단 광주에서 벌어졌던 그 참혹한 학살과 한국전쟁의 와중에 자행되었던 학살들, 나아가 세계사에 은폐되어 있는 세상의 모든 학살들에 대한 물음이기도 했다.

해방과 해방자 그리고 점령자

1894년 청일전쟁에서 승리한 일본은 그 전리품으로 1895년의 시모노세키조약(下關條約)을 얻었다. 이 강화조약으로 청은 일본에 조선의 독립을 인정하고 랴오둥(요동) 반도, 대만과 펑후 제도(澎湖諸島)를 양도했다. 대만은 이때부터 50년 동안 일본의 식민지 지배 아래 놓여야 했다. 일본의 식민지 쌍생아로서 조선과 대만은 크게 다르지 않은 길을 걸었다. 1916년까지 대만에서는 무장독립투쟁이 존재했고, 1928년에는 대만공산당이 독립운동을 벌이기도 했다. 식민지에 대한 일본의 통치는 조선과 대만에 대해 동일하게 적용되었다. 무단통치와 문화통치, 일어 공용, 창씨개명 등 조선과 대만에서 같은 시기 동일한 방법의 식민 통치가 행해졌다. 심지어 징용과 위안부에 있어서도 마찬가지였다. 조선과 대만의 식민지적 운명은 1945년 태평양전쟁에서 패배한 일본의 천황 히로히토가 무조건항복을 받아들였을 때에조차 같았다.

조선과 대만의 해방은 카이로선언(1943년 11월 27일)과 포츠담선언(1945년 7월 26일)에 따라 결정되었다. 그러나 일제의 식민지 쌍생아로서 조선과 대만도 해방 후만큼은 그 운명이 같지 않았다. 우리가 알고 있는 것처럼 조선 반도는 남북으로 나뉘어져 소련군과 미군이 진주했다. 마찬가지로 카이로와 포츠담이 결정한 대만의 해방은 장가이섹 국민당군의 진주와 귀속을 앞두고 있었다. 1945년 국민당군은 북베트남에도 진주했는데, 구종주국인 프랑스가 돌아올 때까지란 단서가 붙어 있었다(같은 이유로 남베트남에는 영국군이 진주했다). 그러나 카이로선언은 만주와 대만을 중국이 되찾을 것임을 명시한 선언이었고, 마지막 전시 회담 선언이었던 포츠담선언은 카이로선언을 재차 확인한 것이었다. 대만에 진주한 국민당군은 단순한 해방군이 아니라 실지를 회복하기 위해 돌아온 중국이었다. 때문에 독립을 전제한 조선의 해방과 대만의 해방은 같지 않았다. 그러나 둘 모두 뼈저린 비극을 피하지 못했다. 포츠담의 자식임과 동시에 얄타의 자식인 조선 해방은 소련과 미군이 진주하면서 잉태된 비극이 한국전쟁으로 이어졌고, 대만의 중국 '귀속'을 보장한 카이로와 포츠담의 대만 해방은 2·28학살로 이어져야 했다.

카이로와 포츠담에서의 중국은 어떤 중국이었을까. 쑨원의 중화민국(中華民國)이 1912년 성립되었다고는 하지만, 공화국으로서 중화민국은 국민적 대표성이 부재한 것으로 임시정부 이상의 의미를 가질 수 없었다. 그나마 1912년의 중화민국은 위안스카이(원세개[袁世凱])의 반동으로 쑨원이 주도한 임시약법이 폐지되고 의원내각제를 총통제로 바꿈에 따라 근대적 의미의 공화국은 초기에 무산되었다. 때문에 카이로선언과 포츠담선언에서의 중화민국이란 대군벌 장가이섹의 곁

치장에 불과했으며 그저 장가이섹의 나라일 뿐이었다.

바로 그 장가이섹의 국민당군이 대만에 진주했을 때 대만인들의 눈에 그들은 외성인이었다. 외성인들은 무궈(母國)를 자처했다. 1945년 일제로부터 해방된 대만인들은 무궈를 자처하는 외성인들을 거부하지는 않았으며, 따뜻하게 환영했다. 어쨌든 그들은 조선에서 소련군과 미군이 그랬듯이 대만을 일제로부터 해방시킨 해방군이었다. 그러나 중국이 또는 중화민국이 대만의 무궈가 될 수 있었던 것일까? 카이로와 포츠담은 그것을 인정하고 선언했지만, 그렇다고 중국이 대만의 무궈가 될 수 있는 권리를 보장할 수 있는 것은 아니었다. 왜냐하면 무궈란 전리품으로는 설명할 수 없는 역사적이고 문화적이며 정치적인 단어이기 때문이다. 또한 진주한 국민당군을 환영했다고 해서, 대만인들이 중국을 무궈로 받아들였다고도 볼 수 없다. 일본이 점령하기 전, 이 섬을 212년 동안 청(淸)이 다스렸고, 또 이 섬의 역사가 민난과 광둥, 산둥에서 이주한 대륙인들로 점철되었다고 해서 그걸 인정할 수 있는 것도 아니다. 그건 장가이섹과 루스벨트, 처칠에게는 이유가 될 수 있어도, 수천 년의 역사에서 유럽 제국주의와 청, 일본의 지배를 받아오면서 그들 사이에 아무런 차이가 존재하지 않는다는 것을 확인해온 대만인들에게는 이유가 될 수 없었다.

그럼에도 불구하고 중국 또는 대륙에게 이 섬의 무궈가 될 수 있는 가능성이 없었던 것은 아니었다. 1945년 대만이 일제로부터 해방되었을 때 대만인들이 원했던 것은 말하자면 자치(自治)였다. 대만의 지식인들은 근대적 국민국가인 중화민국이 그것을 가능하게 할 것으로 기대했다. 그러나 국민당 또는 장가이섹은 그럴 마음이 추호도 없었다. 그들은 무궈 대신 또 하나의 약탈자와 식민 통치자가 되기를 너무도 간절하게 원했다.

짓밟힌 백합

1945년 8월 25일 일본 제국군 육군 대장 출신의 대만 총독 안도리키치(安藤利吉)가 항복문서에 서명했다. 이 문서는 국민당군 19로군 출신이며 푸젠성의 장을 지낸 천이(陳儀) 앞에서 서명되어 전달되었다(맥아더의 군명 1호에 따라 수행된 이 작전은 일본통이자 대만통인 미 해군 군무관 조지 커[George Kerr]가 주도했다). 장가이섹에 의해 대만 행정장관(臺灣行政長官)으로 임명된 천이는 한때 일본과 식민지 통치 하의 대만의 산업화에 대한 찬양조의 보고서를 장가이섹에게 제출해 그의 눈에 띤 인물이었다. 다시 말하자면 천이는 대만의 사정에 밝은 인물이었는데, 그의 밝음이란 대만이란 창고에 어떤 물건들이 들어있고 그 물건들을 어떻게 약탈할 수 있는지에 대한 밝음이었다. 장가이섹이 친일파와 다를 바 없었던 천이를 해방 후 대만의 실권자로 임명했을 때 당연히 대만인들은 실망했다. 말하자면 「비정성시」에서 오관영과 친구들이 찻집에 모여 시국을 논하면서 "천이와 같은 매국노를 정부가 중용하다니 실망했어"라고 말하는 것은 1945년 해방에 대한 대만인들의 기대가 처음부터 허물어지고 있다는 것을 의미한다. 국민당 또는 중화민국에 대한 불안과 실망은 또 자조로 이어질 수밖에 없다.

"우리 대만인이 제일 불쌍해. 일본인과 대륙인에게 차례로 괴롭힘을 당하니"

"우리의 팔자는 노예야. 운명이 그렇게 만들었어. 청나라도 우리의 의견을 무시해버리고 하관(시모노세키)조약을 맺었잖아."

천이로 드러난 기대와 희망의 어긋남은 현실에서 더욱 깊은 상처로 빠르게 나타났다. 그것을 상징하는 것이 이른바 궈유(國語)의 강요이다. 대만인들에게 이 궈유는 무유(母語)가 아니었다. 대만인들에게 말할 수 없는 북방어를 궈유로 강제하는 외성인들은 창씨개명과 일어를 강요했던 일제와 다른 존재가 아니었다. 그것은 일제가 대만인들을 이류 국민으로 차별하고 멸시하기 위해 일어를 강요했던 것과 동일한 효과를 노린 것이었다. 궈유의 강요는 궈유를 말할 수 없는 대만인들을 정치와 행정, 경제, 교육 등 모든 분야에서 이류로 만들었다. 총을 들고 섬에 진주한 외성인들은 손쉽게 대만인들을 정치와 행정을 비롯한 모든 분야에서 제외시킬 수 있었다. 천이는 안도리키치로부터 권력을 승계받은 또 하나의 총독일 뿐이었다.

대만인들이 계층을 막론하고 자신들의 권리를 일방적으로 빼앗기고 완벽한 타자가 되고 있는 동안, 이른바 외성인들은 섬의 모든 것들을 약탈하기 시작했다. 이 약탈은 사유재산과 공공재산을 가리지 않았다. 땅과 집, 공장과 설비, 모든 것이 대상이었다. 전쟁과 기아, 빈곤에 시달리던 대륙과 달리 비교적 안정적인 산업화를 이룰 수 있었던 대만의 산업적 기반은 하루아침에 약탈자들의 손으로 붕괴 직전을 향해 달리기 시작했다. 공장의 굴뚝은 더이상 연기를 내뿜지 못했다. 기계가 사라졌고 집기와 설비들이 뜯겨나갔다. 부와 권력을 독점한 외성인들의 부정과 부패는 극에 달했다.

타이베이의 2·28기념관에 전시된 당시의 만평 한 장은 이 시기를 명징하게 대변한다. 피골이 상접한 빈사 직전의 인물이 바닥에 누워 있다. 드러난 갈비뼈 사이로 해바라기가 피어나고 있다. 물론 쓰러져 마지막 가쁜 숨을 내뱉고 있는 인물은 대만을 상징한다. 그 피를 빨아 피어난 해바라기는 본토에서 몰려온 약탈자들을 상징한다. 그런데 이 인물은 둥근 안경을 쓰고, 짧은 콧수염을 매달았으며, 뻐드렁니를 내밀고 있다. 그렇다. 만화적으로 의인화된 해바라기의 이 얼굴은 일본인이다.

무엇이 다른가? 대만인들에게 그 둘 사이에는 아무런 차이도 없었다. 대륙에서 몰려온 약탈자들의 폭력 통치는 일본 제국주의의 식민 통치와 본질적으로 동질이었을 뿐만 아니라, 실제로는 일제보다 더 악랄하고 야수적이었다. 태평양전쟁 기간 동안 전시경제로 피폐해졌던 대만 경제는, 해방 후 외성인들의 약탈경제로 불과 2년도 되지 않은 1년 4개월 만에 황폐의 길로 접어들고 있었다. 한편 일본인들의 무단통치를 겪었던 대만인들에게도 천이로 상징되는 국민당의 점령정치는 비교할 수 없을 만큼 폭압적이었다. 본토에서 몰려온 약탈자들은 대만인들을 조롱하고 경멸했으며, 모든 것을 도둑질하기 위해 필요한 정도 이상의 폭력을 휘둘렀다. 1947년이 되자 모든 대만인들은 해방의 환희가 절망과 불안, 도탄으로 바뀌어버린 섬을 목격해야 했다.

1947년 1월 1일은 난징(南京)의 국민당 정부가 헌법을 공포하면서 시작되었다. 저우언라이가 표현한 대로라면, "장가이섹의 국민의회에 의한 장가이섹의 헌법"으로 탄생한 민국이었다. 헌법을 탄생시켰던 장가이섹의 국민의회에는 대만을 대표하는 열일곱 명의 의원도 참석했다. 1946년 8월 31일 천이가 이들의 명단을 발표했을 때 대만인들은 해방과 함께 찾아온 자신들의 꿈과 희망이 위태로운 길을 걷고 있음을 인식해야 했다. 대륙의 다른 대부분의 지역과 마찬가지로 열일곱 명의 대만 대표들은 선거에 의해 선출되지 않았으며, 단지 장가이섹과 천이에 의해 임명되었을 뿐이었다. 그러나 희망이 사라진 것은 아니었다. 1947년 헌법이 공포되었을 때 최소한 그것은 명목상 공화국 헌법이었다. 헌법은 대의민주주의를 표방하고 있었으며, 또 선거를 약속하고 있었다. 대만인들은 헌법을 믿을 수밖에 없었고, 장가이섹을 믿을 수밖에 없었다. 다른 무슨 방법이 있었을까? 장가이섹의 헌법일지언정, 헌법은 천이의 무자비한 철권통치를 끝내고 선거를 통해 자신들이 참여하는 정치체제를 만들 수 있는 유일한 기회였다.

이 희망이 산산조각으로 부서지는 데에 걸린 시간은 단 열흘이었다. 장가이섹의 헌법은 1947년 12월 25일에 발효되기로 되어 있었지만, 천이는 그 조항이 대만에는 적용되지 않는다고 선언했다. 천이는 이렇게 말했다. "본토 중국인들에게는 정부를 꾸릴 수 있는 선진적인 능력을 갖고 있다. 그러나 일본의 오랜 지배로 인하여 포모르사인(대만인)들은 정치적으로 미숙하며 자주적인 정부를 이끌 수 있는 지적인 능력이 결여되어 있다." 그는 또 이렇게 말했다. "일본인들은 51년 동안 이 섬을 지배했다. 나는 섬사람들을 재교육시켜 중국(본토)식 행정에 익숙하게 만들려면 5년쯤은 더 필요할 것으로 생각한다."

모든 꿈이 사라지고 일본 제국주의의 식민지 통치보다 더 고통스럽고 비참한 외성인의 통치가 언제까지 계속될지 모르는 암울한 1947년 새해가 밝았을 때, 대만에는 꿈도 희망도 잿빛이 되어가고 있었다. 그리고 이런 종류의 재들이 늘 그렇듯이 그 절망의 잿더미 속에는 분노의 숯 하나가 붉게 달아오르고 있었다.

항쟁과 학살

1947년 2월 27일 아침 9시. 대만성 전매총국(專賣總局)의 타이베이 분국 요원들이 타이핑텅 거리에서 밀수 담배 판매를 단속하고 있었다. 전매총국은 무역국(貿易局)과 함께 대만의 경제를 한 손에 쥐고 흔드는 부패한 본토인들의 권력, 그리고 약탈과 독점을 상징했다. 전매총국 단속요원들이 밀수 담배를 팔고 있던 린치앙메이(林江邁)이란 중년의 여인을 티엔마 찻집 앞에서 붙잡고 희롱하기 시작했을 때만 해도 모든 일들은 특별하지 않았다. 그건 평범하고 일상적인 풍경이었다. 그들이 린치앙메이의 돈과 담배를 약탈하려 했던 것도, 린치앙메이가 눈물을 흘리고 온정을 호소하며 저항하고 있던 것도 타이베이에서 매일매일 벌어지는 익숙한 풍경이었다. 심지어 약탈자들이 권총 손잡이로 린치앙메이의 머리통을 후려갈겨 머리에 피를 흘리며 쓰러지는 장면까지 그랬다.

그러나 1947년 2월 27일이 되었을 때, 이런 종류의 평범한 외성인들의 폭력에 대한 대만인들의 인내는 이미 임계점에 도달해 있었다. 전매총국의 요원은 1945년 8월 이후 대만인들의 피를 빨고 짓밟던 광포한 점령자들을 상징했으며, 피를 흘리며 쓰러진 린치앙메이는 대만인들이 감내하고 있던 고통스럽고 불우한 현실을 상징했다. 이 장면을 지켜보던 주변 사람들의 억눌린 분노가 폭발했고 군중들이 모여들어 항의하기 시작했다. 상황이 험악해졌을 때, 단속요원들은 늘 그랬듯이 군중을 향해 총을 쏘았다. 군중 틈에 섞여있던 천원시(陳文溪)란 이름의 사내가 쓰러지자 상황은 여느 때와 달리 걷잡을 수 없게 번져 나가기 시작했다. 모여든 군중들은 경찰서와 헌병대로 몰려들어 사건의 주범을 처벌할 것을 요구했지만 받아들여지지 않았다.

1947년 2월 28일 아침. 전매총국으로 몰려간 군중들은 타이베이 분국을 점거하고 서류와 집기들을 거리로 꺼내 불을 질렀다. 군중들은 대만 행정청 앞에서 시위를 벌였고 역시 처벌을 요구했지만, 시위는 비교적 온건했고, 요구는 청원의 형태를 띠고 있었다. 외성인들의 행정청은 신속하게 화답했다. 행정청 발코니에 자리 잡고 있던 헌병들은 군중들을 향해 기관총을 난사했다. 수십 명이 피를 흘리며 쓰러졌고 공포에 질린 군중들은 흩어졌지만, 이윽고 타이베이 전체가 들끓기 시작했다. 상인들은 상점의 문을 닫았으며, 학생들은 책상 앞을 떠났고, 집에 머물던 사람들은 집을 비웠다. 모두 거리로 쏟아져 나왔다. 경찰서, 우편국 등 권력기관들이 분노한 군중들의 공격 대상이었다. 천이와 대만성 경비총사령부(台灣省警備總司令部)는 계엄령을 선포했다.

2·28항쟁 당시 공격당하고 있는 경찰서 대만인들은 경찰서와 헌병대로 몰려가 살인범의 처단을 요구했다. 그들은 언제나처럼 총으로 화답했다. 이전과 달리 대만인들은 항쟁의 거리로 나섰다. 다른 방법은 없었다. 그들은 인간이었다.

3월 1일 다급해진 천이는 각 분야의 민간대표들을 모으고 2·28 사건의 진상을 조사할 '2·28사건처리위원회'(二二八事件處理委員會) 구성에 동의했다. 같은 날 저녁 7시 천이는 라디오를 통해 계엄령의 해제, 구속자 석방과 보상, 경찰과 헌병의 발포 금지를 약속했고 진상을 조사할 민관 합동의 위원회를 구성할 것임을 발표했다(위원회는 이미 구성된 후였다).

「비정성시」는 천이의 이 연설을 거의 그대로 들려준다. 영화에서 라디오는 중요한 대목에서 잠시 지직거린다. 같은 순간 듣지 못하는 임문청은 천이의 연설에 귀를 기울이는 사람들과 떨어져 홀로 무엇인가를 쓰다 그만 혼절하고 만다. 임문청은 오관영을 따라 타이베이로 갔다가 홀로 돌아온 직후였다. 이 장면은 봉기가 일어난 다음 달인 1947년 3월의 현실을 그대로 드러낸다. 천이의 유화적인 성명은 결국 새빨간 거짓일 뿐이며, 오직 듣지 못하는 임문청만이 귀 기울일 필요조차 없는 천이의 약속에 담겨진 진실을 예언하고 있는 것이다. 그 진실은 쓰러질 수밖에 없는 대만인들의 가까운 미래를 혼절로 은유한다. 결국 천이가 실제로 실행한 가장 중요한 일은 난징의 장가이석에게 군대를 보내줄 것을 요청한 것이었다.

천이의 긴급한 요청에 따라 3월 4일 푸저우(福州)에서는 장가이석의 명령을 받은 국민당군 헌병 사단이 대만을 향해 떠났다. 장가이석의 국민당군 21사단 역시 쿤산(昆山)을 떠나 대만을 향했다. 3월 4일 항쟁은 이미 대만 전 지역으로 파급되어 있었다. 타이베이는 물론 지룽(基隆), 이란(宜蘭), 신주(新竹), 타이중(台中), 장화(彰化), 쟈이(嘉

義), 타이난(台南), 가오슝(高雄), 핑둥(屛東), 화롄(花蓮), 타이둥(台東) 등 대만의 모든 주요 도시에는 다양한 형태의 항쟁지도부가 등장했고 무장대가 조직되기 시작했다.

물론 천이의 유화적인 발언과 달리 진압은 여전히 폭압의 강도를 높였다. 헌병과 경찰의 무차별 사격에 맞서 시위는 무장투쟁으로 발전했다. 청년과 제대군인들을 중심으로 조직된 무장대들이 경찰서와 군대의 무기고를 습격해 무기를 탈취했다. 타이중 지역에서 특히 활발한 투쟁을 벌였던 '27부대'(二七部隊)는 이 중에서 가장 잘 조직된 무장투쟁 조직으로 수이상(水上) 공항과 가오슝 기차역을 두고 군대와 격돌하기도 했다.

들불처럼 번져 나가고 있던 항쟁의 기운은 장가이섹이 보낸 병력이 섬에 도착하면서 전례를 찾을 수 없는 참극으로 발전했다. 3월 8일 국민당군 21사단은 섬 북부의 지룽 부두에 도착했다. 그들이 섬에 발을 딛던 바로 그 순간, 부두를 지키고 있던 노동자들이 차가운 바닷물에 힘없이 쓰러졌고 앞바다는 금세 피로 물들었다. 상륙하는 순간 부두 노동자들에게 총을 갈기며 섬에 등장한 국민당군은 대만인들을 상대로 진압이 아닌 전투를 시작했다. 3월 9일 그들이 타이베이를 접수했을 때 지룽에서 타이베이로 통하는 길은 피의 바다를 이룬 후였다. 타이베이 역시 마찬가지였다. 거리에서 움직이는 것은 모두 총탄세례를 받았다. 죽지 않은 자들은 체포되어 감방에 갇혔고 곧 총살당했다. 시신들은 트럭에 실려 어디론가 사라졌다. 대대적인 검거 선풍이 불었고, 단지 혐의자의 친족이나 친구라는 이유로 잡혀가 죽어야 했다.

도살작전으로 타이베이에서 항쟁의 기운을 꺾은 국민당군은 3월 20일 칭시앙(淸鄕), 즉 '지방을 청소한다'라는 뜻의 작전과 함께 섬의 남부를 향해 진격했다. 섬의 모든 지역이 도살의 바람을 피할 수 없었다. 즉결 처형과 체포, 총살, 고문, 강간, 약탈이 그 바람을 따라 메마른 황토처럼 피어올랐다. 일부는 그 피바람을 피해 산으로 들어가야 했다. 「비정성시」의 임문청은 그렇게 산으로 들어간 오관영을 찾아나선다. 임문청에게 오관영은 자신의 가족들에게 전해달라며 이렇게 적어준다.

當我已死   절 죽었다고 생각하세요.
俄人已屬於祖國   저는 조국에 몸을 바쳤습니다.
美麗的將來   조국의 아름다운 미래를 위해.

임문청이 산으로 찾아간 이유 중의 하나는 타이베이의 감옥에서 총살을 당했던 친구의 형에게 마지막 말을 전해주기 위해서였다. 그가 남긴 마지막 말은 이런 것이었다.

生離祖國   태어나면서 조국과 이별했고
死歸祖國   죽어서야 조국으로 돌아갑니다.
死生天命   살고 죽는 것은 하늘의 뜻이니
無想無念   괘념치 마십시오.

2·28기념탑 마침내 얼얼빠는 귀와 입을 열었다. 대만인들은 얼얼빠와 대화를 나누기 시
작했다. 탑은 얼얼빠를 기념하고 있다. 그러나 얼얼빠가 원하는 기념은 祈念인가, 記念인
가? 祈念해야 한다면, 무엇을 기념해야 하는가?

5월 16일 칭시앙작전은 종료되었고 일단 계엄령은 해제되었다. 물론 여진은 계속되어 체포와 투옥, 고문과 처형은 그 뒤에도 멈추지 않았다. 여하튼 2월 28일에서 5월 16일에 이르는 그 기간 동안 몇 명의 대만인이 목숨을 잃어야 했는지 당시에도, 60년의 세월이 지난 지금도 알지 못한다. 어떤 사람들은 1~2만 명이라고 하고 어떤 사람들은 10~20만 명이라고 한다.

　　허우샤오시엔은 「비정성시」에서 오관영과 등장인물의 입을 빌려 조국을 말한다. 아마도 그는 2·28의 비극 속에 죽어간 사람들이 조국을 위해, 바로 그 조국의 미래를 위해 목숨을 바쳤다고 말하는지도 모른다. 그러나 그들에게 조국은 무엇이었을까? 그들에게 조국이 있었다면 그 조국은 무엇이었을까? 그건 대만이란 섬일 수도 있지만, 그보다는 억압받는 자들이 지켜야 할 그 무엇이었을 것이다. 대만이라는 이름 외에 수많은 이름으로 불려왔던 이 섬은 유럽 제국주의와 청, 일본 등 수많은 지배자들이 거쳐 간 식민의 땅이자 수탈의 땅이었다. 그들에게 조국이 있다면, 그건 근대적 의미에서의 국가도 아니며, 민족도 아닐 것이다. 그건 억압받는 자들, 섬에서 태어나 혈통을 이어온 사람들과, 관리와 귀족들의 수탈을 피해 대륙으로부터 섬으로 도망 온 사람들 모두, 단 한 번도 제 땅의 주인이 되어보지 못했던 사람들 모두가 꿈과 희망으로 보듬었던 미래란 이름의 조국이었을 것이다. 허우샤오시엔이 「비정성시」를 만들 수 있었던 힘은 바로 그 의미의 조국에 있었을 것이다.

　　1949년 12월, 그 미래가 짓밟힌 대만에는 대륙에서 쫓겨난 모리

배들이 몰려들었다. 「비정성시」의 마지막 장면을 장식하는 대사 그대로이다.

一九四九年 十二月	1949년 12월
大陸易守	대륙은 공산화가 되고
國民政府遷臺	국민정부는 대만으로 철수하여
定臨時首都於臺北	타이베이를 임시수도로 정했다.

장가이섹은 계엄령을 선포해 대만의 38년 계엄 시대의 문을 열었다. 1987년 해제될 때까지 대만은 38년 간 계엄 통치에서 벗어나지 못했다. 2·28항쟁 역시 그 기나긴 어둠의 장막 뒤에 묻혀 있어야 했다. 다시 또 20년의 시간이 흘렀다. 2·28은 겨우 고개를 내밀고, 한때 항쟁의 주역들이 봉기를 호소했던 바로 그 라디오 방송국 건물에 기념관을 세우고 항쟁의 날에 군중들이 모였던 공원에 기념탑을 세울 수 있었지만, 여전히 학살의 주역 중 그 누구도 심판대에 오르지 못했다. 대륙의 극악무도한 쓰레기들을 대만으로 밀어내 섬에 피비린내와 악취를 선사한 중국공산당은 오늘 대륙을 도탄에 빠뜨리는 것에 만족하지 않고 섬의 독립 불가를 윽박지르며 제2의 국민당이 되고자 하고 있다.

역사란 얼마나 비정한가. 대만은 아직도 언제가 될지 아무도 알 수 없는 아름다운 미래의 조국을 위해 휘청거리며 걷고 있다. 「비정성시」의 그 어두운 골목을 벗어나려면 대만은 얼마나 더 걸어야 하는가?

덧붙여:: 장가이섹 혹은 장제스

蔣介石(장개석)을 거론할 일이 있어 '장가이섹'이라 쓰면 친절하게도 '장제스'로 교정을 받는다. 크게 중요하지도 않고 귀찮기도 해 그대로 넘어가지만, 이 글에서 만큼은 글쓴 자의 권리로 '장가이섹'을 지키려고 한다. 그건 저장성(折江省) 펑화현(奉化懸) 출신인 蔣介石의 이름 발음이 푸퉁화(普通話)식 발음의 '장제스'와 무관하기 때문만은 아니다. 대만의 현대사에서 (푸퉁화가 된) 북방어는 1945년 대만을 점령한 국민당군이 강요한 이른바 표준어였다. 바로 이 표준어로서 북방어의 위치에 대해서는 앞에서 이미 적었다. 2·28항쟁에 대해 쓰면서 장개석을 장제스로 쓴다는 것은 불쾌하고 예의랄 수 없다. 장가이섹 역시 자신의 이름이 장제스로 불리기를 바라지는 않았다. 타이베이의 중정공항은 영문으로 장가이섹공항(Chiang Kaishek International Airport)이라 쓰여 있다. 하지만 악당의 바람이 그렇다고 해서 거꾸로 장제스라 적을 수는 없지 않은가?

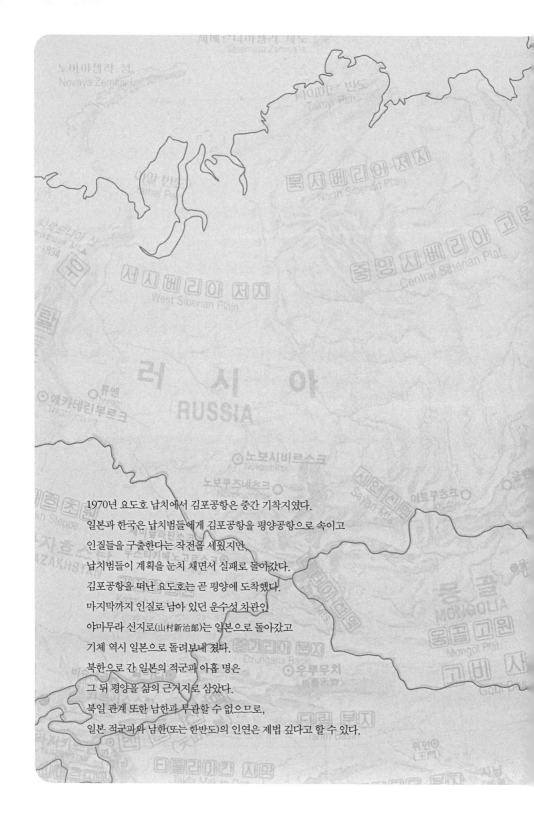

1970년 요도호 납치에서 김포공항은 중간 기착지였다.

일본과 한국은 납치범들에게 김포공항을 평양공항으로 속이고

인질들을 구출한다는 작전을 세웠지만

납치범들이 계획을 눈치 채면서 실패로 돌아갔다.

김포공항을 떠난 요도호는 곧 평양에 도착했다.

마지막까지 인질로 남아 있던 운수성 차관인

야마무라 신지로(山村新治郎)는 일본으로 돌아갔고

기체 역시 일본으로 돌려보내 졌다.

북한으로 간 일본의 적군파 아홉 명은

그 뒤 평양을 삶의 근거지로 삼았다.

북일 관계 또한 남한과 무관할 수 없으므로,

일본 적군파와 남한(또는 한반도)의 인연은 제법 깊다고 할 수 있다.

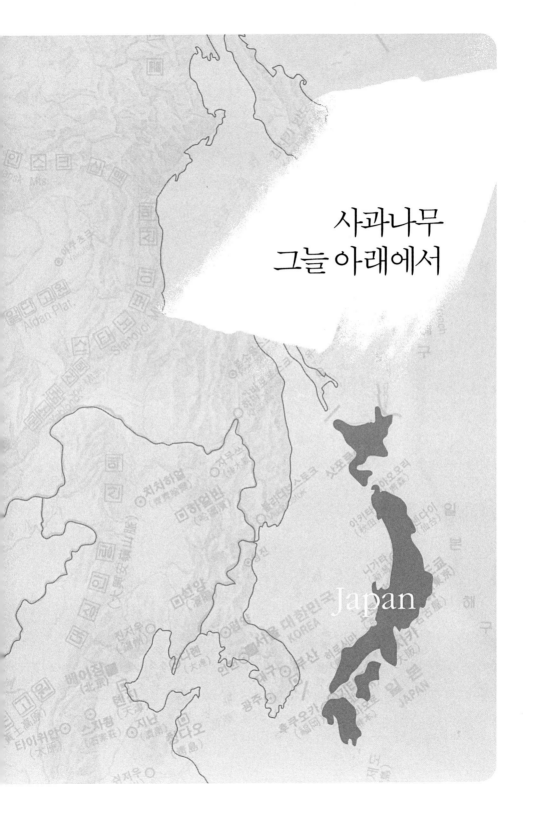

사과나무
그늘 아래에서

2000년 태국 최종심에서의 다나카 요시미 시대는 적자를 낳기도 하고 서자를 낳기
도 한다. 서자들은 고통과 아픔으로 시대를 증언한다. 늘 그렇듯이 서자들은 우
리를 그 시대의 입구에 머무르게 하는 것이 아니라 친절하게 손을 잡고 그 안으
로 안내한다. 그들은 자신들의 고통을 나누었으면 한다.

오늘의 일본 적군파

2006년 도쿄 법정은 일본 적군파(日本赤軍派)의 시게노부 후사코(重信房子)에게 네덜란드 헤이그에서의 프랑스대사관 점거 사건의 죄를 물어 20년 형을 선고했다. 그보다 한 해 앞선 2005년 3월에는 레바논에서 일본으로 인도된 하루오 와코(和光晴生)가 시게노부와 같은 죄목으로 무기형을 선고받았다.

2007년 1월 2일에는 2000년 태국에서 일본으로 송환되어 12년 형을 선고받았던 다나카 요시미(田中義三)가 그 전 날인 1일 사망했다는 소식이 들려왔다. 개인적으로 1999년부터 다나카 요시미의 자료를 모아왔던 나로서는 마음 한구석이 착잡해지는 것을 어쩔 수 없었다. 생전에 만날 방법이 영영 없어진 셈이다.

그가 아직 태국 톤부리의 감옥에 갇혀 있던 1999년에 그를 면회할 방법을 찾았지만 사정이 여의치 않았다. 다나카 요시미는 적군파의 시게노부 그룹이 베이루트로 떠나기에 앞서, 1970년 3월 하네다발 후쿠오카행 항공편인 요도호(よど號)를 납치해 평양에 기착한 적군파 멤버 중의 하나였다.

일본 적군파가 세인들의 눈에 사라진 것은 이미 오래전이다. 2001년에는 리더 격인 시게노부가 일본 적군을 해산한다는 성명을 발표하기도 했지만, 사실상 1990년대 이후에는 활동이 전무하다시피 했다. 의미를 부여한다고 해봐야 '존재함으로써 투쟁한다'는 정도에 불과할 뿐이었다. 그에 걸맞게 시게노부의 극적인 체포나 다나카 요시미의 사망은 일본 밖에서는 모두 짧은 외신 이상으로 취급되지 못했다.

일본 적군파의 태생지인 일본에서는 오히려 적군파를 돌아볼 여유를 찾는 모습이다. 2002년에는 적군파를 돌아보는 두 개의 영화가 동시에 선을 보였다. 일본의 국민배우 야쿠쇼 고지가 주연을 맡은 「돌입하라! 아사마 산장 사건」(突入せよ!あさま山莊事件)과 그에 앞서 개봉했던 「히카리노 아메」(光の雨)는 모두 1972년의 연합적군(聯合赤軍) 사건을 다루고 있다. 「돌입하라! 아사마 산장 사건」은 이미 베스트셀러에 올라 있던 『연합적군 아사마 산장 사건』을 원작으로 만들어진 영화였다. 한편 평양으로 간 적군파는 북일 관계 개선을 두고 지금까지 현안의 하나가 되어왔다. 일본이 주장하는 납치 사건과 관련되기도 했고, 적군파 멤버들의 처자(妻子)에 대한 일본 국적 부여와 입국 허용을 두고 관심을 모으기도 했다.

남한에게는 어떨까? 1970년 요도호 납치에서 김포공항은 중간 기착지였다. 일본과 한국은 납치범들에게 김포공항을 평양공항으로 속이고 인질들을 구출한다는 작전을 세웠지만, 납치범들이 계획을 눈치 채면서 실패로 돌아갔다. 김포공항을 떠난 요도호는 곧 평양에 도착했다. 마지막까지 인질로 남아 있던 운수성 차관인 야마무라 신지로(山村新治郎)는 일본으로 돌아갔고 기체 역시 일본으로 돌려보내 졌다. 북한으로 간 일본 적군파 아홉 명은 그 뒤 평양을 삶의 근거지로 삼았다. 북일 관계 또한 남한과 무관할 수 없으므로, 일본 적군파와 남한(또는 한반도)의 인연은 제법 깊다고 할 수 있다.

단순한 인연에 그치지 않고 나는 남한에게도 적군파라는 별 상관도 없이 오래전에 묵어버린 존재가 짤막한 외신 이상의 의미가 있다고 믿는다. 남한과 일본의 뗄 수 없는 관계 때문이다. 일본은 아시아에서 가장 먼저 자본주의의 고도 발달을 경험한 나라이다. 그 뒤를 추격했던 남한은 1990년대 이후 2000년대에 이르러 명실공히 일본과 경제적으로 어깨를 겨루고 있다. 이 두 나라는 겉으로 드러나는 반목과 대립의 역사에도 불구하고, 지금 아시아에서 가장 유사한 두 국가로 평가받고 있다.

1960년대 말 일본에 등장했던 적군파는 어떤 면에서는 자본주의적 고도성장의 신좌파적(또는 68적) 산물의 하나였고 응답이었다. 물론 60년대라는 시대의 산물이기도 했으므로 다시 반복될 수 있는 성질의 것은 아니다. 그러나 80년대를 거쳐 90년대에 이른 남한의 진보적 운동이 봉착해야 했던 딜레마가 한편으로는 고도성장과 무관할 수 없다는 것을 인정한다면, 60년대와 70년대 일본의 신좌파들이 직면해야 했던 다기한 문제들에 대해 무심할 수만은 없다. 예컨대 일반적 노동귀족의 등장, 이념적 노사협조주의의 팽배, 개량주의의 확대, 이념적 혼란과 실종, 좌파의 고립, 개인주의 등이 오늘날의 남한에서 팽배하고 있는 것을 고려한다면, 무려 30년의 간극을 뛰어넘어서라도 일본의 그 시대를 돌아볼 가치가 완전히 없다고 말할 수는 없을 것이다. 순환적 관습을 거부한다고 해도, 역사는 남는 것이고 교훈 또한 남는 것이니까. 게다가 일본 적군파는 그 딜레마가 만들어낸 가장 극명한 모순이었다.

야스다 강당 점거 1969년 야스다(安田) 강당 점거를 마지막으로 일본 전공투는 사라졌다. 하지만 폼 나는 문구들이 남아 이곳저곳을 떠돌아다닌다. "연대를 추구하되 고립을 두려워 하지 않고, 힘이 다해서 쓰러지는 것을 사양하지는 않으나 힘을 다하지 않고 무너지는 것은 사양한다." 무라카미 하루키는 그것에 시니컬한 상업주의적 노스탤지어를 더한다. 그러나 그 시대는 남겨진 문구들과 하루키의 것이 아니라 여전히 1969년 전공투의 것이다.

68과 일본 적군파

1968년 세계혁명의 거센 파도는 파시스트적 군사독재정권이 가로막고 있는 남한에는 미치지 못했다. 또한 이 혁명은 남한과 같은 개발도상국이 아닌 발달한 자본주의 국가, 이른바 선진국이 주도하고 있었다. 전후 경제 부흥기에 이어 고도성장기에 진입해 있던 일본 또한 예외가 될 수 없었다. 1968년 세계혁명의 모든 특징은 일본에도 고스란히 드러나고 있었다. 우선 대학생 등의 인텔리 중심의 대중투쟁이었다. 1960년 미일안보조약 개정을 계기로 시작된 안보투쟁의 패배 이후, 좌익운동은 60년대의 고도성장기, 무력까지 동반한 분파투쟁 등과 맞물리면서 위축되는 동시에 대중과 이반되고 있었다.

돌파구는 등록금 인상, 교원 임용 등을 둘러싸고 투쟁이 벌어진 대학에서 마련되었다. 1965년부터 이 투쟁을 주도했던 전학공투회의(全學共鬪會議, 전공투)는 이른바 논포리(ノンポリ, 비정치적) 학생대중을 광범위하게 동원하면서 대중투쟁의 계기를 마련했다. 일본공산당, 사회당과 선을 긋고 등장한 신좌파의 각 섹트(분파)에 의해 지도되었던 전공투의 투쟁은 1968년 7월 도쿄대학의 야스다(安田) 강당 2차 점거로 절정에 이르렀다. 이때의 점거투쟁에서 등장한 극우 소설가 미시마 유키오(三島由紀夫)와 도쿄대 학생들 간의 유명한 논쟁에서 드러나듯이, 전공투의 투쟁은 단순한 대학생들의 경제투쟁에 그치는 것은 아니었다. 이 투쟁의 이념은 노골적으로 반제국주의, 반자본주의, 반스탈린주의를 지향하고 있었으며, 그 점에서 68과 그 뿌리를 함께 하고

있었다. 68의 몰락은 일본에도 동일하게 나타났다. 이른바 일본 좌파의 장기적 몰락은 1969년을 기점으로 70년대의 새해가 밝으면서 함께 본격적으로 시작되는데, 의미심장하게도 바로 그 시기가 일본 적군파가 등장하는 시기이다.

어떤 의미에서 일본 적군파는 (일본) 68이 남긴 여진이자 산물이었다. 전공투 투쟁 기간 동안 배태된 초자유주의와 개인주의가 마지막으로, 물질적으로 발화되는 지점이기도 했다. 또한 초스탈린주의적 테러리즘이라 일컬어진 테러리즘이 갈아탄 마지막 객차였다. 그 객차에 몸을 실은 일군의 승객들을 이해하려면, 그들이 떠났던 플랫폼 또한 눈여겨보아야 공평하다(68에 대한 남한의 비판이 고작 모든 것이 붕괴되어버린 일본의 현실보다는 그래도 남한이나 필리핀이 나은 것이 아니냐는 유치한 결론이 되지 않으려면, 이제 막 2000년대라는 플랫폼에 도착한 남한이란 열차가 지나온 철로의 궤적이 일본의 그것과 별반 다를 것도 없다는 사실을 상기해야 한다. 남한은 얼마든지 더 오랫동안 일본을 따라갈 수 있다. 일본보다 나은 '그나마'도 별로 더디지 않게 잃어버릴 수 있다).

1955년부터 시작된 일본의 고도성장기는 1964년 도쿄올림픽이 끝난 시점에서는 이미 그 중심에 도달하고 있었다. 일본공산당은 스탈린주의적 폐해와 함께 개량주의로 무너져 내리고 있었다. 사회당은 그와는 조금 달랐지만, 1960년대 후반이 되자 자신들의 노동조합 조직조차 건사하지 못하는 처지가 되어가고 있었다. 비록 패배했지만 1960년의 안보투쟁은 560~580만 명의 노동자들이 총파업에 참가한 투쟁이었다. 1960년대 중반이 되자 그 모든 것들은 불가능의 영역으로 몸을 숨겨버렸다. 이른바 사이비 좌익인 일본공산당과 사회당의 그늘에서 뛰어나온 68적 신좌파들은 대부분 학생운동가들이었고, 1968년 정점에 도달한 전공투의 투쟁은 모든 현란한 이론적 주장과 논쟁에도 불구하고 유럽과 북미에서와 마찬가지로 인텔리들의 투쟁이었다. 이론과 논쟁은 오직 인텔리 분파들의 세포분열을 촉진하는 배양제일 뿐이었다. 때문에 일본에서 68은 자신이 거둔 성취가 눈부신 빛을 발하는 순간 내리막길을 향해 치달았고, 무거운 그늘이 깔리기 시작했을 때 일본의 좌파들은 그 반동의 시대를 막을 수 없었고 또 그럴 힘도 갖고 있지 못했다. 고도로 발달하는 자본주의적 · 제국주의적 자양분에 마취되어 스스로 무장을 해제한 노동자계급과 대중으로부터의 이반은 좌파들에게 현실감을 상실토록 했다. 68년의 외형적 성취 또한 그것을 부추겼다.

게다가 1974년 일본의 고도성장기가 파열음을 내며 막을 내렸을 때조차 상황은 바뀌지 않았다. 1974년 미키 다케오 내각이 내건 '대화와 협조' 노선은 노동조합의 절대적인 지지를 이끌어내고 있었다. 일본뿐이었을까? 68의 폭풍이 지나간 후, 이른바 발달한 선진국들은 모두 예외 없이 같은 상황이었다. (신)좌파들은 신음 소리를 내며 허무주의와 개인주의로 빠져들었고, 그렇지 않으면 테러리즘에 탐닉했다. 바로 그 시기 일본에 등장했던 테러 조직(또는 무장투쟁 조직) '동아시아반일무장전선' (東アジア反日武戰線)이 발행했던 매뉴얼인 『하라하라토케』(腹腹時計)는 1970년대 일본 좌익이 토해냈던 신음 소리를 들려준다.

1) 일제는 36년간에 이르는 조선의 침략, 식민지 지배를 시작으로 대만, 중국 대륙, 동남아시아 등도 침략·지배하여왔고, 국내 식민지로는 아이누·모시리, 오키나와를 동화·흡수해왔다. 우리는 그 일본 제국주의자의 자손이며, 패전 후 개시된 일제의 신식민지주의 침략과 지배를 허용·묵인해 구 일본 제국주의자의 관료 무리와 자본가들을 다시 소생토록 한 제국주의 본국인이다. 이것은 엄연한 사실인바, 모든 문제는 이 인식에서부터 시작하지 않으면 안 된다.

2) 일제는 그 '번영과 성장'의 주요한 원천을 식민지 인민의 피와 쌓인 시체에서 구하며 더욱더 수탈과 희생을 강제하고 있다. 그리고 그 희생에 기반해 제국주의 본국인인 우리는 '평화롭고 안전하며 풍요로운' 소시민의 생활을 보장받고 있다. 일제 본국에 있어서 노동자의 '투쟁', 즉 임금 인상, 대우 개선 요구 등은 식민지 인민의 수탈과 희생을 요구해 일본 제국주의를 강화·보충하는 반혁명적 노동운동이다. 해외기술협력이란 명목으로 파견되는 '경제적·기술적·문화적' 파견원도, 기생을 사러 한국에 '여행'하는 관광객도, 모두 제일급의 일제 침략자이다. 일제 본국의 노동자와 시민은 식민지 인민과 일상에서 부단히 적대하는 제국주의자, 침략자이다.

3) 일제의 손발이 되어 지각없이 침략에 일조하는 일제의 노동자가 자신의 제국주의적, 반혁명적, 소시민적 이해와 생활을 파괴·해체하는 것 없이 '일본 프롤레타리아트 계급의 계급독재'와 '폭력혁명'을

주장한다 할지라도, 그것은 완전한 사기이다. 자신의 생활을 아무런 동요 없이 당연한 것으로 간주하며, 자신의 이해를 더욱 추구하기 위해 주장하는 이런 '혁명'은 완전한 제국주의적 반혁명이다. 만약 식민지에 반일제 투쟁이 일제 자산의 몰수와 일제 침략자에 대한 공격을 개시하면, 일제 노동자는 일제의 이익 옹호, 즉 자신의 소시민 생활의 안정을 위해 대열을 조직하게 될 것이다.

본국의 노동자와 시민 모두를 제국주의자이자 침략자로 규정하는 이 문건은, 이론적인 평가를 떠나서 극단적인 패배주의의 산물이었다. 사정이 이렇다면 남은 것은 전위적인 테러 밖에 있을 수 없었다. 문건 『하라하라토케』가 폭탄 제조 매뉴얼인 것은 당연한 귀결이었다. 동아시아반일무장전선은 이런 이론을 바탕으로 폭탄을 제조하고, 일제 자본주의의 상징인 기업들에 대한 일련의 테러를 기획하고 실행에 옮겼다. 결국은 일망타진되었지만, 그들 중 일부는 베이루트로 간 적군파의 헤이그에서의 프랑스대사관 인질 투쟁으로 교환 석방될 수 있었다. 『하라하라토케』의 인식은 적군파의 인식과 다를 바가 없었다.

돌아오지 못한 적군파

1968년 4월 서독의 대학생 엔슬린(Gudrun Esslin)과 바더(Andreas Baader)가 '자본주의, 미 제국주의 반대'를 내걸고 프랑크푸르트 암마인 백화점에 불을 질렀다. 1969년 11월 3년 형을 언도받은 바더는 몸을 피했지만, 1970년 4월 체포되어 구금되었다. 다음 달인 5월 저널리스트였던 마인호프와 그의 동료들이 무기까지 동원해 감옥 외부 도서관 이용이 가능했던 바더를 탈출시켰다. 바더-마인호프 그룹이라 일컬어진 서독 적군파(RAF)의 탄생이었다. 바더-마인호프 그룹은 동베를린을 거쳐, 요르단에 있는 팔레스타인 인민해방군 훈련 캠프에 정착하여 군사훈련을 받은 후, 다시 서독으로 돌아와 일련의 테러를 실행에 옮겼다.

일본 적군파의 탄생도 거의 비슷한 시기에 이루어졌다. 1967년 공산주의자동맹(분트, Bund)의 시오미 다카야(鹽見孝也)가 발표한 「국제주의와 조직된 폭력」의 영향 아래 1969년 시오미 다카야를 의장으로 한 공산동(공산주의자동맹) 적군파가 결성되었다. 시오미는 "혁명에는 군사가 불가결하고 혁명은 혁명전쟁에 의해 쟁취된다"는 이론으로 '적군'의 창설을 주장했다. '간사이(關西) 분트'로 불린 이 분파는 공산주의 돌격대의 형성을 주장한 분트 주류나 군사주의를 비판하는 분트 우파 등과 대립했고, 1969년 히비야 야외 음악당에서의 전공투 집회에서 "봉기 관철, 전쟁 승리"를 외침으로써 공공연하게 대중 앞에 모습을 드러냈다.

1969년 (혁명)전단계무장봉기를 주장한 적군파는 도쿄와 오사카에서 파출소를 습격하면서 이를 전쟁으로 명명했고, 수상관저 습격을 기도했지만 다이보사쓰토게(大菩薩峠) 고개에서의 군사훈련 과정에서 경찰에 급습당해 무위에 그쳤다. 이 사건으로 지도부를 포함한 54명이 체포되었다. 일련의 군사적 실천 뒤인 1970년 3월, 의장인 시오미 다

카야가 체포되고 중앙 지도부가 일망타진되면서 적군파의 군사 조직
은 궤멸의 위기에 빠지게 되었다.

탄생하자마자 재빠르게 궤멸의 위기에 직면한 적군파가 혁명에
앞선 무장봉기를 목표로 하는 '전단계무장봉기론' 대신 '국제근거지
론'으로 시선을 돌린 것은 당연한 귀결이었다. 시오미 다카야가 제창
한 국제근거지론은 일국에서의 투쟁에는 한계가 있기 때문에, 노동자
국가를 근거로 해 그곳에서 군사훈련을 받은 혁명군을 각지에 파견
하고 무장봉기를 도모해 '세계공산주의혁명'을 실현한다는 것이었다.

미국, 일본, 서독은 선진 제국주의 국가이고, 그 타도를 위해서는 각각
의 국가에 있어서 무장한 노동자계급이 봉기하지 않으면 안 된다. 각
국의 노동자들을 봉기시키기 위해서는 그 자본주의 국가를 둘러싼
'노동자국가'의 지원이 없어서는 안 된다. 미국에 대해서는 쿠바, 서
독에 대해서는 알바니아, 일본에 있어서는 북한이 각각 '노동자국가'
로서의 혁명 근거지가 된다.

일본에서의 무장투쟁을 위한 후방기지와 해외기지의 필요성을 역
설한 국제근거지론에 따라 시오미 다카야는 적군파 군사위원장인 다
미야 다카마로(田宮高麿)를 앞세워 비행기의 공중 납치를 계획했다.
1970년 3월 15일 시오미 다카야가 체포되면서 계획은 서둘러 진행되
었고, 3월 31일 다미야 다카마로를 포함한 아홉 명의 적군파 조직원이
하네다발 후쿠오카행 보잉727을 납치해 평양으로 떠날 수 있었다.

왜 평양이었을까? 시오미 다카야의 국제근거지론은 다음과 같은 구상을 제시하고 있었다.

일본의 전단계무장봉기 → 북한의 좌선회(左旋回)혁명과 혁명 근거지화 → 한반도 무력통일 → 일본의 전면 무장봉기와 결합 → 일본 체제의 변혁 → 중국의 세계혁명 근거지화 → 북베트남의 결합 → 남베트남민족해방전선의 사이공 공략 → 동남아시아 혁명전쟁 확대

흥미로운 것은 북한의 '좌선회혁명'인데, 당시 일본의 신좌파들이 공히 취했던 '반스탈린주의'와 '노동자국가' 간의 딜레마를 해결하는 수단이었다. 북한은 현존하는 스타(스탈린주의)국가였고, 일본 신좌파들의 '반제 반스타'의 대상이 되는 국가였다. 그런 북한이 국제근거지인 노동자국가가 될 수 있는 것은 '좌선회혁명'을 전제하기 때문이었다. 즉 적군파는 노동자국가에서 국제근거지를 마련해야 하지만, 동시에 스타국가인 노동자국가의 반스탈린주의 혁명도 촉발시켜야 했다. 동남아시아의 혁명전쟁으로 완성되는 적군파의 투쟁이론은 이처럼 현실과 동떨어진 상상력으로 허점을 보완하고 있었다.

적군파의 평양행은 요도호의 공중 납치에 일본도와 장난감 총을 휘두를 정도로 무모했지만, 역시 경험이 전무하고 적군파와 맞먹을 만큼 무능한 국가들인 일본과 남한이 대응에 나서면서 성공할 수 있었다. 요도호는 북위 38도 선에서 교란에 따라 평양이 아닌 김포공항에 착륙하게 되었지만, 평양의 공항으로 급조한 김포공항의 허술함과 납

치범들의 기민한 상황 판단으로 속임수인 것을 눈치챌 수 있었다. 남한은 특수부대의 진압을 제안했지만 일본이 이를 거부했고, 결국 사흘 만에 요도호는 평양 근교의 활주로에 안착할 수 있었다.

요도호를 납치한 적군파는 자신들의 평양행과 함께 남긴 성명에서 이렇게 적고 있었다.

우리는 공산주의자동맹 '적군파'입니다. (중략) 우리는 북선(북한)으로 가 그곳에서 노동자, 국가, 인민과의 강한 연대를 갖고 군사훈련 등을 행한 뒤, 올해 가을 동해를 건너 일본에 상륙해 단호하게 전단계무장봉기를 관철하려고 합니다. 우리들은 그런 목적 아래 오늘 공중 납치를 감행합니다.

말하자면 다미야 다카마로와 여덟 명의 적군파 멤버들이 요도호를 납치해 평양에 도착한 것은 이 해 봄으로, 이들은 가을이면 다시 일본으로 돌아와 무장투쟁을 계속할 생각이었다. 극단적으로 현실감이 떨어지는 적군파의 희망과는 달리, 북한은 이들의 이론에 동조할 생각이 전혀 없었다.

4월 3일 오후 7시 20분 김포공항을 떠난 요도호는 평양 근교의 버려진 활주로에 가까스로 착륙했다. 4월 4일 북한은 직전의 입장을 바꾸어 기체와 승무원을 모두 일본에 송환한다고 발표하면서, 적군파 아홉 명에 대해서는 "필요한 조사와 적절한 조치를 취한다"고 말해 사실상 적군파의 망명을 받아들인다는 의사를 표명했다. 그러나 북한은 평양으로 온 아홉 명의 일본 적군파의 국제근거지론까지 받아들일 의사는 추호도 없었다. 먼저 이들은 수감되어 조사를 받아야 했고, 후에는 자신들의 의사가 아니라 북한의 의사대로 움직여야 했다. 아홉 명의 적군파는 군사훈련을 받는 대신 주체사상부터 학습해야 했다. 그들 모두는 그 해 가을에 동해를 넘어 일본으로 돌아오는 대신 평양에 정착해야 했다.

평양에 도착한 적군파 아홉 명에 대한 갖가지 설이 유포되어 있음에도 불구하고 객관적으로 알려진 사실은 극히 드물다. 아홉 명 중 단두 명만이 북한 밖에서 모습을 드러냈는데, 1988년 5월 일본에서 체포된 요도호 납치 당시 16세였던 시바다 야스히로(柴田泰弘)와 1996년 캄보디아와 베트남 국경인 바벳에서 미 재무부 특별수사대에 의해 미화 위폐범으로 체포되어, 태국 톤부리로 이송된 후 태국 법정에서 무죄를 선고받고, 다시 일본으로 송환되어 12년 형을 선고받아 수감 중이던, 2007년 1월 1일에 사망한 다나카 요시미가 그 두 명이었다.

1988년 입국과 동시에 체포된 시바다 야스히로는 특별한 물증이 발견되지 않아 스파이 혐의가 인정되지 않았다. 요도호 납치 관련으로 재판을 받았지만 당시 최연소였고 주범으로 인정할 수 없다는 이유로 5년 형에 그쳤다.

다나카 요시미의 경우에는 무척 극적이었다. 미국의 북한 때리기 (NK Bashing)가 무르익던 1996년, 캄보디아에서 체포된 다나카 요시미는 조선민주주의인민공화국 여권을 소지한 '김철수'였다. 미화 위폐범으로 체포될 당시 그는 캄보디아 주재 북한대사관의 외교관과 함께 벤츠 승용차에 동승하고 있었고, 사실상 신변에 위협을 느낀 상태에서 베트남으로 탈출하던 중이었다. 헬리콥터편으로 태국 톤부리로 옮겨진 그는 태국 파타야와 프놈펜에서의 미화 위폐 소지 및 사용 혐의로 태국 법정에서 짧지 않은 기간 동안 재판을 받아야 했다. 재판 기간 내내 다나카 요시미는 미화 위폐와의 무관함을 주장했고, 미 재무부는 확실한 물증을 제시하지 못해 미국의 북한 때리기의 일환으로 조작된 미 재무부의 공작으로 여겨졌다. 이를 입증하듯 2000년 태국 법정은 다나카 요시미에게 무죄를 선고했다. 일본은 다나카 요시미의 신병 인도를 요청했고 다나카 요시미 역시 일본행을 선택했다. 재판 중 자신이 다나카 요시미임을 밝히기는 했지만 동시에 조선민주주의인민공화국의 공민임을 줄곧 주장했던 것과는 다른 선택이었다. 사실상 대일 관계 개선에 나선 북한은 다나카 요시미의 일본행을 반대하지 않았고, 북한으로 돌아오는 것도 원하지 않았다.

　미화 위폐와의 무관함이 증명되었다고 해서 다나카 요시미의 캄보디아 체류 목적이 분명하게 드러난 것은 아니었다. 다나카 요시미는 재판 중에 자신의 캄보디아 체류를 중고물품 무역업에 종사하기 위한 것이라 주장했고, 실제로 몇 건의 무역을 성사시키기도 한 것으로 드러났다. 평양의 적군파가 외화벌이를 명분으로 평양 시내에 외화상점을 운영했던 것을 떠올린다면, 다나카 요시미의 무역업도 같은 맥락에서 바라볼 수 없는 것은 아니었다. 그러나 그것을 인정하는 것도, 인정하지 않는 것도 평양으로 간 일본 적군파의 비극적인 운명을 되새기게 할 뿐이다.

1985년 오카모토 고조와 팔레스타인 게릴라들　1972년 로드 공항(지금의 벤구리온 공항) 공격대의 하나였던 오카모토 고조는 현장에서 자결하지 못하고 체포되었다. 무기형을 선고받고 이스라엘 감옥에 수감되어 있던 그는 1985년 팔레스타인 해방운동 조직과 이스라엘 사이의 포로 교환으로 석방되어 일본 적군파의 근거지인 레바논의 베이루트로 돌아올 수 있었다. 1997년 레바논 정부는 오카모토 고조를 포함한 5명의 일본 적군파 조직원들을 여권 위조 등의 혐의로 구속하여 3년 형을 선고했다. 2001년 석방 후 오카모토 고조를 제외한 4명은 일본으로 강제 송환되어 재판에서 5년에서 무기형까지를 선고받았다. 오카모토 고조는 지금도 베이루트에 있다. 그가 조국을 떠난 지 36년의 세월이 흘렀다.

베이루트로 간 적군파

1971년 2월 오쿠히라 다케시(奧平剛士)와 시게노부 후사코 등 일단의
적군파 멤버들이 레바논으로 향했다. 아홉 명의 다미야 그룹이 평양으
로 떠난 지 1년 후였다. 시오미 다카야와 지도부의 일망타진 후 적군
파 잔존 조직은 심한 타격을 받았고 요도호 납치 사건 이후 경찰의 탄
압과 추적은 그 강도를 비상하게 높여가고 있었다. 국제근거지론은 여
전히 유효했다. 적군파는 더욱 밖으로 향할 수밖에 없는 처지였다. 그
런데 이번엔 왜 평양이 아니라 레바논이었던 것일까?

　　다미야 그룹이 평양에 도착한 지 1년이 지나지 않아 적군파는 평
양이 자신들의 근거지가 될 수 없다는 것을 알았다. 가을에 동해를 건
너 일본으로 돌아오겠다고 한 다미야 그룹과는 통신조차 되지 않았다.
평양의 적군파가 군사훈련을 받지 못하고 있는 것도 분명했으며, 일본
으로 돌아올 수 없는 것도 분명했다. 평양은 세계혁명을 원하지 않고
있었다. 북한은 그저 스타국가일 뿐이었다. 적군파에게는 이것이 교훈
이었다. 노동자국가에 대한 경험적 교훈을 바탕으로 적군파는 '나라가
없는 곳, 나라를 세우려고 하는 지역'을 선택하기로 했다. 시게노부 후
사코의 말을 빌린다면 그곳은 "적군파가 지향하고 있는 세계혁명의 목
표를 위해 망국의 설움을 안고 있는 땅"이며 "그들의 나라를 세워줄 수
있는 지역"이었다. 또한 무장투쟁이 가능한 곳, 팔레스타인 해방투쟁
이 이루어지고 있는 현장이었다. 1970년 2월의 요르단 내전 이후 요르
단 왕정의 탄압으로 팔레스타인 해방투쟁은 그 거점을 레바논의 베이

루트로 옮긴 후였으므로, 적군파는 베이루트를 목적지로 선택했다.

베이루트로 향한 적군파에게 여전히 전단계무장봉기론이 유효했던 것인지는 의문이다. 바더-마인호프 그룹이 짧은 시간 내에 서독으로 돌아오게 된 것에는 여러가지 설이 있지만, 여하튼 이 그룹은 서독으로 돌아왔고 또 서독을 근거지로 활동했다. 이들은 팔레스타인의 해방을 위해 대신 싸워야 할 의무와 책임은 느끼지 않고 있었다. 말하자면 이들은 전단계무장봉기론을 따르고 있었던 셈이다. 베이루트에 도착한 일본 적군파에게 있어서 전단계무장봉기론은 이론적으로는 여전히 유효했을 것이다. 그러나 현실적으로는 그렇지 못했다. 그럴 수밖에 없었던 이유 중의 하나는 일본 국내에서의 적군파의 거의 완전한 소멸이었다.

이는 단지 조직의 소멸만을 의미하진 않았다. 1972년 2월 19일 총기를 소지한 연합적군 다섯 명이 아사마 산장에서 인질을 붙잡고 경찰과 대치하는 사건이 터졌다. 열흘 뒤인 2월 28일 마침내 경찰특공대가 진입하면서 종료된 이 사건은, 뒤이은 조사 과정 중에 1971년 초겨울 소집령에 따라 산악지대에 집결한 스물아홉 명의 연합적군 멤버 중 무려 열두 명이 다른 조직원들의 손에 의해 살해된 것으로 드러나면서 일본을 뒤흔들었다. 집결 전에 이미 두 명의 조직원이 처형된 후였다. 이 끔찍한 살인극의 배경에는 극단적인 자아비판과 혁명을 빌미로 한 광기가 숨어 있었다. 연합적군의 아사마 산장 인질 사건을 계기로 일본 국내의 적군파는 사실상 소멸되었다. 적군파만은 아니었다. 이미 쇠퇴의 전조를 보이고 있던 일본의 신좌익 세력 모두는 분파를 가릴 것 없이 대중으로부터 급격하게 이반되었고 영향력을 상실하게 된다.

베이루트에서 아사마 산장의 총격전을 BBC뉴스를 통해 처음으로 접한 시게노부 후사코의 반응은 "모두가 정의로운 투쟁을 하고 있다"는 감격이었다. 그러나 뒤이어 전해진 끔찍한 '숙청'(肅淸) 소식은 베이루트의 적군파에게도 충격과 좌절을 안겨주었다. 평양으로 향했던 적군파와 마찬가지로 베이루트로 떠났던 적군파 역시 일본으로 돌아올 수 없게 되었다. 베이루트의 적군파들은 일본으로 돌아오는 대신 세계혁명을 위한 팔레스타인 해방투쟁에 나섰다. 서독의 적군파가 1990년대에 이르기까지 독일을 거점으로 한 활동에서 벗어나지 않았음을 상기한다면 이들의 투쟁은 그만큼 특별한 또는 유별난 것이었다.

1972년 5월 일본의 연합적군이 저지른 끔찍한 숙청의 여진이 채 가시지도 않았던 때, 베이루트로 간 일본 적군파 세 명이 이스라엘 텔아비브의 로드 공항에서 기관총을 난사했다. 오쿠히라와 야스다 야스유키(安田安之), 오카모토 고조(岡本公三) 세 명 중 오쿠히라와 야스다는 현장에서 사살, 자결했고 오카모토만이 생포되었다. 이 사건으로 일본 적군파는 일약 아랍의 영웅으로 떠올랐다. 시게노부 후사코는 연합적군의 과오가 로드 공항(벤구리온 공항) 작전의 동기이자 근거가 되었다고 회고하고 있다. 언뜻 이해하기 힘든 이 말은 "자신의 죽음은 피해가면서 남을 죽이는 것은 잘못이다"라는 시게노부의 자신의 후술로 이해할 수 있다. 베이루트의 적군파에게 있어 일본 적군의 살해극은 동지가 동지를 살해함으로써 오류가 된 것이었다. 이 오류에서 벗어날 수 있는 방법은 전사의 목숨을 내놓고 적을 죽이는 투쟁이다. 그것이

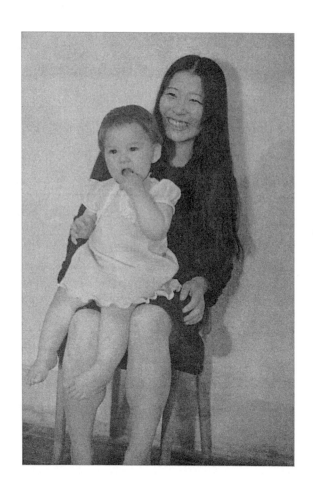

시게노부 후사코와 그녀의 딸 메이 1971년 일본을 떠나 베이루트로 간 일본 적군파의 리더였던 시게노부 후사코는 1973년 3월 레바논에서 딸을 낳았다. 팔레스타인인민해방전선(PFLP)의 조직원을 아버지로 한 시게노부의 딸 메이는 2001년까지 어느 나라의 국적도 갖고 있지 못했으며 시게노부가 일본에서 체포된 후 일본 국적을 얻었다. 2001년 이후 메이는 일본에 거주하고 있다.

로드 공항 테러였다. 로드 공항 테러는 베이루트의 일본 적군파에게 아랍 전역을 포괄하는 부동의 기반을 갖출 수 있도록 만들었다.

이후 베이루트의 일본 적군파는 1974년 1월 싱가포르의 셀 유류 저장소 폭파, 2월 팔레스타인인민해방전선의 주 쿠웨이트 일본대사관 점거 인질 사건, 9월 네덜란드 헤이그의 프랑스대사관 점거, 1975년 8월 말레이시아 쿠알라룸프르의 외교 빌딩인 AIA빌딩 점거 및 인질 사건, 1977년 9월 일본항공 472편 납치, 12월 말레이시아항공 653편 납치, 1986년 5월 인도네시아 자카르타에서의 일본·캐나다·미국대사관 총기 난사, 1987년 이탈리아 로마에서의 영국·미국대사관 총기 난사, 1988년 4월 이탈리아 나폴리의 미군 휴양지(USO, United Service Organization) 폭탄 투척 등으로 이어지는 활약을 벌였다.

1990년대 이후 일본 적군파의 활동은 침묵 속으로 빠져들었다. 소련과 동구권의 몰락은 국제정세의 심각한 변화를 가져왔고, 서독의 적군파를 은밀하게 지원했던 동독의 몰락이 서독 적군파의 몰락에 지대한 영향을 미쳤던 것처럼 베이루트의 적군파에게도 그것은 마찬가지였다. 팔레스타인 해방투쟁 또한 크게 영향을 받아야 했다.

1968년 혁명과 그 시대에 태동했던 신좌익은 반자본주의, 반제국주의와 동시에 반스탈린주의를 표방했다. 그 시대가 저물었을 때 그 시대의 적자를 자처하며 끈질기게 투쟁에 나섰던 적군파는, 마침내 스탈린주의 국가들이 몰락의 길에 접어들었을 때에 아이러니하게도 함께 몰락할 수밖에 없었다. 그러나 그 몰락은 이미 1968년 혁명의 실패와 함께 1970년대에 완료되었던 것이다. 적군파는 단지 살아남아 그 몰락의 이유를 재차 길게 실증하고 있었을 뿐이다.

공산주의자동맹에서 일본 적군을 결성했던 칸사이 분트의 조직원 수는 고작 4백여 명을 헤아리고 있었다. 1971년 무장투쟁을 위해 소집되어 군마(群馬) 현과 나가노(長野)의 산악지대를 떠돌았던 연합적군 병사의 수는 26명이었다. 일본 적군파의 등을 평양과 베이루트로 떠민 것은 현실에 대한 좌절과 절망, 그리고 외면이었다. 그러나 그 절망과 좌절이 무장투쟁을 맹신했던 한 줌의 극좌파들이 겪을 수밖에 없었던 오류의 마땅한 산물이었던 것일까? 그걸 인정한다면 그들의 절망과 좌절을 잉태했던 토대는 무엇이었을까? 영감을 얻으려면 우리는 다시 동아시아반일무장전선의 절망스러운 팜플렛에 배어든 고통스러운 문제의식으로 돌아가야 할지도 모른다. 절망은 바로 그것에서부터 시작했을 테니까. 또 다른 길이 있다면 바로 그 지점에서 출발할 테니까.

2001년 시게노부 후사코는 옥중에서 자신의 딸에게 보내는 형식의 에세이에 『사과나무 아래서 너를 낳으려 했다』라는 제목을 붙여 출간했다. 나는 이 글에 이 책의 구절 하나쯤을 옮겨보리라 작정하고 다시 들추어보았지만, 내내 어떤 구절도 찾지 못했다. 세상이 시게노부에게 바라는 것은 아무래도 다른 내용이라는 생각이 들었다. 그래서 나는 다른 글을 넣는 것으로 이 글을 맺기로 했다.

RAF는 해방투쟁 속에서 1970년 5월 14일 탄생했다. 오늘 우리는 이 계획을 종결한다. 이제 RAF의 조직으로 진행된 도시게릴라는 역사 속의 한 장이 되었다.

RAF는 나치로부터 해방되고서도 나치의 과거를 청산하지 못하는 국가에 대항해 투쟁을 시작했다. 무장투쟁은 권위적 사회형태와 (자본주의적) 소외와 경쟁에 대한 반항이었고, 다른 사회적·문화적 현실을 실현하기 위한 행동이었다. 세계적으로 불기 시작한 해방의 바람 속에서 사이비 합법 체제를 거부하고 극복하기 위한 단호한 투쟁의 시간이 무르익었다.

그러나 1980년대에 좌익이 한계에 도달하고 이미 붕괴가 시작되었을 때 RAF를 새로운 기획에 연관시키려는 우리의 노력은 비현실적이었다. RAF의 오류는 불법 무장투쟁 외에 어떠한 정치적·사회적인 조직도 구축하지 못했다는 데에 있다. 이런 기획의 부족은 RAF가 미래의 해방 과정에서 아무런 영향도 미칠 수 없음을 보여준다.

현재의 세계는 우리가 혁명을 시작했을 때보다 더 악화되었다. 이에 대해 우리가 적절한 대답을 발견하지 못한 것은 우리가 저지른 오류들보다 더 심각한 일이다.

RAF는 해방의 해답이 아니라 하나의 관점이었다. 그럼에도 해방된 인간 세계에 대한 무수한 질문은 여전히 남아 있다. 미래의 해방 계획은 여러 주체와 관점과 내용의 다양성을 알아야 한다. 우리는 상이한 개인이나 사회 그룹들이 주체가 될 수 있으며, 그럼에도 불구하고 함께 공동체를 구성할 수 있게 하는 새로운 이념이 필요하다. 이런 점에서 1968년 이래 독일 좌익의 구상은 새로운 해방의 기획이 될 수 없다.
— 1998년 4월 20일, 서독 적군파(RAF)가 로이터통신에 보낸 해체선언문 요지